U0101032

谷园讲通鉴

东汉兴衰史

下

谷园 著

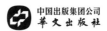
中国出版集团公司
华文出版社

图书在版编目（CIP）数据

谷园讲通鉴. 东汉兴衰史 / 谷园著. -- 北京 : 华
文出版社 , 2022.9
ISBN 978-7-5075-5650-6

Ⅰ.①谷… Ⅱ.①谷… Ⅲ.①中国历史–东汉时代–
通俗读物 Ⅳ.① K209

中国版本图书馆 CIP 数据核字 (2022) 第 105736 号

谷园讲通鉴：东汉兴衰史

作　　者：谷　园
责任编辑：景洋子
出版发行：华文出版社
地　　址：北京市西城区广外大街 305 号 8 区 2 号楼
邮政编码：100055
网　　址：http://www.hwcbs.cn
电　　话：总 编 室 010-58336239　发 行 部 010-58336202
　　　　　编 辑 部 010-58336252
经　　销：新华书店
制　　版：北京禾风雅艺文化发展有限公司
印　　刷：三河市龙大印装有限公司
开　　本：710mm×1000mm　1/16
印　　张：42
字　　数：520 千字
版　　次：2022 年 9 月第 1 版
印　　次：2022 年 9 月第 1 次印刷
标准书号：ISBN 978-7-5075-5650-6
定　　价：118.00 元

三十一、《后汉书·方术列传》

左雄曾跟汉顺帝探讨过前代治乱经验:为何汉初会出现"文景之治"的盛世?

诚由玄靖宽柔,克慎官人故也。——《后汉书·左雄传》

关键是因为做好了两点:一是"玄靖宽柔",即采用柔道治国的大国策,以黄老道家清静无为的思想,让老百姓得以休养生息;二是"克慎官人",即慎重选拔官吏,重视吏治。

随后的"孝宣之治"也是如此,汉宣帝讲过:

民所以安而无怨者,政平吏良也。与我共此者,其唯良二千石乎!——《后汉书·左雄传》

老百姓的幸福感、获得感从何而来?无非两条:政平、吏良——政策好、官吏好。朕怎样才能做到呢?靠谁?只能是靠贤良的二千石们,包括郡国守相,相当于现在的省长、市长。

因此,凡刺史、太守、国相等重要地方官员任用,汉宣帝都亲自面试，并严格考核，严格监督。

刺史守相，辄亲引见，考察言行，信赏必罚。——《后汉书·左雄传》

说到底，治世是以吏治为本。这个道理可能所有执政者都懂，但为何有的人执行得好，有的人执行得不好呢？拙著《历史的精髓》认为，背后还有一个元规则：人治靠狠！汉顺帝贬斥拥立他的十九个太监，展露狠劲，又能重用虞诩、左雄等直臣，改进吏治，这些都是值得称道的，在东汉皇权整体走下坡路的背景下着实让人眼前一亮。他还有一项工作也令人称道，即大力征召樊英等民间处士。

樊英的传被记在《后汉书·方术列传》里。

《后汉书》比《史记》《汉书》多出了《方术列传》《文苑列传》《独行列传》《逸民列传》《列女传》《宦者列传》《党锢列传》等列传，而没《史记》《汉书》的《货殖列传》《游侠列传》，从这种不同，似乎可以感受到，历史发展到东汉，人们精神风貌的一种变化，人们关注的点不一样了。那么，《后汉书》多出来的这七种列传里都是怎样的人、怎样的故事呢？这里，先从樊英所在的《方术列传》讲起。

《后汉书·方术列传》讲了东汉三十四个人物，其中在后世最著名的是名医华佗。

古人把医看作一种方技，方技与术数合称方术，术数大致包括占卜等。孔子曾讲：

人而无恒，不可以作巫、医。——《论语·子路》

古人总把医、巫并称，所谓"医卜不分家"。巫主占卜，为古人所重视。《洪范》讲：

汝则有大疑，谋及乃心，谋及卿士，谋及庶士，谋及卜筮。——《尚书·洪范》

《方术列传》开篇讲：

占也者，先王所以定祸福，决嫌疑。——《后汉书·方术列传》

占卜是古代帝王做决策的重要依据。商代甲骨文多数都是龟卜的卜辞。《左传》《国语》记载了春秋时期二十多个《周易》占筮案例，都关系军国大事。春秋之后，在龟卜和周易占筮基础上，又有很多花样翻新的方术发展起来。

其流又有风角、遁甲、七政、元气、六日七分、逢占、日者、挺专、须臾、孤虚之术，及望云省气，推处祥妖，时亦有以效于事也。——《后汉书·方术列传》

这些方术都是怎样的玩法，后世多不得而知。所谓：

斯道隐远，玄奥难原。——《后汉书·方术列传》

不过，可以想见，既然它们能够流传，必然契合了人们的某种需求。尤其西汉末、东汉初，王莽和光武帝都热衷谶纬，汉章帝甚至以谶纬为依据编定国家法典《白虎通》。谶纬地位崇高，被称"内学"，而《诗》《书》《礼》《易》《春秋》等六经则称"外学"，这导致专门讲六经的太学的地位大降。汉明帝甚至想过废弃太学：

明帝时辟雍始成，欲毁太学，太尉赵熹以为太学、辟雍皆宜兼存。——《后汉书·翟酺传》

汉明帝以为建起了辟雍就不需要太学了，幸亏太尉赵熹拦着，才没拆掉。到汉安帝亲政时期，就更完了。

安帝薄于艺文，博士不复讲习，朋徒相视怠散，学舍颓敝，鞠为园蔬，或牧儿、荛竖薪刈其下。——《资治通鉴·汉纪四十三》

汉安帝对六艺经书没兴趣，一点儿也不重视太学，太学博士们都教不上劲儿，太学生们也都学不上劲儿，都撒欢儿了。慢慢地，太学竟然荒废，学舍塌了都没人管，满院杂草，甚至有人在太学院里种菜、打柴火。

汉顺帝即位后，时任将作大匠翟酺和左雄等人都建议修缮太学。汉顺帝慨然应允。

缮起太学，凡所造构二百四十房，千八百五十室。——《资治通鉴·汉纪四十三》

不但修缮还进行了扩建，太学生规模随之又慢慢壮大起来。这也算是汉顺帝一个值得称道的政绩。

而在此之前，在太学、六经地位大降的背景下，各种方术因与谶纬相似相通，故得流行，社会上出现很多这方面的人物。所谓：

汉世异术之士甚众。——《后汉书·华佗传》

这方面的很多故事也被人们津津乐道。于是，就有了《方术列传》。头一位叫任文公，是益州巴郡的人，他的父亲也是一位"方士"，所谓方术之士。

明晓天官、风角秘要。——《后汉书·任文公传》

"天官"大致是占星术，通过观察星象来占卜吉凶。"风角"大致是通过对风的观察，包括风的方向、大小、温寒、时间等，来占卜吉凶。方术大致都基于天人合一观念，风在古人看来是大地的呼吸，庄子所谓：

大块噫气，其名为风。——《庄子·齐物论》

大地喘的气就是风。基于这样的认识，风自然带着天地的情绪，因此从中可以分析吉凶。也有说法，"风者，天之号令"，风是上天发号施令，是明白讲吉凶的。

总之，任文公有家传之学，精通风角之术。西汉哀帝时，有一次，任文公被益州刺史派至某郡搞调研，实为刺探虚实，据报该郡太守欲谋反。任文公和几个同事刚到达该郡传舍住下，突然刮起一阵暴风。任文公立即算出：坏了，这个太守真要造反，正派兵来杀咱们，咱们快跑吧！

几个同事都不以为然：跑什么？说太守谋反的都是谣传，现在天下太平，谁没事敢造反啊。

任文公没办法，自己骑上马跑了。几个同事随即被杀。

后有一年大旱，河流干涸。有一天，任文公急匆匆找到刺史：大事不好，要发大水了！再过多少天，下月某日大水就得来，时间紧迫，得赶快打造船只，并动员人们迁到地势高的地方去住。

刺史一拨拉脑袋：天都旱成这样了，我让老百姓们造船？我这不找挨骂吗？你脑子进水了吧！

任文公没办法，他自己备下一条船，做好了准备。一些亲友听他的，也都做了准备。

然后，到了他预言的那一天，上午还晴空万里，到中午北边的天突然黑过来了，狂风暴雨，只用了一个时辰，山洪暴发。

突坏庐舍，所害数千人。——《后汉书·任文公传》

好几千人在大水中遇难。

后来，王莽篡位，任文公辞官，归隐乡里。几年后，人们发现老任文公每天都带着家里男女老少各扛一个东西围着院子跑。这是干吗呢？锻炼身体。因为任文公算出马上就会天下大乱。然后，真就天下大乱，乱军闯入他们村庄烧杀劫掠，一村人唯独他们家都锻炼得身体倍儿棒，跑得快，及时脱险。

再后来，公孙述称帝时期，蜀地有一座武担山发生山崩，任文公感叹：

噫！西州智士死，我乃当之。——《后汉书·任文公传》

这是预兆蜀地将有智者死亡，肯定是我。于是，每天把子孙们聚在一起尽情享受天伦之乐，三个月后，真就死了。现在看，这可能是一种心理暗示的结果。不过，在古人看来，此谓知命！知道自己天命了结之时。这很了不起。

类似的，《方术列传》里面还有一位叫折像的人，也做到了知命的地步。

自知亡日，召宾客九族饮食辞诀，忽然而终。——《后汉书·折像传》

他算到自己哪天死，到那天就把亲戚朋友们都叫来。接风的饺子送行的面，一块儿吃了顿面条，他把嘴一抹：老几位，你们吃着，我先走了。

然后，他就死了。那他有什么方术呢？没有。他只是对《京房易》和黄老道家都颇有研究，有大智慧、大勇气。他家本是巨富。

有赀财二亿，家僮八百人。——《后汉书·折像传》

老父亲去世后，折像也已儿孙满堂，竟然做出惊人之举，把亿万家财都散了出去。

很多人觉得不可思议：人家都给儿孙拼命挣钱，您为何都散出去？

折像摇摇头，说：

吾门户殖财日久，盈满之咎，道家所忌。——《后汉书·折像传》

按黄老道家思想，多藏必厚亡，我家钱财太多，太富，太盈满，必然潜伏很大危险。

今世将衰，子又不才。不仁而富，谓之不幸。墙隙而高，其崩必疾也。——《后汉书·折像传》

看这天下形势又要大乱，而我的几个儿子全都要才没才、要德没德，所谓"不仁而富，谓之不幸"，这么大的财富只能让他们骄狂，给他们带来灾难，不会有什么好处的。所以，散掉。

回到樊英，他是当时最著名的方士。

习京氏易，兼明五经，又善风角、星算、河洛七纬、推步灾异。——《后汉书·樊英传》

他什么方术都会。他有个最著名的故事说，有一天他正给一帮学生上课，突然打西边刮来一阵暴风。樊英眉头一皱，眼睛直勾勾地瞅着前面，愣神了。

学生们奇怪：老师，怎么啦？

樊英说：坏了！

成都市火甚盛。——《后汉书·樊英传》

学生们很惊讶：咱们这是在南阳，离着成都两千多里呢，它那儿得多大的火，您能看得到啊？

樊英一摆手：赶紧，去给我倒杯水来。

学生把水端来：老师，给您，水。

樊英喝一口含在嘴里，一甩头，啪，这口水就朝西边喷了过去。

因含水西向漱之。——《后汉书·樊英传》

这杯水喷完，樊英捋捋胡子：好了，终于把它浇灭了。可累死我了。

学生们眼睛都瞪得老大：您浇灭什么啦？

樊英把脸一沉：当然是浇灭了成都的大火。你们不相信是吧？改天有从成都来的人，一问便知。

几天后，真有从成都到南阳的人说，就在那天那时那刻成都正发生一场大火灾，突然打东边乌云满天，一场大暴雨袭来，把火浇灭了。

一下子，樊英名声大噪。

于是天下称其术艺。——《后汉书·樊英传》

同时，樊英也是当时最著名的处士。所谓："女未嫁曰处女，士未仕曰处士。"

女大当婚，还没结婚，那就是处女。士人学而优则仕，还没入仕当官，那就是处士。前述严光、王霸、梁鸿等，都是处士。樊英跟他们一样，地方官员和三公九卿数次举荐他入仕为官，他都不干。汉安帝初年朝廷征召他做博士，他也不去。汉安帝亲政后，亲自下诏请他，他还是不去。他越不出山，越这么端着，名气也就越大。

于是，小汉顺帝在即位的第二年，亲自写信，让使者带上礼品，再请樊英。

策书备礼，玄𫄸征之。——《后汉书·樊英传》

玄𫄸本义是黑色的帛和浅红色的帛，这是专门用来征召贤良之士的礼物。

樊丰还是称病不肯。

复固辞疾笃。——《后汉书·樊英传》

使者回去复命。小汉顺帝烦了：你们怎么办事的？南阳太守呢？这么点儿事也办不了，还想不想干了？

官吏们都吓坏了，跑到樊英家哭：您就当可怜我们吧，说什么也得出山了，起码到洛阳跟皇上见个面吧。您病也不要紧，我们抬着您、拉着您、伺候您。

樊英万般无奈，只好跟他们到了洛阳。

官吏们总算都舒了一口气：您收拾收拾进宫面见皇上吧。

樊英还拿着：不行啊，我这病得浑身没劲儿……

官吏们不由分说，直接把他抬进了皇宫，抬到了汉顺帝跟前。

在天子跟前的樊英竟然还是一副很牛的样子。

犹不以礼屈。——《后汉书·樊英传》

给汉顺帝随便行了个礼，很敷衍：皇上，臣干不了。

帝怒，谓英曰：朕能生君，能杀君；能贵君，能贱君；能富君，能贫君。君何以慢朕命？——《后汉书·樊英传》

小汉顺帝当即发怒：大胆樊英！朕能让你生，也能让你死；能让你贵，也能让你贱；能让你富，也能让你穷！你怎敢如此怠慢朕？

樊英很平静：皇上息怒。

臣受命于天。生尽其命，天也；死不得其命，亦天也。陛下焉能生臣，焉能杀臣？——《后汉书·樊英传》

人的命都是上天赐予的，所谓生死由命，我活着，是上天让我活着；我死，是上天让我死。这个事，我自己说了不算，您也说了不算。咱们都得听命于天。您作为天子，这个理儿不反对吧？再有，我压根儿就不想做官。

臣见暴君如见仇雠，立其朝犹不肯，可得而贵乎？虽在布衣之列，环堵之中，晏然自得，不易万乘之尊，又可得而贱乎？陛下焉能贵臣，焉能贱臣？——《后汉书·樊英传》

我一天都不想跟这帮权贵待在一起，您怎么让我贵？您说让我贱，我一直就是个平头百姓，家里什么也没有，但是我晏然自得，悠游自在，自信满满，我内心的这种贵，不是您能剥夺的。还有，您说让我富、让我穷的，那都不叫事儿，我心里根本没有穷富的概念。

小汉顺帝当即服了：这老头儿真是牛上天了。好！您先去歇歇吧，太医给治病，御膳房给好好伺候着。

汉顺帝便把樊英给供了起来，格外礼遇。

待以师傅之礼，延问得失。——《后汉书·樊英传》

樊英俨然成为大国师，皇帝遇到什么问题都向他请教。

可是，樊英在汉顺帝身边一晃待了两年多，竟然毫无作为。

无奇谋深策。——《后汉书·樊英传》

真正治国安民的政策建议，他一点儿也没提出来。只是，遇上灾异之类，他解释得还行。这就是那个牛上天的大方士大处士吗？既然如此，你老实在家待着，做你的处士不就完了，入哪门子仕吗？

于是，人们谈起樊英都摇头，都感觉上当受骗了。

谈者以为失望。——《后汉书·樊英传》

有一名叫张楷的人干脆当着樊英的面批评：

天下有二道，出与处也。——《后汉书·樊英传》

放眼天下，一个有理想、有情怀的文人有两条道：要么出仕为官，像公孙弘、董仲舒那样建言献策，做一番利国利民的事业；要么不出仕，做个无官一身轻的处士，不事王侯，独善其身，养一身浩然之气，就像严光、王霸那样。这两条道都是受人景仰的。而您两头都没弄好，可谓：

进退无所据矣。——《后汉书·樊英传》

您这样一弄就没意思了，哪头都靠不上。

樊英怎样答复、解释，史书没讲，后世的人多数也都是看不起他。不过，在我看来，他是了不起的，就冲他在汉顺帝跟前那通讲，真可谓威武不能屈的大丈夫。他之所以没能出什么奇谋深策，可能也有他的道理。所谓，"大厦将倾，非一木可支"，即便他贡献什么好建议，也未必能发挥什么作用。再者，他的出仕本身也是不得已。当然，他的方术，我不相信。

史书里，对樊英还有一段有意思的记载。他有一次在外讲学，病了，他的妻子派了一个婢女来看望，在他床前施礼：老夫人让奴婢来看您，您好点儿了吗？

樊英竟然立即从床上爬起来，给婢女还礼：请替我谢谢夫人，我已经好多了。

旁边学生挺惊讶：您怎么还给师母的婢女还礼呢？即便师母亲自给您行礼，也不必还礼吧？就像那个梁鸿，妻子得举案齐眉来伺候丈夫。

樊英一摆手：不对，梁鸿懂什么！

妻，齐也，共奉祭祀，礼无不答。——《后汉书·樊英传》

妻，就是齐的意思，夫妻膀头一边齐，一块儿来承担责任，承续家族，是平等的，婢女来是代表她，我当然要还礼。

三十二、一代宗师张衡

与樊英同时期的还有两位更厉害的方士，他们的传记不在《方术列传》，其中一位叫郎颛，颛是安静之意，其父郎宗也是方士。

善京氏易、风角、星算，推步吉凶。——《后汉书注》

从史书记载看，很多方士都是先通《京氏易》，可见京房真正是这方面的祖师爷，风角、星算之类多以京房易学思想为基础。郎宗是底层出身。

赏负笈荷担卖卜给食，癀服间行，人莫得知。——《后汉书注》

只是一个浪迹江湖的算命先生。后来因为算得准，有了名气，被汉安帝征召。

对策陈灾异，而为诸儒之表。——《后汉书注》

所谓术业有专攻，方士与一般儒生不同，学问有点倾向于自然科学，对自然现象包括所谓的灾异更有研究，或者说是对神秘主义的天人之际更有研究。郎宗在这方面的对策水平高出流辈，被拜为议郎，随后出任吴县县令。到任一个月，郎宗就玩了一把风角，由一阵暴风推算出京师在某月某日将发生大火灾，上报朝廷注意防备。到了那天，果然发生了大火灾。汉安帝很惊讶：郎宗的道行了不得！好，高升！来人，写调令，送到吴县去。

使者到了吴县，发现郎宗已解印而去。为什么呢？因为郎宗认为，靠着这种方术升官，很丢人。

宗耻以占事就征。——《后汉书注》

怎么升官不丢人呢？靠治理地方教化百姓的政绩来升官，才是他追求的。这说明，郎宗虽为方士，却有着儒家正统的价值观。

这一点，被郎𫖮继承。郎𫖮也是作为著名的方士被汉顺帝征召，拜为郎中。他称病辞归，没有入仕，却呈给了汉顺帝两篇精彩的对策，《后汉书》全文收录，《资治通鉴》也做了摘要，大致意思是，结合天道灾异来讲怎样治国理政，既有理念，又有实际问题的解决建议。比如，他讲：

方今时俗奢佚，浅恩薄义。——《后汉书·郎𫖮传》

大意是，如今世风日薄，人们都只认钱不认人了，没人说真话了，老人摔倒都没人扶了。怎么改善这种社会风气呢？

他认为：

安上理人，莫善于礼。修礼遵约，盖惟上兴；革文变薄，事不在下。故周南之德，关雎政本。本立道生，风行草从。澄其源者流清；混其本者末浊。——《后汉书·郎𫖮传》

大意是，改善社会风气要靠推行礼乐教化。而推行礼乐教化，只能是自上而下、由近及远的，必须从皇帝身边的小圈子，从这个最高层开始。为什么作为儒家治国理民重要经典的《诗经》却以"关关雎鸠，在河之洲"这首情诗打头呢？就是因为，在孔子看来，一国治理的根本在于国君和他的夫人，在于皇宫之内，进一步讲，也包括太监、外戚及三公九卿，这是为政之本。所谓"本立道生"，这个本、这个源头弄好了，下面的枝枝叶叶、支流支脉就差不了。这个源头若是混浊的，下面当然也不行。

接下来，郎颛没敢批太监、外戚，而是直批"本"里包含的三公，他说：

三公上应台阶，下同元首。——《后汉书·郎颛传》

三公对应着上天的三台星，担负着治理天下的首脑之责。但是，在任的这三位空拿着极高的俸禄，却没有忧国忧民之心。

今之在位，竞托高虚，纳累钟之奉，无天下之忧。——《后汉书·郎颛传》

政策也不行，选人用人也不行，致使整个官僚队伍的水平很低，地方上很多工作都做不好。对此，皇上您就很着急，对地方官员严加督责，天天查，查效能、查考勤，查得要多严有多严，要多细有多细。可是，对三公，您却一味优崇。正可谓：

大网疏，小网数。——《后汉书·郎颛传》

您这张网只逮小鱼，不逮大鱼。

以上为郎颛的第一篇对策所讲。第二篇对策都是讲具体工作建议，其中有一项是希望减轻老百姓的税赋压力。郎颛说：近几年天灾不断，老百姓们的收成都不好。《论语》所谓：

百姓不足，君谁与足？——《后汉书·郎颛传》

老百姓都不富足，国家又怎么能富足呢？老子也说：

人之饥也，以其上食税之多也。——《后汉书·郎颛传》

老百姓们不富足，常常是因为国家的税赋太重，因为皇室生活太奢侈。当年汉文帝深明此理。

约身薄赋，时致升平。——《后汉书·郎颛传》

文帝爷特别节俭，自己省吃俭用，给老百姓减税，就有了"文景之治"的盛世。古人所谓：

天道无亲，常与善人。——《后汉书·郎颛传》

自古以来，怀着善心的帝王，要么得享高寿，要么享有美名。也希望皇上您能继承文帝爷这种优良的治理传统，多为百姓利益着想。

关于法制方面的建议，郎颛认为：

王者之法，譬犹江、河，当使易避而难犯也。——《后汉书·郎颛传》

王法得像长江、黄河一样，首先，它是神圣不可触犯的，不可逾越的，同时，它又得简洁明了，让人一眼都能看得到——噢，这是王法，咱可不能犯——得这样，才好遵守。法不能杂乱，不能像小河沟、小阴沟，更不能是陷阱，让人一不留神就掉里面，犯了法还不知道怎么回事，那不行。

《易》曰：易则易知，简则易从，易简而天下之理得矣。——《后汉书·郎颛传》

总之，立法治民要尽量简易。

其实，天下凡事要想做好，都得有个简易的意识。这也是曾国藩格外强调的一条智慧原则。

除了这两篇切于实用的对策之外，郎颛还上书向汉顺帝举荐了两位贤良之才黄琼和李固，他们随后都成为一代名臣。

郎颛的这篇举荐书写得也很好，其中提到历代以来的帝王治国经验：

莫不以得贤为功，失士为败。——《后汉书·郎颛传》

得到贤者辅佐，就像刘邦得到汉初三杰，就能建功立业；失去贤者，就像项羽失去范曾，就失败了。

为什么有的帝王能得贤者，有的得不到呢？因为：

贤者出处，翔而后集。——《后汉书·郎颛传》

贤者就像鸟一样，他们会先在天上飞翔着、盘旋着，观察这个帝王，观察当时的政治是不是一个公正公开的，有付出就有回报的，有德有才就能被重用的，无德无才就被贬退的政治环境。如果是，贤者就会感觉出仕为官是一种光荣，他们就会像鸟似的，不在外面飞了，不观望了，落下来，加入这个政治集团里。如果不是这样的政治环境，不跑不送原地不动，谁会溜须拍马谁高升，那样的话，贤者也就算了。

皆怀归薮泽，修其故志矣。——《后汉书·郎颛传》

他们就会宁可做个处士、隐士以终身。微臣希望皇上能做出个样子，吸引贤者的加入，特此向您推荐这两位。等等。

这样，郎颛既献上了治国安邦之策，又举荐了贤才，最后还没有出仕为官，保持了处士之节，可以说，哪方面都完胜樊英。在方术方面也不输于樊英，他准确地预言了当年的地震、干旱，以及边境兵戈的情况。不过，他最终死得挺窝囊，竟被一个游侠粉丝杀害。这个游侠与他同行，很仰慕他，求交往而被怠慢，于是，粉转黑，爱成怨，杀之。

另一位更厉害的大方士是后世著名的张衡。《后汉书·方术列传》称誉：

中世张衡为阴阳之宗。——《后汉书·方术列传》

在东汉中期，张衡是阴阳五行各种方术的一代宗师。不过，《后汉书·张衡列传》里，除了介绍他的"浑天仪""地动仪"之外，更多的篇幅是转抄他的几篇汉赋，由此给人一个明显的印象：他是一个集人文与科技于一身的人物。那么，他到底是怎样的情况呢？《后汉书》说：

张衡字平子，南阳西鄂人也。——《后汉书·张衡列传》

他字平子，是南阳人，从小就很聪明，文章写得好，曾在太学求学，"通五经，贯六艺"，满腹经纶。对机械、自然科学方面，他也很喜欢钻研，造诣很高。

善机巧，尤致思于天文、阴阳、历算。——《后汉书·张衡列传》

为人则很低调。

虽才高于世，而无骄尚之情。常从容淡静，不好交接俗人。——《后汉书·张衡列传》

他是一个有静气的人，对做官并不热衷。好几次，州郡举荐、三公征辟，他都谢绝，坚持在民间做处士、做学问，搞研究。

直到汉安帝亲政之后征召他入朝做太史令——太史令专职天文、历法，正是他所热爱的，这才应征入仕。这时他大致四十五岁。这期间，太史令张衡制作出了著名的浑天仪。

研核阴阳，妙尽璇机之正，作浑天仪。——《后汉书·张衡列传》

并且还写了两篇"使用说明书"。

著《灵宪》《算罔论》，言甚详明。——《后汉书·张衡列传》

一篇叫《灵宪》，侧重天文学方面；一篇叫《算罔论》，据说是侧重数学方面。可惜，浑天仪和《算罔论》都已失传，《灵宪》有传世版本，上附一张星图，据说是中国历史上第一张星图。现在南京紫金山天文台有一架明朝造的浑天仪，不知跟张衡造的是否一样。

张衡在汉安帝手下干了一段时间太史令之后，又干了五年别的职位，汉顺帝即位后，又回任太史令。这期间，阳嘉元年（132），他又发明制造出了更加著名的"候风地动仪"。顾名思义，此地动仪原理似与风角有关。《后汉书》详细描述记载了这台地动仪的情况：

以精铜铸成，员径八尺，合盖隆起，形似酒尊，饰以篆文山龟鸟兽之形。中有都柱，傍行八道，施关发机。外有八龙，首衔铜丸，下有蟾蜍，张口承之。——《后汉书·张衡列传》

它的整体像个大酒尊、大酒坛子。

其牙机巧制，皆隐在尊中，覆盖周密无际。——《后汉书·张衡列传》

各种机关都在地动仪内部，很精密。外面上围八条龙，头朝下，张着嘴；下面对着一圈八个蟾蜍，头朝上，张着嘴。

如有地动，尊则振龙机发吐丸，而蟾蜍衔之。——《后汉书·张衡列传》

发生地震时，龙嘴里的珠子就吐出来，掉到蟾蜍嘴里。只有对应着震源方向的那条龙才吐珠子。八条龙对应八方，估计跟八卦也有对应。很准。

验之以事，合契若神。——《后汉书·张衡列传》

发生了好几次地震，此地动仪都有很准的反应。有一天，西边的龙吐了珠子，可是洛阳一点震感也没有。派使者问西边的弘农郡，也说没有感觉地震。怎么回事呢？是不是失灵了？

后数日驿至，果地震陇西，于是皆服其妙。——《后汉书·张衡列传》

原来是千里之外的陇西郡在那天那时发生了一场轻微地震。

可惜的是，关于这台候风地动仪的情况再无其他的史料记载，《后汉书》这一段记载成为孤证。现代很多人都质疑到底有没有过这么一个神奇的东西。我认为，天下之大，无奇不有，不一定现代人搞不定的东西，古人就搞不定。同时期的崔瑗称赞张衡：

数术穷天地，制作侔造化。——《后汉书·张衡列传》

这种大宗师级的人物，几百年出一个，不是以常人常理能够称量的。比张衡稍晚一点，南阳还有一个著名人物，就是后世尊为医圣的张仲景，史书对他几乎没什么记载，有人甚至怀疑到底有没有过这样一个人。可是，当今世上那么多中医都还是以张仲景经方治病救人，其医术跳不出张仲景的圈。是古人厉害，还是今人厉害？

张衡在东汉思想史上的一大表现是上书汉顺帝，建议查禁图谶，这篇上书史称《请禁绝图谶疏》。他说：

自中兴之后，儒者争学图纬，兼复附以妖言。——《后汉书·张衡列传》

自东汉以来，谶纬大盛，儒者们争相研究画谶纬书，忽视六经，把太学都给荒废了，整个学术圈充斥各种胡说八道。

臣闻圣人明审律历以定吉凶，重之以卜筮，杂之以九宫，经天验道，本尽于此。——《后汉书·张衡列传》

大意是，古人预测吉凶主要是用卜和筮。"卜"字本义：

灼剥龟也，象灸龟之形。——《说文解字》

就是拿火烤裂乌龟的甲，通过裂纹形状，来算吉凶。"卜"字甲骨文即那种裂纹的象形。筮，是按《周易》，以蓍草占卦来算吉凶。一般都是先卜后筮，以卜为主。"杂之以九宫"，大致是结合星象来算吉凶。总之，古人"经天验道，本尽于此"，古人的神秘主义，对天道的揣摩，对未来趋势的预测，主要靠这三样：卜、筮、星象，没别的。尤其没有图谶之类。

刘向父子领校秘书，阅定九流，亦无谶录。——《后汉书·张衡列传》

当年，刘向、刘歆父子整理皇室藏书，把天下能收罗上来的书都分门别类编校了一遍，其中根本没有谶书、讳书！这些东西都是汉成帝、汉哀帝之后，才如雨后春笋一样平地冒出来的。

成、哀之后，乃始闻之。——《后汉书·张衡列传》

它们的很多内容其实都是无稽之谈，所谓的预言很多也都不靠谱，不能应验。

张衡还举了一些例子，说明图谶都是王莽前期的人伪造的。最后，他说：

且律历、卦候、九宫、风角，数有征效，世莫肯学，而竞称不占之书。譬犹画工，恶图犬马而好作鬼魅，诚以实事难形，而虚伪不穷也。——
《后汉书·张衡列传》

张衡强调，律历、卦候、九宫、风角等跟图谶是不一样的，在他看来，它们是科学，是基于扎实的学理和实践的学术，做好它、掌握它是很难的。而图谶是迷信，都是模棱两可蒙事的，随便什么人拿过一段谶文都可以白话一通忽悠人。这就像画犬马和画鬼魅的差别，画犬马得有真功夫，画得有一点不像，别人都能看出来；而画鬼魅就容易多了，随便画什么样都行，谁都能画。人们喜欢图谶就是这种心理，谁都能拿这个蒙事儿，门槛太低。总之，图谶骗人！

宜收藏图谶，一禁绝之。——《后汉书·张衡列传》

别让它再污染学术净土了，赶紧查禁图谶吧！

汉顺帝有没有接受这个建议呢？史书没写，应当没有。不过，自此之后，谶纬的风头大致就过去了。

张衡后升侍中，成为汉顺帝机要大秘，也类似顾问，汉顺帝遇到什么问题都问他。

尝问衡天下所疾恶者。宦官惧其毁己，皆共目之，衡乃诡对而出。——《后汉书·张衡列传》

有一次，汉顺帝让他说说，人们对朝政有什么评价，有什么批评的地方。旁边的太监们立即冲他使眼色，那意思是千万别说我们太监不好。张衡便没敢实话实说，打了一通马虎眼应付了过去。可是，太监们对他还是不放心，经常给他上眼药，搞得他挺紧张、难受，便写了一篇《思玄赋》，发了一通感慨：

欲巧笑以干媚兮，非余心之所尝。——《后汉书·张衡列传》

想要讨好太监，跟太监们同流合污吧，他又不甘心；想跟太监们斗争吧，他又不敢。

夕惕若厉以省愆兮，惧余身之未敕也。——《后汉书·张衡列传》

只能每天小心谨慎，战战兢兢，如临深渊如履薄冰。

愿得远度以自娱，上下无常穷六区。超逾腾跃绝世俗，飘摇神举逞所欲。——《后汉书·张衡列传》

恨不能辞官远游，远离世俗，自由自在。

张衡此赋篇幅甚大，极尽铺陈，华丽典雅，绝对是文学佳作。他在文学史上的地位几乎也不亚于他在科技史上的地位，整个前汉、后汉写赋的人，他能排在前五名。有个说法，大人物都是既有高度的理性又有高度的感性，张衡正是这样的人。

张衡生命的最后三四年从朝廷调到地方，做了河间相，颇有政绩。永和四年（139），六十二岁去世。

三十三、东汉第一外戚

永和四年（139），一代宗师张衡去世。这一年，太监们又搞了一次政变。

当时的太监分两派。其中一派以中常侍曹腾、孟贲及小黄门曹节等为代表，更得汉顺帝的宠信，略占上风。时任大将军梁商也嘱咐儿子梁冀和梁不疑多跟这几个太监交往。另一派以中常侍张逵为首的太监们倍感压力，便想尽办法进谗言：皇上，曹腾、孟贲等跟大将军梁商父子串通一气，常在一起密谋，要把您废掉，您快收拾他们吧。

汉顺帝一拨拉脑袋：

大将军父子，我所亲，腾、贲，我所爱，必无是，但汝曹共妒之耳。——
《资治通鉴·汉纪四十四》

不可能！大将军梁商是朕的老国丈，他儿子也都是我的亲人，曹腾、孟贲也是我最喜爱的人，他们怎么可能害我呢？准是你们嫉妒他们！

张逵他们一看忽悠不了汉顺帝，便狗急跳墙。

矫诏收缚腾、贲于省中。——《资治通鉴·汉纪四十四》

假传圣旨，直接把曹腾、孟贲给捆了。虽然他们目的不是伤害皇帝，可仍然是政变的性质。汉顺帝闻讯大怒，派人把张逵等太监拿下，杀之。此案在审理中，又牵涉了很多朝中大臣。一时间，朝野上下，人人自危。

于是，大将军梁商上书：皇上息怒。

春秋之义，功在元帅，罪止首恶。——《后汉书·梁商传》

按《春秋》的意思，不论赏有功，还是罚有罪，一般都是对当头的。此案把当头的张逵等大太监诛杀也就可以了，不能再扩大范围，那样容易牵累无辜，制造冤案。

非所以顺迎和气，平政成化也。——《后汉书·梁商传》

那样可能会影响政府声誉。等等。

汉顺帝很高兴：老国丈说得真好！好吧，此案就此打住。不过，老国丈和两位国舅哥因此受惊，朕得有所表示，传旨，封二舅哥梁不疑为步兵校尉。

梁商立即上书推辞：谢谢皇上，不疑还是个孩子，让他做步兵校尉，我们不敢当。臣看古书里说：

昔晏平仲辞鄁殿以安其富，公仪休不受鱼飧以定其位。——《资治通鉴·汉纪四十四》

齐国君把鄁殿赏赐给晏子做封邑，晏子坚辞不受。事后，有人问他：

富，人之所欲也，何独弗欲？——《左传·襄公二十八年》

鄁殿这么大一片封地，这是多大的财富，您怎么不接受呢？您傻吗？

晏子答：鄁殿是很大的财富，财富是人之所欲，而我不接受它恰恰是因为怕失去财富。

富如布帛之有幅焉。——《左传·襄公二十八年》

一个人能担得起多大的财富，就像一块布帛，它是有定数的。你懂吗？我才不傻呢。

鲁国相公仪休特别爱吃鱼，有人便投其所好，送来了两条大鱼。公仪休拒绝：正因为我爱吃鱼，所以我不能要你的鱼。要了你的鱼，就是受贿犯法，我以后可能就吃不到鱼了。

臣推辞给不疑的官位，正是想效法前贤，固福禄于圣世，还请皇上成全。

汉顺帝又很高兴：老国丈深明大义，好，那就听您的吧。

由这两件事，可见这位国丈、大将军梁商是颇为贤良的，而且跟汉顺帝的关系非常融洽。前述汉顺帝执政颇有值得称道处，包括贬黜功臣太监，任用贤才，整顿吏治，重修太学等，略有中兴之象。梁商很可能发挥了积极作用。那么，他是怎样的来头呢？

他是汉和帝的表弟，是汉和帝刘肇的生母梁贵人的父亲梁竦的孙子。

此前，汉和帝嫡母窦皇后陷害梁家，使梁竦死在狱中，梁家人都被发配到了九真郡——今天的越南中部。这是他们家第二次被发配到九真郡。第一次是怎么回事呢？还得从头说起。

梁竦的父亲梁统早年任酒泉太守，威望、级别都高于窦融，河西五郡长官本要共推他做河西大将军，他让给了窦融。随后，天下平定，梁统被封侯，来到洛阳朝中，颇得光武帝的宠信。《后汉书》记：

统在朝廷，数陈便宜。——《后汉书·梁统传》

梁统经常上书提出朝政治理的意见，尤其在法治方面颇有见地，认为刑罚应当适度重一点。他提到，汉元帝、汉哀帝时期，曾有一次法律修订，刑罚有所减轻。

手杀人者减死一等。——《后汉书·梁统传》

有些杀人案件视情节可以不用抵命，不判死刑了。结果怎样呢？

自是以后，著为常准，故人轻犯法，吏易杀人。——《后汉书·梁统传》

杀人案件增多了！

梁统说：

臣闻立君之道，仁义为主。仁者爱人，义者政理。爱人以除残为务，政理以去乱为心。——《后汉书·梁统传》

就是说，为君治国要秉持仁义。仁者爱人，爱人的关键是除掉坏人！义者政理，政理即各方面政务都有条理、有秩序，怎么做到？关键是把捣乱的都清除。总之，适度重刑，严格执法，才能实现仁义政治。

梁统后来到地方为官，做九江太守。

统在郡亦有治迹，吏人畏爱之。——《后汉书·梁统传》

吏人对他又是怕，又是爱，可见他这套恩威并用的治理思想，颇有成效。

梁统的长子梁松是光武帝长婿，深得宠信，曾陷害马援，极有权势。光武帝死后，他"受遗诏辅政"，任太仆，次年即因"请托"被汉明帝罢免。

松数为私书请托郡县，二年，发觉免官。——《后汉书·梁松传》

之后，他心怀不满。

遂怀怨望。四年冬，乃县飞书诽谤。下狱死，国除。——《后汉书·梁松传》

又过了两年，梁松因为写了一篇"飞书"，也就是匿名信，非议汉明帝，被查出，被抓进大牢弄死了。侯爵封国也都被收回。二弟梁竦和三弟梁恭也都被连累，被发配九真郡。这是梁家第一次被发配。

汉章帝即位后，梁竦兄弟被召回。毕竟梁松的妻子是光武帝长公主，瘦死的骆驼比马大，梁家又没事了。

梁竦很有才华。

少习孟氏易，弱冠能教授。——《后汉书·梁竦传》

他对《周易》很有研究，而且文章写得好，班固曾称赞他写的《七序》：

孔子著春秋而乱臣贼子惧；梁竦作七序而窃位素餐者惭。——《后汉书·梁竦传》

可惜这篇《七序》没有传世，由"窃位素餐者惭"看来应是抨击官场的。梁竦对官场上的人和事都看不惯，所以，朝廷几次征辟他做官，他都不干，可能也是嫌朝廷给的官职太小。有一次，他与朋友登山，放眼山峦大地，发了一通感慨。

叹息言曰：大丈夫居世，生当封侯，死当庙食。如其不然，闲居可以养志，诗书足以自娱，州郡之职，徒劳人耳。——《后汉书·梁竦传》

意思是，要做官就得做大官，封侯拜相，名留青史。若只做个州郡地方官，每天迎来送往应付各种上级督导检查，干各种基层的工作，每天累得要死，却很难有国家层面的影响和声誉，那没意思，入不了史书。还不如一辈子闲居家中，诗书自娱，做点自己喜欢的事，平淡而快乐。

不承想，闭门家中坐，祸从天上来，竟然因为外孙子刘肇当上了太子，家里私下庆祝了一下，就遭窦皇后陷害，他被下狱死，家人再被发配九真。

一晃十几年过去了，汉和帝刘肇已经即位九年，此前，他虽然灭了窦氏外戚，但对窦太后依然很尊重，因为他根本不知道自己的真实身世，以为窦太后就是自己的亲生母亲，也没人敢跟他透露这件事儿。直到这年，窦太后驾崩，梁家才找人请求给已故的梁贵人正名。汉和帝经过慎重的调查核实，才明白真相，悲痛不已，立即把生母梁贵人追尊为汉章帝的恭怀皇后，并发布诏书：

诗云：父兮生我，母兮鞠我，抚我畜我，长我育我，顾我复我，出入腹我。欲报之德，昊天罔极。——《后汉书·梁竦传》

意思是，《诗经·小雅·蓼莪》讲，我的父亲啊，我的母亲，你们生我、养我，喂我吃、给我穿，捧着我、举着我，助我成长、教我做人，瞅着我、看着我、抱着我、哄着我、爱着我、疼着我。我怎么报答您的恩情啊，妈妈！上天为什么让您这么早就离开我啊，妈妈！

怎样向已经去世的母亲尽一点孝心呢？只能是尽力关照母亲的娘家人。于是，汉和帝重新给姥爷梁竦举行了隆重的葬礼，并且追封侯爵。

梁竦感慨"大丈夫居世，生当封侯"，生前没封，死后十几年终于获封。他的几个儿子也都被封侯。一下子，梁家又很有权势了。

不过，两番大祸令梁家人仍如惊弓之鸟，为人处世都比较低调。梁商作为梁竦二儿子梁雍之子，读书明理，谦虚谨慎平易近人。

少通经传，谦恭好士。——《资治通鉴·汉纪四十四》

他的女儿梁妠也非常贤惠。

少善女工，好史书，九岁能诵《论语》，治《韩诗》，大义略举。常以列女图画置于左右，以自监戒。——《后汉书·顺烈梁皇后纪》

梁妠从小对女孩子的各种针线活就什么都会，书读得也很好，还很有志向，闺房里挂着《列女传》里古代贤良女子的画像作为榜样。十三岁，被选入宫。《后汉书·皇后纪》记：

汉法常因八月算人，遣中大夫与掖庭丞及相工，于洛阳乡中阅视良家童女，年十三以上，二十以下，姿色端丽，合法相者，载还后宫，择视可否，乃用登御。——《后汉书·皇后纪》

大致是说，汉朝一般在每年八月"算人"，就类似人口普查，其间常会派出后宫的人，带上"相工"——专门相面的人，到洛阳的大户人家选女入宫。被选女子年龄都得在十三到二十岁之间，既要"姿色端丽"，长得够漂亮，还得"合法相"，不能让相工看出什么毛病，才能选入。然后，再须进一步"择视可否"，体检之类都合格，"乃用登御"，才能上皇上的床。当时，相工茅通看到梁妠，大惊，当即跪拜。

再拜贺曰：此所谓日角偃月，相之极贵，臣所未尝见也。——《后汉书·顺烈梁皇后纪》

茅通说，梁妠的面相是"日角偃月"，是他从未见过的极贵之相。

然后，梁妠入宫，"择视可否，乃用登御"之后，要定级别。汉朝后宫分很多级别，每个级别待遇不一。级别怎么定？从《后汉书》记载看，似乎是以卜筮来定。先以龟卜：

太史卜，兆得"寿房"。——《后汉书·顺烈梁皇后纪》

然后筮占：

筮得"坤之比"。遂以为贵人。——《后汉书·顺烈梁皇后纪》

龟卜我不懂，筮占我算懂一点，"坤之比"即本卦为坤，之卦为比，变爻为第五爻。坤卦象地，为阴、为女，第五爻——如果是乾卦第五爻，那就是"飞龙在天"，是九五至尊皇帝之象。坤卦第五爻自然是皇后之象，爻辞"黄裳元吉"，大吉。比卦大象辞"先王以建万国，亲诸侯"，也是大贵之象，又含婚配和谐之意。第五爻爻辞，"显比，王用三驱，失前禽，邑人不诚，吉"，也明确是大吉。总之，卜筮的结果非常好，大吉。于是，梁妠一步做了贵人，是仅次于皇后的级别。

不过，强中自有强中手，山外更有楼外楼。当时，后宫还有三个贵人也都特别称汉顺帝的心。一共四个贵人，汉顺帝都爱，难分上下，可是，只能选一个来当皇后。选谁呢？说这话时，梁妠进宫已经三四年，有十六七岁了，汉顺帝也有十七八岁了，到年纪明确皇后人选了。汉顺帝很为难，迟迟决定不了选哪个，最后就想，干脆抓阄吧！

议欲探筹，以神定选。——《后汉书·胡广传》

探筹就是抓阄，抓上谁算谁，这是顺应天意。

大臣们赶紧拦着：哪有抓阄选皇后的啊？

篇籍所记，祖宗典故，未尝有也。——《后汉书·胡广传》

从来就没这么弄的。这事不用着急，您再多想想吧。

最终，汉顺帝权衡再三，还是感觉梁妠在德行方面更胜一筹，遂立其为后。随即，封梁商为执金吾。

两年后，汉顺帝又封梁商为大将军。梁商坚辞不受，干脆称疾不起，请病假，不上班了，说什么也不接受这个任命。耗了一年，最终还是拗不过汉顺帝，只好接受。

梁商如此真诚谦让，令汉顺帝倍感温暖。汉顺帝虽是汉安帝的儿子，但是汉安帝对他并不疼爱，把他的太子之位废掉，亲生母亲李氏则早已被阎皇后害死，他能当上皇帝是靠一帮太监政变拥立，可以想见，他的内心有多孤独，多么渴望家人的温暖。再者，梁商作为大将军、内朝首辅干得很不错，他提拔任用了李固、周举等一批贤能之才，使各方面的工作都有起色。他的二儿子梁不疑也很贤能，好读书，礼贤下士。可以想见，梁家人给了汉顺帝所渴望的温暖。正因如此，在梁商做了六年大将军之后，病重将死之际，汉顺帝毫不犹豫地又把大将军之位交给了梁商的大儿子梁冀。作为首辅的大将军竟被梁氏外戚世袭继承！跟西汉末期王氏外戚世袭大将军之位一样了！真应了那个说法：历史的唯一教训就是人们从未在历史中吸取教训。

随后，梁冀的妹妹梁女莹又做了汉桓帝的皇后，好几个儿孙也都被封侯。

冀一门，前后七侯，三皇后，六贵人，二大将军，夫人、女食邑称君者七人，尚公主者三人，其余卿、将、尹、校五十七人。——《后汉书·梁冀传》

梁氏一门总共有七人被封侯，出了三个皇后——包括汉和帝生母梁贵人被追谥为皇后、六个贵人、两个大将军，等等，绝对是东汉第一外戚。

梁冀跟他的父亲梁商、妹妹梁妠、弟弟梁不疑大不一样，他可谓一代魔王！他如果也有王莽那一套笼络人心的手段，东汉王朝肯定也得结束在他的手里。

三十四、梁商的两位高参

永和六年（141），颇为贤能的大将军梁商病逝。临去世前，他嘱咐儿子，丧葬要一切从俭，说：

吾生无以辅益朝廷，死何可耗费帑藏！衣衾、饭含、玉匣、珠贝之属，何益朽骨。百僚劳扰，纷华道路，只增尘垢耳。宜皆辞之。——《资治通鉴·汉纪四十四》

意思是，我这一辈子也没给国家做什么贡献，临死千万别再给国家浪费钱财。那些陪葬之类都没意义，人都成一把朽骨了，金、玉搁在旁边有用吗？葬礼也不要麻烦别人，不用发讣告，不用搞什么遗体告别仪式，没意义，麻烦！

多明白的人！《资治通鉴》里记载过挺多这样安排身后事的人，强调薄葬，史家都给予赞扬，体现着中国古人的一种唯物主义观念。

不过，朝廷并未遵照梁商的遗嘱，坚持厚葬，陪葬了很多金银财宝。这可以理解为对习俗的遵从，谈不上什么观念。

关于梁商的贤能，一个重要表现是他提拔举荐了一批贤良之才。就连临死前，汉顺帝问他还有什么要交代的事，他还不忘举荐人才，说：

人之将死，其言也善。臣从事中郎周举，清高忠正，可重任也。——《后汉书·周举传》

举荐他的从事中郎周举。从事中郎，大致即大秘、高参。

周举确实是个人才。《后汉书》记载：

举姿貌短陋，而博学洽闻，为儒者所宗，故京师为之语曰"五经纵横周宣光"。——《后汉书·周举传》

他字宣光，人长得又矬又丑，人丑多读书，遂成大儒，五经皆精通，人称"五经纵横周宣光"。他有三四件事，令我印象较深。一是他做并州刺史的时候，治所所在的太原郡有个风俗、禁忌比较奇葩：把纪念介子推的寒食节搞得太极端了，竟然一个月都不能点火！

至其亡月，咸言神灵不乐举火，由是士民每冬中辄一月寒食，莫敢烟爨，老小不堪，岁多死者。——《后汉书·周举传》

当时的寒食节是在"冬中"，北方大冬天里一个月不能点火，天天吃凉的、喝凉的、睡凉炕，年轻人还强一点，老人孩子受不了，弄得每年的"寒食月"都得死不少人。

死不少人，也改变不了这种风俗！

周举决心改变它，要移风易俗。他怎么做的呢？他先召集人们搞了一个隆重的祭祀，祭祀介子推，并且当众宣读了一篇祭文。

言盛冬去火，残损民命，非贤者之意。——《后汉书·周举传》

在祭文中说，介老夫子，您这样的圣贤肯定仁民爱物，不可能忍心让老百姓受这样的罪啊，对不对？这样的风俗肯定是人们曲解了您，我想把它改过来，您同意不？您要是不说话，就表示同意喽。好了，大家都看见了，介老夫子同意啦，咱们回家生火做饭吧，神灵不会怪罪的。

随即，他作为刺史带头执行。正所谓：

君子之德风，小人之德草。——《论语·颜渊》

风行草偃。慢慢这个风俗就改了，成了只寒食一天，并由"冬中"改到了稍暖和的清明节前。

周举的第二个故事是说，这一年，他得到尚书令左雄的欣赏、举荐，升迁至皇帝身边做尚书。之后不久，他竟然向皇帝参劾左雄荐举的某人落马应负荐举失当之罪。当时，左雄已由尚书令改任司隶校尉，气呼呼找周举：周大人，您现在真是了不起，你们尚书真是厉害！您不想自己是怎么到这步上的吗？

周举赶紧施礼：您别生气，您对卑职的提携，卑职铭记在心。可是，《左传》不是有这么一段故事吗？说的是春秋时晋国大臣赵宣子提拔韩厥做带兵司马，然而，没过多久，韩厥就以军法处死了赵宣子的一个手下。一时间，舆论炸了锅，都说赵宣子提拔了一个恩将仇报的白眼狼。可赵宣子非但没有生气，反而很得意地跟同僚们讲：

可贺我矣！吾选厥也，任其事！——《资治通鉴·汉纪四十四》

我没看错人，韩厥带兵执法不避亲、不避贵，真是个好将才！你们得祝贺我，国君也应当嘉奖我。左大人，您说赵宣子说得对不对？

左雄哈哈大笑：好你个周宣光，我错了，你做得对，走吧，喝酒去！

周举的第三个故事是他作为尚书跟汉顺帝之间的一次对话。

当时正闹大旱灾，汉顺帝问周举：这么大的旱灾，这番灾异怎么破呢？朕的执政是不是哪里有问题？你说说看。

周举就给讲了一大通，最后说：

宜慎官人，去斥贪污，离远佞邪……则时雨必应。——《后汉书·周举传》

意思是，您用的官员有问题，那些"贪污佞邪"的官员得剔除出去，那样就能下雨了。

汉顺帝问：

百官贪污佞邪者为谁乎？——《后汉书·周举传》

谁是"贪污佞邪"的官员呢？

这又是当年汉元帝问京房的老问题——怎么分辨忠臣、奸臣？

周举回答得很巧妙：臣这才刚刚调到京城，对朝中大臣都还不大了解，很难说谁是谁非。不过，臣认为有一条分辨忠奸的标准，那就是看他们怎么跟您说话。

公卿大臣数有直言者，忠贞也；阿谀苟容者，佞邪也。——《后汉书·周举传》

那些敢向您直言进谏，不怕您不爱听，不怕把您惹烦的大臣，一般都是忠臣；而那些光捡着您爱听的话说，一味讨好迎合您的大臣，一般就是奸臣。您说是不是？

汉顺帝点头：有道理。

周举继续说：要是按照这条标准看，司徒刘崎在任六年好像从来没说过一句您不爱听的话吧？

汉顺帝点头，随即把司徒刘崎罢免了。

从这个小故事可见，皇帝身边的尚书大秘有多厉害。他一句话，宰相就被免了。

后来，周举又做过司隶校尉，做过太守，因事免官，又重被大将军梁商辟举，做从事中郎。这期间又有一个故事，说的是这年三月初三上巳节，梁商和几个特别亲密的朋友在一起喝酒，喝得非常尽兴。可是，喝到最后，梁商不知为何变得很伤感，对酒当歌，端着酒杯唱了一首《薤露之歌》：

薤上露，何易晞！露晞明朝还复落，人死一去何时归。——《后汉书注》

几个朋友不禁落泪。

事后，周举听说这个情况便心中一紧，叹息道：

此所谓哀乐失时，非其所也。殃将及乎！——《后汉书·周举传》

不好！本应当高兴的日子，怎么这么伤感呢？这是给人送葬的歌啊，不正常！唉，莫非要有祸事发生？

到了秋天，梁商就病死了。

周举后面的故事没什么特别，波澜不惊，四平八稳。汉桓帝初期，曾有意要让他做宰相，可惜他重病，不久就死了。

梁商的另一位从事中郎后来做到了宰相，不过代价也很大，他叫李固，此前大方士郎颛向汉顺帝举荐的两个贤人，他是其中之一，他的故事得从其父李郃说起。

李郃之父是大儒，曾为五经博士，李郃幼承家学，学问极好。

善河洛风星。——《后汉书·李郃传》

他尤其善于河图洛书这种数术，还有风占、星占之类。为人则深藏不露，很低调。

外质朴，人莫之识。——《后汉书·李郃传》

看上去其貌不扬，好像没什么能耐。早年他也谈不上做了什么大官，只是家乡汉中郡南郑县的"幕门候吏"，相当于政府招待所的小管事，负责迎来送往，很不起眼。

这年夏天，汉和帝派出了一批使者。

皆微服单行，各至州县，观采风谣。——《后汉书·李郃传》

都是微服私访，深入到各地方州县秘密调查，了解民情。其中两个使者扮成商人奔益州，途经南郑县，来到李郃工作的"政府招待所"。当时这种"招待所"也向社会开放。李郃招呼：两位客官好，快请进。您二位是打哪儿来，到哪儿去啊？

使者答：我们是从洛阳来的，到益州做买卖，在你这儿可能要住两天。

晚上，使者在院中乘凉，李郃也坐在院里仰着脖子瞅天上的星星，瞅了半天，扭头搭讪：二位客官，我打听个事儿，你们打洛阳来的时候，有没有听说皇上派了两个使者来益州？

两个使者大惊，赶紧拨拉脑袋：没……没听说，你怎么知道的？

李郃嘿嘿一笑，指着天上的星星说：

有二使星向益州分野，故知之耳。——《后汉书·李郃传》

您瞅这个星象，明明白白，肯定是皇上派了两个使者来益州！我看您两位这气质……

从此，人们对李郃刮目相看。不久，汉中太守把他提拔到郡府工作。

然后，这年，大将军窦宪纳妻。

天下郡国皆有礼庆。——《后汉书·李郃传》

全国各地的官员都给他送礼，汉中太守也准备了礼物，要派人送到洛阳去。李郃劝阻：等等，这个礼咱别送。

窦将军椒房之亲，不修礼德，而专权骄恣，危亡之祸可翘足而待。——《后汉书·李郃传》

您别看窦宪现在闹得欢，气焰熏天，只手遮天，实际上，他已经作到头了，马上要玩完！您得跟他划清界限，千万别往上贴了。

太守一拨拉脑袋：拉倒吧，别人都贴乎他，我不贴乎，那我不是找死吗？他没玩儿完，就得先让我玩儿完。这个礼必须得送！

李郃一撇嘴，心说：真是好良言难劝该死鬼啊。不行，太守待我不薄，我得帮他。

于是，他主动请缨，带上礼物，送去洛阳。一路上，他走走停停。

所在留迟，以观其变。——《后汉书·李郃传》

故意磨蹭。结果，他刚到长安就听说窦宪已被废自杀，凡给他送了礼的官员全被牵连治罪。

后来，李郃举孝廉，一路高升，平步青云，汉安帝时官至司空。汉安帝死后，又做了司徒，活了八十多岁，真可谓"大富贵亦寿考"。

李固作为三公之子，毫无骄奢之气，也跟父亲一样，为人非常低调，也非常好学。

少好学，常改易姓名，杖策驱驴，负笈从师，不远千里。——《资治通鉴·汉纪四十三》

他若听说哪里有名师，不远千里也要去向人家求教学习，而且使用化名，怕人家知道自己是高官之子。平时在洛阳太学学习，或者出入一些官府办事，也从不提自己这层身份。不过，他的长相还是很打眼。《后汉书》说他：

固貌状有奇表，鼎角匿犀，足履龟文。——《后汉书·李固传》

"鼎角匿犀"，这是骨相。

鼎角者，顶有骨如鼎足也。匿犀，伏犀也。谓骨当额上入发际隐起也。——《后汉书注》

这段注我解读不了，揽镜自照，若有所会。"足履龟文"是说，李固脚心上的纹就像龟背上的纹路。古代相书上讲，有这种"脚相"的人会富贵。

足履龟文者二千石。——《后汉书注》

可以当大官。读书至此，他赶紧脱了袜子，扳着脚丫子看了一通，不禁大喜！

李固作为顶级官二代，人品也好，学问也好，二千石对他来讲根本不叫事儿。所以，他对做官比较超然，好几次被举孝廉，被征辟，他都没接受，坚持做处士。

不过，樊英等当时一批著名处士入仕后并无出色表现，致使整个处士群体的声誉都受了影响。

俗论皆言：处士纯盗虚声。——《后汉书·黄琼传》

舆论一片骂：这些处士无非都是大葱掐了头——装蒜玩，是一帮欺世盗名的家伙！

这时，郎颉举荐的两位贤才中的另一位黄琼决定应征入仕。黄琼是孝子黄香的儿子，也是著名处士。李固赶紧给黄琼写信，说：

峣峣者易缺，皦皦者易污。盛名之下，其实难副。——《资治通鉴·汉纪四十三》

意思是，太高的东西就容易倒，太白的东西就容易脏。一个人的名气太大了，人们对他的期望值就越高，期望越大往往失望也越大。您既然入仕，务必请干出个样子来，人们不都说"处士纯盗虚声"吗？请您千万要"一雪此言耳"，要把这个面子争回来！

随后，洛阳发生了一次地裂现象。

雒（洛）阳宣德亭地坼，长八十五丈。——《资治通鉴·汉纪四十三》

这是一个什么灾异问题呢？朝廷邀请了一批学者就此问题来对策。李固的这篇对策，《资治通鉴》几乎全文转发，主要是附会吏治用人方面，其中有句话给我印象挺深：

古之进者，有德有命；今之进者，唯财与力。——《后汉书·李固传》

意思是，在古代清平的政治下，能当官的都是有德行的人；而今能当官的都是有钱、有背景的人，都是靠着拼财力、拼爹上来的。

当时的大儒张衡和马融也都参加了这次对策。最终，汉顺帝评李固为第一。

于是，李固入仕。

先是做议郎。没干几天，就被投入大牢。因为他在那篇对策里批评了太监和皇帝乳母等人，这帮人陷害他。幸亏梁商和黄琼等人搭救，他才被释放。然后，他被安排到地方上做个小县令。他当然看不上，赴任的半道上辞官回家。在家里闭门不出，心情沮丧，越想越不甘心，半年后，应大将军梁商之请，任其从事中郎。

史书记载了李固在这期间的数次建言献策。给我印象比较深的有两次。一次是太尉王龚因为批评太监被太监们诬陷，关入大牢。李固劝梁商出手相救，说：

语曰：善人在患，饥不及餐。斯其时也。——《资治通鉴·汉纪四十四》

古人说，救助正在遭难的善人必须全力以赴，抓紧时间，还吃什么饭，饿着肚皮也得先紧着这个事儿办！您快找皇上说说去吧。

梁商听从，立马把这件事办了。

另一次是永和三年（138）的一天，汉顺帝召集高层扩大会议。

召公卿百官及四府掾属问以方略。——《资治通鉴·汉纪四十四》

不但有三公九卿参会，而且大将军、司徒、司空、太尉四府的高级幕僚也参加。会议的主题是研究交阯州九真郡的问题。当地土著居民在一个叫区怜的人率领下造反，交阯州郡官府搞不定，打了一年多也镇压不下去，越闹越厉害，眼看整个岭南地区都危险了。怎么办？

参加此次扩大会议的多数人都认为应当从内地荆州、扬州、兖州、豫州调集至少四万大军，开赴岭南去平叛。李固力排众议，指出从内地调军的各种问题隐患，建议选派具有平叛经验的两个贤能官员张乔和祝良分别去做交阯刺史和九真太守。最终，四府悉从，汉顺帝批准。张乔和祝良到任之后，没费多大劲便平定了区怜之乱。尤其祝良才略惊人。

良到九真，单车入贼中，设方略，招以威信，降者数万人。——《资治通鉴·汉纪四十四》

一度单刀赴会，以招降为主，把数万反军全部搞定。

由是岭外复平。——《资治通鉴·汉纪四十四》

《战国策》所谓"战胜于朝廷"！决策太重要了，做决策的人太重要了，做参谋的人也太重要了。如果没有李固的决策建议，而采用调集内地大军开赴岭南的方案，先不要说成败，那得是多大的人力、物力、财力？得给百姓增加多大的压力？得多付出多少牺牲？要不怎么说以人为本呢，越是高层越得用顶级的人才才行。所以，最大的腐败是用人的腐败。把贪官的钱收缴国库事小，把贪官提拔的官员清退事大。

永和六年（141），梁商去世前，荆州有乱民造反，官府难以镇压，李固由大将军从事中郎调任荆州刺史，采用招抚为主的策略，很快平定造反。他与新任大将军梁冀的斗争也由此开始。

三十五、《后汉书·李杜列传》

　　永和六年（141），二十六岁的汉顺帝已即位十五年，他的首辅大将军梁商和两任尚书令虞诩和左雄都颇为贤能，政平吏良，渐有中兴之象。只可惜，这年秋天梁商去世，汉顺帝让梁商长子梁冀接任大将军，形势便急转直下，可谓"一着走错，满盘皆输"，东汉王朝由此衰矣！司马光痛惜感慨：

　　顺帝援大柄，授之后族。梁冀顽嚚凶暴，著于平昔，而使之继父之位，终于悖逆，荡覆汉室。校于成帝，暗又甚焉！——《资治通鉴·汉纪四十四》

　　意思是，汉顺帝此举太糊涂！比汉成帝还糊涂。汉成帝虽然也把大将军之位交给外戚王家兄弟叔侄"世袭"，毕竟王家兄弟叔侄都表现得比较贤能，没有为非作歹的，而梁冀则"顽嚚凶暴，著于平昔"，他完全是个恶棍，人所共知，怎么还能让他接任大将军呢？

　　那么，梁冀此前都做过什么坏事？他到底是怎样一个人呢？《后汉书》这样写他：

为人鸢肩豺目，洞精矘眄，口吟舌言，裁能书计。——《后汉书·梁冀传》

这是说他的相貌、才具，长得挺吓人，耸着个肩膀，跟只老鹰似的；俩吊眼像立起来的似的，而且眼珠不正，斜视，老是斜着眼瞅人。还有点儿大舌头，别人根本听不清他说什么。也没什么文化，勉强能写几个字，能算加减法。

再说，他的性情、喜好：

少为贵戚，逸游自恣。性嗜酒，能挽满、弹棋、格五、六博、蹴鞠、意钱之戏，又好臂鹰走狗，骋马斗鸡。——《后汉书·梁冀传》

一句话，他从小就是一个沉湎各种吃喝玩乐的纨绔子弟，没日没夜地玩，而且天天喝大酒，可谓混世魔王。真不知道他爹梁商是怎么教育他的。可就是这么一个不成才的玩意儿，因为他是梁皇后的亲大哥，照样官场得意，平步青云。

初为黄门侍郎，转侍中，虎贲中郎将，越骑、步兵校尉，执金吾。——《后汉书·梁冀传》

从皇帝身边侍从三跳两跳就干到了光武帝早年梦寐以求的执金吾，又做了河南尹。

他不单吃喝玩乐不成才，还胡作非为，干了很多违法犯罪的事。

冀居职暴恣，多非法。——《后汉书·梁冀传》

也没人敢查他。他手下的洛阳令吕放是梁商的亲信，好意提醒梁商：大将军，大公子梁冀做了某事某事，影响老坏了，您得管管。

梁商训斥梁冀：你怎么这么不像话？！你干的那些烂事儿吕放都跟我说了！

梁冀怀恨在心，派了刺客，青天白日在大道上就把吕放刺杀了。

即遣人于道刺杀放。——《后汉书·梁冀传》

举国哗然，这还了得？朝廷下令严查！谁去查呢？当然是河南尹，梁冀是河南尹，就是他杀的，怎么查？他伪造证据，栽赃给吕放的某个冤家对头，又推荐吕放的弟弟接任洛阳令。最终，那个被栽赃的人的宗族、宾客上百人被捕杀。

如此令人发指的恶行，梁冀还自鸣得意，心想：我这事干得漂亮，瞒天过海，天衣无缝。

可是，哪有不透风的墙，他的顽嚣凶暴渐渐路人皆知。然后，他竟然接任了大将军，朝野上下无不扼腕叹息：让这种人做首辅大臣，天下还好得了吗？

一个叫张纲的人尤其气坏了。

张纲的七世祖是张良，其父官至司空。

虽为公子，而厉布衣之节。——《后汉书·张纲传》

他不是纨绔子弟，也不是祖上从赤松子游的道家出世逍遥派，而是儒家信徒，有着类似寒门子弟的上进心，也有士君子的强烈社会责任感。当时太监势力很大，干预朝政，影响很坏。张纲很看不惯，私下感叹：

秽恶满朝，不能奋身出命扫国家之难，虽生吾不愿也。——《后汉书·张纲传》

意思是，我豁出命去，也得跟这些邪恶势力干一场，把他们扫除干净！

随后，在梁商任大将军一年后，汉安元年（142）秋，汉顺帝选派了八位颇有名望的使者组成"中央巡视组"，到各地巡查，查办贪官。

选遣八使徇行风俗。——《后汉书·张纲传》

张纲也是其中之一。临到出发之日，其他使者乘上专车都出了洛阳城门，各奔巡视区域而去。

纲独埋其车轮于洛阳都亭，曰：豺狼当路，安问狐狸！——《后汉书·张纲传》

唯独张纲到了城门这儿，突然命人停下车，车轮子卸下来，挖坑埋了。手下人问：您这是啥意思？

他长叹一声：啥意思？我不走了！既然皇上让我们查办贪官，还用得着去洛阳以外查吗？豺狼当道，安问狐狸！哪里的贪官比得上洛阳的贪官大？哪个官员的罪过大得过大将军梁冀？

当即上书汉顺帝，参劾梁冀：

谨条其无君之心十五事,斯皆臣子所切齿者也！——《后汉书·张纲传》

汉顺帝看完，一笑置之，一根毫毛都没动梁冀的。

梁冀则恨死了张纲:看老子怎么整死你！广陵郡反贼张婴闹得正凶，杀了不少官吏，眼看就要占了整个广陵，干脆调张纲去干广陵太守，让张婴弄死他！

于是，张纲把车轮从土里扒出来，赴任广陵。

既到，径诣婴垒门；婴大惊，遽走闭垒。——《资治通鉴·汉纪四十四》

张纲一到广陵就来了个单刀赴会，只带了几个随从，骑马直奔反贼张婴的营垒。到了山门，一打照面，张婴大惊：什么？这是新任太守，就这么几个人直接送我嘴边来了。他不要命了吗？不可能，肯定有诈！传我命令，严阵以待，不得擅动！

随后，在山门城楼上对了一通话，张婴才相信，一下子就服了，当即出门拜见。张纲推心置腹，晓谕一番，当场把张婴招抚，张婴所部一万多人全部投降，顺利遣散，一切搞定。

只可惜，张纲只在广陵干了一年多就病死了。斯人已逝，而"张纲埋轮"的故事和"豺狼当路，安问狐狸"的名言则被传颂千古！

以张纲的疾恶如仇，即便没有病死，也很可能会被梁冀整死。之后，两个同样正直的大臣就是这样死的，他们是李固和杜乔。

前述，李固在梁商死前，由大将军从事中郎上任荆州刺史，顺利平定了当地动乱，随即要查办南阳太守的贪腐罪行。南阳太守以重金贿赂新任大将军梁冀。梁冀拿人钱财为人消灾，给李固写信、说情。李固不听，抓紧查办。梁冀干脆跟汉顺帝打了个招呼，将李固调离改任兖州泰山太守。

李固没办法，只好赴任泰山郡，随即平定当地动乱，百废俱兴，政绩斐然。在汉安元年（142）秋天朝廷派出八大使者的那次巡视中，杜乔相当于"巡视组长"。

杜乔至兖州，表奏泰山太守李固政为天下第一。——《资治通鉴·汉纪四十四》

杜乔等人巡视了天下各郡国，公推李固政绩天下第一！随即，李固被汉顺帝召回朝廷，历任将作大匠、大司农，位列九卿。

杜乔是孝廉出身，经司徒杨震辟举，历任南郡太守、东海相、侍中，官至代理光禄大夫，大致相当于皇帝的副秘书长，颇得汉顺帝的信任。在那次巡视中，杜乔查办的几个不大不小的贪官，都算是梁冀的人；汉顺帝给梁冀家兄弟子侄封侯，杜乔又上书反对。于是，杜乔成为梁冀的眼中钉肉中刺，只是因汉顺帝在，梁冀也不敢拿杜乔如何。

建康元年（144）八月初六，三十岁的汉顺帝刘保驾崩，年仅两岁的太子刘炳即位，梁冀的妹妹梁妠成为太后，临朝称制。李固则升为太尉，参录尚书事，他可能是汉顺帝钦定的顾命大臣，史书没有明确写。次年正月初六，刚刚即位五个月的刘炳驾崩。

谥法曰：幼少在位曰冲。——《后汉书注》

于是，小刘炳的谥号为汉冲帝。

接下来，再立谁当皇帝呢？这时，汉安帝直系的子孙都没了，上面汉和帝的直系子孙也都没了，只能从再上面的汉章帝的直系子孙里找。有两个人选，分别是汉章帝两个儿子的嗣曾孙：一是清河王刘蒜；二是乐安王刘鸿的嗣子刘缵。

刘缵只有八岁，还不懂事，太尉李固等大臣都认为刘蒜更合适。

蒜为人严重，动止有度。——《后汉书·清河孝王庆传》

刘蒜较年长，为人端庄稳重，一言一行都有讲究，肚子里有货，很可能会成为一代明君。

梁冀则坚持立刘缵。梁太后可能受邓太后、阎太后的影响，也愿意立一个更容易控制的小皇帝。于是，永熹元年（145）正月二十四，刘缵即位，即汉质帝。

一年半后，本初元年（146）闰六月初 ，小汉质帝被梁冀毒死。《后汉书》讲：

帝少而聪慧，知冀骄横，尝朝群臣，目冀曰：此跋扈将军也。——《后汉书·梁冀传》

意思是，别看小汉质帝只有八九岁，谁好谁坏他看得出来。有一次当着满朝文武，他瞅着梁冀竟脱口而出：你这个大将军太飞扬跋扈了！

梁冀大惊，强压怒火，谢罪。几天后，便找人往小汉质帝吃的煮饼里下了毒。

小汉质帝吃了几口，把肚子一捂：哎哟，疼死我了！来人，你们快去把太尉叫来。

李固慌忙赶来：皇上，怎么了？您吃了什么？

小汉质帝：我……我吃了煮饼，肚子疼，快给我点水喝，我要渴死了……

李固喊旁边太监：快端水来！

梁冀在旁边一摆手：别，这情况不能喝水！

太监们没人敢动。

说话间，小汉质帝口吐白沫，一命呜呼。

李固伏尸大哭：梁大将军，皇上死得蹊跷，应派太医来做个检查，看看是不是有人给下了毒。

梁冀把眼一瞪：这话可不能随便讲，谁敢谋害皇上啊，传出去还不得天下大乱？咱们还是抓紧操办后事，让皇上入土为安吧。

李固咬牙瞪着梁冀，无可奈何。

梁冀不寒而栗，心想：李固肯定怀疑我，怎么办？看来也得弄死他！怎么弄呢？先走着瞧吧。

接下来，又得选立新皇帝。立谁呢？当然得立刘蒜，上回就该立他，他的血统身份最正最高贵，又有才德，是不二人选。李固生怕梁冀再整什么幺蛾子，急忙联合了司徒胡广、司空赵戒，三公联袂找梁冀，说：

天下不幸，频年之间，国祚三绝。——《资治通鉴·汉纪四十五》

不到两年时间，咱们死了三任皇帝了。接下来，再立新帝，可千万要慎之又慎。

传曰：以天下与人易，为天下得人难。——《后汉书·李固传》

国之兴衰，在此一举。——《后汉书·李固传》

这次务必要选对了人！

梁冀心想：上次我不让立刘蒜，他还不得记恨我。不行！

他心中的人选是蠡吾侯刘志。刘志也是汉章帝的直系子孙，是汉章帝的儿子刘开的孙子，但不是嗣孙，其父刘翼也不是刘开的嗣子，所以不如刘蒜、刘缵的正嗣身份高贵。不过，刘翼曾被邓太后封为平原王，作为汉和帝有痼疾的儿子刘胜的嗣子，后被汉安帝废为侯，如果追溯承认邓太后的册封，刘志能算是王的嗣子，也够高贵。而梁冀考虑刘志更主要的原因是刘志已与他的一个妹妹订婚，并已被梁太后召至洛阳，即将成婚。

梁冀虽然这样想，却也不能太独断，毕竟三公联袂找他，只好答复：咱们召集三公九卿一块儿议议吧，看看谁更合适。

这一议，大臣们都支持立刘蒜。

梁冀很郁闷，原来的想法也有点动摇：散会吧，大家各自再考虑考虑，明天再定。

当天夜里，梁冀的府上来了一个人。谁呢？当时整个太监集团的领袖人物中常侍曹腾。此前，曹腾主动向刘蒜求交往。

曹腾谒蒜，蒜不为礼，宦者由此恶之。——《后汉书·清河孝王庆传》

刘蒜对曹腾很冷淡，没给什么好脸子，一下子把太监集团得罪。

曹腾找梁冀，就是代表太监集团来表态：千万别立刘蒜，立了他，咱们都没好。只有立蠡吾侯，咱们才能富贵长保！

梁冀心里有底了：妥了！

次日，公卿再议。

冀意气凶凶，而言辞激切。——《后汉书·李固传》

梁冀满脸杀气，扯着嗓子喝道：都别说了！就这么定了，立蠡吾侯！谁还有意见？

司徒胡广和司空赵戒等人都是老官油子，一看大魔王要发飙，都吓尿了，心说：爱谁谁吧，立谁当皇帝咱不都是上班领工资，这个大魔王连皇帝都能弄死，咱快认尿吧。

皆曰：惟大将军令！——《后汉书·李固传》

纷纷表态：我们听大将军的，坚决支持立蠡吾侯！

李固见此情景，肺都要气炸了，强压着怒火说：不行啊，蠡吾侯不合适，清河王才合适，因为……

杜乔附和：李太尉说得对，不能立蠡吾侯，因为……

梁冀把桌案一拍：住口！你们少数服从多数吧，就这么定了！散会！

李固没办法，前思后想，咬牙跺脚：唉，不行，我还得再争取一下！

他又去找梁冀。梁冀大怒，找梁太后一通诬陷，就把李固罢了官。

本初元年（146）六月初七，蠡吾侯刘志即皇帝位，也就是汉桓帝。此时，他已经十五岁，在当时已算成年，却仍未能亲政，梁太后效法邓太后继续临朝称制。梁太后人不坏，对汉冲帝刘炳的生母虞贵人没有伤害，此前对太尉李固也非常倚重。《后汉书》称：

太后夙夜勤劳，推心杖贤，委任太尉李固等，拔用忠良，务崇节俭。——《后汉书·顺烈梁皇后纪》

她跟邓太后差不多，颇贤能，却也有共同的问题。作为女主，男女授受不亲，跟男性大臣接触相对少，更多地依靠太监和外戚。邓太后很幸运，身边的太监郑众、蔡伦是好太监，大哥邓骘是好外戚。梁太后正相反，太监是坏太监，大哥梁冀是大魔王，她禁不住这些人的忽悠，罢免了李固。

自李固之废，朝野丧气，群臣侧足而立。——《资治通鉴·汉纪四十五》

从此，再没人敢对梁冀说一个"不"字。

梁太后可能意识到这个问题，随后又把时为光禄勋的杜乔升为太尉，以对梁冀有所制衡。而梁冀的背后，此时又有了汉桓帝的支持——此前杜乔和李固都支持立刘蒜，反对立他，所以，他也恨杜乔。建和元年（147）九月，杜乔只干了三个月太尉，也被罢免。

福无双至，祸不单行。十一月，清河王刘蒜出事了，他本来没招谁没惹谁，倒霉的是，在他的清河国有人谋反并打出旗号：

清河王当统天下。——《后汉书·清河孝王庆传》

随即，谋反者被灭，刘蒜被贬为侯，又恼又怕，自杀。

梁冀抓住这个机会大做文章，诬陷杜乔和李固串通反贼。梁太后起初并不相信，她保着杜乔，抓了李固又给放了。不过，最终，她还是架不住梁冀和太监们一再忽悠，李、杜二人全被下狱弄死。

李固临死之前，在狱中给仍在三公之位的老同事胡广和赵戒写信：

固受国厚恩，是以竭其股肱，不顾死亡，志欲扶持王室，比隆文、宣。——《后汉书·李固传》

意思是，我李固宁死也要尽我的忠诚，为天下之兴盛尽一分力量。而你们只会明哲保身，一味曲从。本来是一手好牌，就这样打烂了。

以吉为凶，成事为败乎！汉家衰微，从此始矣。——《后汉书·李固传》

我们大汉朝从此就得衰败了！

公等受主厚禄，颠而不扶，倾覆大事，后之良史，岂有所私？——《后汉书·李固传》

您二位，一个司徒，一个司空，高官厚禄，是白吃饭的吗？怎么就忍心看着梁家这么乱搞，就不能站出来说句话，表个态呢？就不怕历史对你们的审判吗？

固身已矣，于义得矣，夫复何言！——《后汉书·李固传》

孔曰成仁，孟曰取义，杀身成仁，舍生取义，这是孔孟教导的人生最高追求，我李固做到了！我为信仰而死，无怨无悔。你们就苟且地活着，做你们的高官吧！

广、戒得书悲惭，皆长叹流涕。——《后汉书·李固传》

胡广、赵戒看完这封绝笔信都惭愧得无地自容，也都大哭，他们也不想苟且，却不敢不苟且，想想老婆孩子一大帮，还是活着要紧。像李固这样，不单是他自己死，他的妻子儿子们也被抓捕，大儿子、二儿子也都死在狱中，只有小儿子侥幸逃脱。

杜乔的儿子们也都死在了狱中。梁冀本想逼杜乔自杀，先派人传话：

早从宜，妻子可得全。——《后汉书·杜乔传》

你只要自杀，你的妻子、儿子就不会有事。

杜乔拒绝。因为他若自杀，就等于承认了跟反贼勾结，是畏罪而死。

转过天，梁冀再派人到杜乔府门外查看，没有听到哭声，大怒，立马把杜家抄了。

冀暴固、乔尸于城北四衢，令：有敢临者加其罪。——《资治通鉴·汉纪四十五》

梁冀还把李固、杜乔的尸体扔在道边示众，下令凡来守丧、吊唁者必为反贼同党，统统抓捕。两家亲友们都不敢来，唯独少年郭亮和书生

董班感念于李固的德行来到遗体旁跪下守丧。

旁边管事的亭长呵斥：你们两个小书呆子要以身试法吗？不要命了？

郭亮含泪回答：

亮含阴阳以生，戴乾履坤。义之所动，岂知性命。何为以死相惧？ ——《后汉书·李固传》

人活天地之间无非一口气，这气是阴阳化生的正气，人如果不能做正义之事，生又何恋，死又何惧？

亭长摇摇头：年轻人，现在没人，我放你们一马，快走吧！

居非命之世，天高不敢不跼，地厚不敢不蹐。耳目适宜视听，口不可以妄言也。——《后汉书·李固传》

这不是你们想象的世界。天是很高，但你得低着头；地是很厚，但你得轻着踩，小心着走。该看的看，不该看的不要看；该听的听，不该听的不要听；该说的，也不必说，不该说的更不要说！快走吧，再不走，我可要抓你们了！

而郭亮和董班早已抱定必死之心，没动地儿。亭长只好把他们抓了。还有一位杜乔的老部下杨匡冒充在附近当差的，就近照顾这两位忠臣的遗体，也被抓了。所幸的是，梁太后赦免了他们，并允许他们给李、杜收尸。他们后来都终身不仕。

《后汉书》把李固、杜乔的传写在一起，称为《李杜列传》。李固临死前写信谴责明哲保身的胡广和赵戒，洛阳百姓据此编出一段童谣，也成为千古绝唱：

直如弦，死道边！曲如钩，反封侯！——《续汉志》

李固，你正直，直得跟绷紧的弓弦一样，最后只能抛尸道边；人家胡广能屈能伸，弯曲得跟个秤钩一样，人家封侯拜相，养尊处优。

三十六、梁冀之死

梁冀毒死了小汉质帝，整死了两大忠臣李固和杜乔。三年后，即和平元年（150），他妹妹梁太后驾崩。已经十九岁的汉桓帝终于亲政，却仍为傀儡，东汉帝国完全落在梁冀手中。梁冀这时的权势比当年的王莽只在其上，不在其下。王莽那时候上面还有老太后王政君，王政君要是不高兴，他还得紧着哄，梁冀则已无人能制衡。他跟王莽还有一点不一样，王莽是儒生出身，有巨大的政治抱负，所以一直很爱惜自己的羽毛，极力塑造正面形象；梁冀则是一个不学无术的人渣，从来没有什么正面形象可言。他似乎也没有王莽的政治野心，没想过要当皇帝，没什么长远想法，也没什么敬畏之心，没信仰又权力无限大，这样一个人会干什么呢？一般来讲，会在男女之事上胡来。孔子所谓：

吾未见好德如好色者也。——《论语·子罕》

王莽那么爱惜羽毛，也过不了好色一关。曾国藩号称"不为圣贤，便为禽兽"，晚年还是想讨小妾。好色，实为男人天性，只要是发乎情而止乎礼，好色而不淫，有贼心没贼胆，无可厚非。而大魔王梁冀竟没这一项。为什么呢？也不能说他不好色，主要是因为他惧内。这么一个杀人不眨眼的大魔王，却特别怕老婆，真可谓，"卤水点豆腐，一物降一物"。他老婆叫孙寿。《后汉书》说：

寿色美而善为妖态，作愁眉，啼妆，堕马髻，折腰步，龋齿笑，以为媚惑。——《后汉书·梁冀传》

孙寿长得挺漂亮，而且，"善为妖态"。我理解，妖态不同于性感，性感形而下，妖态形而上，当为一种类似林妹妹的气质。她"作愁眉"，何谓？

愁眉者，细而曲折。——《后汉书注》

愁眉即类似林妹妹那种细细的、弯弯的眉。

"啼妆"，何谓？

啼妆者，薄拭目下若啼处。——《后汉书注》

啼妆即类似林妹妹的眼睛老是泪汪汪。

"折腰步"，何谓？

折腰步者，足不任体。——《后汉书注》

即类似林妹妹弱不禁风的身板，好像腿撑不住身体，老是要摔倒的样子。

这种柔弱的气质，在古代仕女画中颇常见，都带着一种淡淡的忧伤，楚楚可怜，让男人一看就怜香惜玉。

总之，孙寿很能抓男人的心。

寿性钳忌，能制御冀，冀甚宠惮之。——《后汉书·梁冀传》

梁冀对她又是爱怜，又是怕，怕她伤心、不高兴，因此一直都是这一个老婆，从来没敢纳妾。不过，终于有一天，他还是犯了所有男人都会犯的错误，出轨了。

《后汉书》也挺八卦的，这种事儿写得格外详细。这个女子叫友期通，本是梁商弄来进献给汉顺帝的，却因为犯了点错误，又被汉顺帝退了回来。她毕竟做过皇帝的女人，梁商不敢自己怎么着，便把她嫁人了。梁冀暗地里派人又把已经嫁人的小友给偷了回来，然后金屋藏娇。

时间一长，孙寿察觉，大怒！她把屋里东西一通砸，砸啊砸，然后又都收拾了起来，装作不知道，派了一个心腹奴仆去盯梁冀的梢儿。暗中把整个情况都调查清楚之后，趁梁冀出差，孙寿带上一帮人把小友的别墅砸了，一通毒打。原配带人打小三，下手都非常狠，孙寿尤其狠。

截发刮面，笞掠之。——《后汉书·梁冀传》

孙寿一边打，一边骂：你个小妖精，你不是漂亮吗？老娘把你的头发都给你剃了，脸蛋都给你刺烂喽。鞭子呢？给我狠狠地抽！说，你是怎么勾引我男人的！什么？给老爷子守孝的那会儿，你们还在一起乱搞呢？梁冀啊梁冀，你简直是大逆不道！来人，把她说的都给我写下来。我要告到太后和皇上那里去，我要让天下人都知道他这个大将军是这样的，我看他还要脸不要脸。梁冀，我要抓破你的脸！

梁冀谁都不怕，唯独怕老婆，跪在搓板上一通磕头：老婆息怒，老婆息怒，我要脸，你别抓破我的脸，我错了，再也不敢了。

搓板都跪烂了，也不管用。梁冀只好又去求丈母娘，给丈母娘磕了一通头：您老人家快帮我说两句吧，您放心，我大舅哥、二舅哥、三小姨子、四表大爷、五小舅子的工作我都给安排好了，都是高官，您老人家只要帮我过了这一关，要什么，我给什么。

这样，孙寿她妈出面讲情，孙寿才作罢，才把小三放了。之后，消停了一段时间，时间稍长，梁冀又跟小妖精混到一块儿去了。

这次孙寿下了死手，把儿子梁胤叫到跟前，一通大哭：你爹为了那个妖精，是彻底不要娘了，你得给娘出气！哎呀，没人给我撑腰，我不活了！

梁胤年轻气盛，立马炸了，带人上去就把小友给杀了。

梁冀也不敢来个冲冠一怒为红颜什么的，可惜了这个小友姑娘。

这还不算完，《后汉书》继续八卦，别看孙寿对丈夫的小三这么忌恨，她自己其实也养小白脸。他们家的大管家秦宫，深得梁冀的信任，被提拔做了太仓县县令。秦宫感念旧恩，经常回梁府看望，可惜每次都很不巧，梁冀都正好不在家，女主人只好亲自接待。这事，不知道梁冀自己知道不知道。

于是，这个小小的县令秦宫就比三公九卿还牛气。

宫内外兼宠，威权大震，刺史、二千石皆谒辞之。——《后汉书·梁冀传》

"内外兼宠"，秦宫通吃梁冀、孙寿，很多二千石的官员都来巴结他。

另外，孙寿娘家那帮人也都牛上了天。

冒名而为侍中、卿、校尉、郡守、长吏者十余人。——《后汉书·梁冀传》

通过"冒名顶替"等手段，梁冀让老孙家的十好几个人都成了高官。老梁家人反倒不怎么样，因为梁家人本来都不错的，唯独梁冀是个奇葩，他的两个兄弟梁不疑、梁蒙干脆都辞官回家，闭门自守。梁冀则带着这帮丈人门上的人造开了，主要是想尽各种办法捞钱。

各遣私客籍属县富人，被以它罪，闭狱掠拷，使出钱自赎。——《后汉书·梁冀传》

他们派出一帮爪牙到各个地方，看谁家有大买卖、有钱，就让有关部门查谁家偷税漏税、投机倒把、行贿等问题。识相的老板赶紧破财消灾，主动送钱；不识相的，就被抓起来，往死里打，立即明白钱财不过身外之物，保命要紧，倾家荡产，把钱送上。

货物少者至于死徙。——《后汉书·梁冀传》

钱拿得少的或拿得不够痛快的都被打死或发配。

扶风巨富孙奋富名远扬，梁冀派人找他。

以马乘遗之，从贷钱五千万。——《后汉书·梁冀传》

给孙奋送去一辆豪车，要押在孙奋手里，借贷五千万。

孙奋一撇嘴：您这车值一百万吗？

来人一笑：不识货了吧，这是皇室的东西，是艺术品，一个小碗都值上亿，这一辆车得顶多少个碗？

孙奋差点儿哭了，不敢不借，又实在舍不得足额借，咬碎了牙，答应可借出三千万。

梁冀大怒：好个孙财主，给脸不要脸。来人，告诉他们郡县，查他！

结果，孙奋兄弟都被关入大牢，被活活打死。

悉没赀财亿七千余万。——《后汉书·梁冀传》

称一亿七千万却舍不得五千万，难怪大魔王生气。

再有，主动给大魔王送钱的就更多了。

其四方调发，岁时贡献，皆先输上第于冀，乘舆乃其次焉。——《后汉书·梁冀传》

各地送的贡品，都先挑出最好的送到大将军府，次一等的才给汉桓帝。

吏人赍货求官、请罪者，道路相望。——《后汉书·梁冀传》

来买官的和来花钱减刑捞人的踢破了门槛，在门口都排着队。

客到门不得通，皆请谢门者，门者累千金。——《后汉书·梁冀传》

看门的都发了大财。谁来办事，不给他钱，不让进。

除了捞钱，梁冀喜欢大宅子。

冀乃大起第舍，而寿亦对街为宅，殚极土木，互相夸竞。——《后汉书·梁冀传》

孙寿也爱大宅子，两口子比着玩，看谁造的宅子气派。

那可不是一般的豪宅，他们是玩大园林，而且好多处。其中有一处叫菟苑。

经亘数十里，发属县卒徒，缮修楼观，数年乃成。——《后汉书·梁冀传》

方圆好几十里这么大，建了好几年才建成。"菟苑"顾名思义，里面养了很多兔子，都是从全国各地搜罗来的，什么品种的都有。怎么管理这些兔子呢？

刻其毛以为识，人有犯者，罪至刑死。——《后汉书·梁冀传》

都在兔子的皮毛做上标志，丢了好认。凡偷兔子、打兔子者，都治重罪，甚至死罪。当地人都知道规矩，见了兔子都叫爷，躲着走。赶巧有个打西域来经商做买卖的胡人不知道这个。

不知禁忌，误杀一兔。转相告者，坐死者十余人。——《后汉书·梁冀传》

因为杀了一只兔子，十几个人被处死。

大魔王就是这样杀人不眨眼，吃人不放盐，对官场上违抗他意志的人更是杀无赦。

县令吴树曾查办过跟梁冀有关系的人，随后，升任荆州刺史——由此可见，梁冀巴掌虽大，也不能完全捂过天来，吴树得罪他，照样还能升迁，因为整个官僚系统要维持正常运转必须保持基本的规范，前述梁冀安排孙家人做高官须通过"冒名"手段，也反映了这一点。按当时规矩，新任刺史临上任前得到大将军府辞行。梁冀不露声色：好，你来啦，到任之后，好好干。来，干了这杯酒吧。

吴树没多想，把酒喝了，告辞出了大将军府，上车没走多远，腹中剧痛，气绝而亡。

那是一杯毒酒。类似的情况，不一而足。总之，梁冀是个穷凶极恶的大魔王。

汉桓帝无可奈何，只能处处哄着大魔王，给各种封赏、待遇。前朝最高的大臣的待遇，给萧何的"剑履上殿"，给邓禹的封四县，给霍光的某某，统统都给梁冀。梁冀提出的所有要求全部满足，只差给皇位了。汉桓帝很清楚，梁冀如果真来要皇位，他也得给，一点招也没有。这可怎么办呢？每天提心吊胆的,这个皇帝干得忒委屈了。怎么办？没办法，除非干掉梁冀！可是，谈何容易。他作为傀儡皇帝，根本没有一个可靠的支持者，没有一个可以信任的人，索性继续玩吧。就这样，自和平元年（150）梁太后死后，又过了九年，汉桓帝已经二十七八岁，他在心底一直琢磨着干掉梁冀，一直也不敢付诸行动。直到这一天，他冲冠一怒，为了一个女人，决定拼了。

这个女人是他的爱妃梁猛的母亲，名叫宣。这位宣女士头婚嫁给了邓太后的侄子邓香，生了女儿邓猛。邓香死后，宣女上改嫁孙寿的舅舅梁纪，小邓猛改姓为梁，随后被孙寿送进宫。梁猛非常漂亮，大得汉桓帝宠幸。

绝幸。——《后汉书·桓帝邓皇后纪》

很快被封为贵人。

此时，梁冀的妹妹作为汉桓帝的皇后并不得宠，还有病。梁冀担心一旦妹妹病死，梁猛晋升皇后，她的后爹梁纪得势，对他会有冲击。怎么办？

梁冀想来想去：有了，干脆我就说梁猛本是我的私生女，只要她妈认不就行了吗？不就没她后爹什么事儿了吗？我怎么这么聪明呢？只是，该怎么跟他们说呢？我再想想……

梁冀正琢磨着，这年秋天，即延熹二年（159）七月初八，他妹妹梁皇后真就病死了。他把那个意思透了过去，没想到宣女士大怒：什么？我闺女是他梁冀的私生女？他把我当什么人了？！欺人太甚。大姑爷，你得找皇上说说去，他梁冀只手遮天，也不能这么糟践人。

梁猛的大姐夫在汉桓帝身边做议郎，也看不惯梁冀，立即写告状的折子，要呈给汉桓帝。折子还没写成，梁冀便摸着信，派人把这个大姑爷刺杀了。

梁冀一不做二不休，想干脆把宣女士也给暗杀，这样，死人嘴里无招对，他便可以随便说了。于是，这天夜里，他派出一个刺客，潜往宣女士的家。

宣女士的家被几家邻居的房子围在中间，这个刺客在经过邻居房顶时，被邻居发觉。这邻居也不是一般人，是大太监中常侍袁赦，袁家人起来一通敲锣打鼓：抓贼啊！有刺客！

刺客吓跑了，宣女士吓坏了，大姑爷刚被刺杀，这次明显是冲她来的，怎么办呢？没别的道了！于是，天刚亮，她就跑进皇宫，拉着女儿梁猛，跑到汉桓帝跟前，磕头如捣蒜：皇上救我！皇上救我！梁大将军要杀我……

梁猛也哭得梨花一枝春带雨，瞬间刺激起了汉桓帝的保护欲，他把桌案一拍：大胆！你胡说！大将军怎么可能刺杀你？你怎么敢污蔑大将军？梁贵人，快把你娘扶出去！她准是生病了说胡话，你在宫里找个地方，让她养养去……

汉桓帝一边说着，一边给梁猛挑眼色。梁猛心领神会：皇上恕罪，皇上恕罪，我们先走了，您歇着吧。

汉桓帝看着这娘俩出去，扭头瞅了瞅身边的太监宫女，猛然一捂肚子：哎哟，我肚子疼，我得拉屎。

刺溜，他蹿进了旁边的厕所里。他贴身的心腹小太监唐衡平时可能是管伺候拉屎的，紧跟着也进了厕所。别的太监宫女不管这块，都在外面等着。唐衡进了厕所一看，愣了。汉桓帝没脱裤子，直接坐在了"马桶盖"上。唐衡说：咋了？来不及了吗？

汉桓帝一瞪眼：混账，你才拉裤里了呢！小唐子，到朕跟前来，我小点儿声跟你说。这宫里的人我只信任你，你说说，咱怎么办吧？我必须得弄死梁冀，我要是不弄死他，他早晚得弄死我。你看宫里哪些人可以为我所用，一起来办这个事儿？

唐衡很聪明：依奴才之见，中常侍单超，还有左悺、徐璜、具瑗等四个大太监都可以，都是对梁冀不满的。

汉桓帝说：好，你把别人都支出去，把这四位召来。

随后，汉桓帝跟唐衡、单超、左悺、徐璜、具瑗等五太监商定好了方案。

帝啮超臂出血为盟。——《后汉书·单超传》

上次孙程等十九太监拥立汉顺帝的政变是裁单衣为誓，这回是汉桓帝咬破大太监单超的肩膀为誓。

接下来的情况，史书写得挺简略。梁冀有所察觉，授意一个眼线太监张恽提高警惕，有问题随时向他报告。结果，八月初十这天，张恽被五太监拿下。随即，汉桓帝和五太监召集来尚书令、光禄勋、司隶校尉等几个关键的保皇派大臣，派一千多羽林、虎贲军，包围了大将军府。当天，梁冀、孙寿夫妇双双自杀。

诸梁及孙氏中外宗亲送诏狱，无长少皆弃市。——《后汉书·梁冀传》

梁家和孙家都被满门抄斩。

其它所连及公卿列校刺史二千石死者数十人，故吏宾客免黜者三百余人，朝廷为空。——《后汉书·梁冀传》

被株连处死的二千石以上的高官有数十人，被罢免的官员有三百多人，死的死，免的免，整个朝廷几乎空了。

收冀财货，县官斥卖，合三十余万万，以充王府，用减天下税租之半。——《后汉书·梁冀传》

梁冀家的金银财宝全部没收充公，合计三十多亿，顶得上整个东汉帝国半年的财政收入。

汉桓帝欣喜若狂：直接给全天下的百姓免半年的税！梁冀的那些园林也全部分给穷人耕种。以前因为反对梁冀而获罪的官员要全部平反，他们若有在世的子孙一定要加以抚恤。当年那个李固据说还有一个儿子，你们下去访一访吧。

三十七、桓帝本是汉中主

延熹二年（159），已经做了十二年傀儡的汉桓帝突然出手灭掉了大外戚梁冀，终于可以挺直腰杆亲政了，直至延熹十年（167）驾崩。这八年，他干得怎么样？

一般人都认为他干得差极了。诸葛亮《出师表》讲：

亲贤臣，远小人，此先汉所以兴隆也；亲小人，远贤臣，此后汉所以倾颓也。先帝在时，每与臣论此事，未尝不叹息痛恨于桓、灵也。——

《出师表》

就是说，诸葛亮和刘备都把东汉灭亡归咎于汉桓帝和汉灵帝。

罗贯中《三国演义》开篇讲：

话说天下大势，分久必合，合久必分。周末七国分争，并入于秦。及秦灭之后，楚、汉分争，又并入于汉。汉朝自高祖斩白蛇而起义，一统天下，后来光武中兴，传至献帝，遂分为三国。推其致乱之由，殆始于桓、灵二帝。——《三国演义》

也是说，东汉灭亡都赖汉桓帝和汉灵帝。"桓、灵"俨然成了昏君的代名词。

那么，汉桓帝究竟做错了什么呢？罗贯中认为：

桓帝禁锢善类，崇信宦官。——《三国演义》

"禁锢善类"是指"党锢之祸"，可谓"远贤臣"，详细情况后面再说。"崇信宦官"，可谓"亲小人"，这个不可否认，却似乎情有可原，如果没有唐衡、单超、徐璜、具瑗、左悺等五太监的帮助，汉桓帝灭不了梁冀，当他咬破单超的肩膀盟誓时，他的命和五太监的命便绑在了一起，他们便生死与共，而且凶多吉少、胜算很小。由事后清算与梁冀关系密切的官员，"朝廷为空"，足见此前汉桓帝的孤立无援。当时汉桓帝又正是二十七八岁最重感情的年纪，不像小汉顺帝被十九太监拥立时只有十来岁，还不懂感情。所以，事成后，汉桓帝立即把五太监全部封为万户侯！以表达感激之情。

五人同日封，故世谓之"五侯"。——《后汉书·单超传》

五太监之首的单超甚至被封二万户，还被任命车骑将军，因为上面没有大将军，相当于首辅。

说实话，换成我，也得这么办，甚至给五太监都封王。中国文化讲究，受人滴水之恩当涌泉相报。你给我一滴水的恩情，我得还给你一口泉！即便按高祖刘邦"非有功不得封侯"的遗训，这也没问题，所谓功高莫如救驾，五太监所立的功足够大！

再有，"朝廷为空"。太尉胡广被免，司徒和司空被治罪。

并坐不卫宫，止长寿亭，减死一等。——《后汉书注》

这两位公在汉桓帝出手的时候，竟然在一旁观望：是皇上能灭了梁冀，还是梁冀能废了皇上？我的宝押哪头？

他俩举棋不定，大不忠！其他的外朝大臣也找不出可以倚重的人，没有贤臣可亲，只能亲小人，倚重太监，这真怪不得汉桓帝。

当然了，这里不做翻案文章，汉桓帝对五太监的宠确实过分，除了单超次年病死外，其他四太监可谓横行天下！

天下为之语曰：左回天，具独坐，徐卧虎，唐两堕。——《后汉书·单超传》

人们给这四太监都起了外号："左回天"，左悺回天有术，死的，他能给弄活，没有他办不了的事；"具独坐"，具瑗不论到哪儿，都是他坐着，别人都得站着或跪着，娇贵无偶；"徐卧虎"，徐璜如虎，说一不二，威权骇人；"唐两堕"，唐衡反复无常任性而为。

四太监应当都是社会底层出身，无甚学养，又经受过生理上的摧残，心理较扭曲，于是小人得志，都可劲儿地作，可劲儿地造，穷奢极欲，声色犬马。

多取良人美女以为姬妾。——《后汉书·单超传》

别看下面没了，色心不减。

兄弟姻戚皆宰州临郡。——《后汉书·单超传》

家人亲戚都窃取高位，主政一方。可谓："一人得道，鸡犬升天。"

但是，以上这些并不是汉桓帝执政的全貌。事实上，只过了几年，这四太监中的两个就被汉桓帝逼令自杀，另两个病死。"朝廷为空"后不久，新的三公九卿、文武百官便重新组织了起来。对于任用哪些人，太监们固然会给予意见，会有任人唯亲的问题。而就实际的情况看，汉桓帝重用的官员大体是不错的：文臣方面，担任过三公之职的黄琼、种暠、刘宠、杨秉、陈蕃都堪称一代名臣；武将方面，重用著名的"凉州三明"，极大扭转了东汉帝国在对羌、鲜卑等外部战争中的被动局面。在镇压内部地方战乱上，汉桓帝选将、用将也都不错。谥号"桓帝"，正是褒奖他的武功。

谥法曰：克敌服远曰桓。——《后汉书注》

春秋五霸中最著名的齐桓公也是这个谥号。"灵"则不行。

谥法曰：乱而不损曰灵。——《后汉书注》

像晋灵公、卫灵公都是昏君，所以，汉灵帝也是昏君。桓、灵并称，是有些委屈汉桓帝的。

汉桓帝的自我感觉也是很不错的。有一次，他问身边大秘爰延：

朕何如主也？——《后汉书·爰延传》

你觉得，我算是一个怎样的君主？水平如何？

爰延不卑不亢地回答：

陛下为汉中主。——《后汉书·爰延传》

在咱整个大汉朝历代的皇帝中间，您算是中等水平，不算高，也不算低。

汉桓帝：

何以言之？——《后汉书·爰延传》

你是怎么得出这样的看法呢？

爰延答：

尚书令陈蕃任事则化，中常侍黄门豫政则乱，是以知陛下可与为善，可与为非。——《后汉书·爰延传》

臣发现，您只要天天跟尚书令陈蕃在一起，政务便颇有起色；而天天跟太监们泡在一块儿，政务就要乱套。由此可见，您是有能力把天下治理好的，不过，也有可能把天下治理坏。所以，我说您是汉之中主。

汉桓帝大笑：好你个爰延，你这是批评朕啊，批得好！当年朱云向成帝爷直言进谏，扭断了门槛子，成帝爷不怪罪他，也不修那个门槛子，"以旌直臣"，朕也得学习。来人，封爰延为五官中郎将！

后来，爰延还被提拔做了大鸿胪，位列九卿。足见，汉桓帝可以纳言、用贤。只是分辨忠奸太难，一方面，他可以听进爰延这种忠言直谏；另一方面，太监们的话，在他看来也常常是忠言。这样一来，太监与忠臣之间的较量便势均力敌难分高下，斗争就很激烈。如果汉桓帝是彻头彻尾的昏君，完全支持太监胡来，根本不让好人当官，也就没什么斗争了。具体都发生过怎样的斗争呢？

头一次，可以称为"李杜事件"，就发生在汉桓帝灭掉梁冀后不久。当时，汉桓帝不但给唐衡等"五太监"封侯，中常侍侯览"上缣五千匹"，其他八个太监也乘机活动，皆获封侯。朝野上下无不扼腕叹息，无人敢言，白马县县令李云气愤不已，挺身而出。

露布上书，移副三府。——《后汉书·李云传》

他上书汉桓帝，没有封缄，并以副本呈送三公，相当于发出一封公开信，大声疾呼：皇上，您这么弄，忘记高祖皇帝的盟誓了吗？

高祖闻之，得无见非？西北列将，得无解体？——《后汉书·李云传》

您让在西北战场上浴血奋战的将士们情何以堪？他们立了那么多战功都不能封侯，当年李广一辈子打了无数仗，杀敌无数，都不能封侯。这些小太监，拍拍马屁，您就给封侯了，这不是胡闹吗？孔子讲：

帝者，谛也。——《后汉书·李云传》

皇帝就是知道真谛、掌握真理的人，而您怎么这么糊涂？

是帝欲不谛乎？——《后汉书·李云传》

汉桓帝大怒：帝欲不谛？这是骂我糊涂，还是要推翻我？这是要造反！来人，把这个狂徒抓起来，审他！

于是，李云被捕，被定死罪，将斩首。

朝野上下无不扼腕叹息，无人敢言，弘农郡官吏杜众气愤不已，挺身而出。

上书，愿与云同日死。——《后汉书·李云传》

上书汉桓帝：您诛梁冀，拨乱反正，实为我大汉一代圣主。李云忠言直谏，您怎么能杀他呢？若非杀不可，请连我一起杀吧。

汉桓帝愈怒：这是串通好了来跟我叫板！来人，把这个杜众也抓起来，审他！看他们是不是同党。

于是，杜众也被定成死罪。

大鸿胪陈蕃和太常杨秉等几个朝中大臣终于也站了出来，为李、杜求情。

汉桓帝更为恼怒：嚯，你们都是忠臣，就我是昏君，对吧？我还就是昏君了！来人，把陈蕃、杨秉免官，其他几个也降级！

李、杜二人随即被杀。

时任太尉黄琼久历宦海，德高望重，为三公之首。汉顺帝初年入仕时，李固曾寄信希望他一雪"处士纯盗虚声"之耻，他不负众望。

达练官曹，争议朝堂。——《后汉书·黄琼传》

因为从小受父亲黄香言传身教，对政务管理工作都门儿清，很会干；对各种政策法规也都能提出切实的建议。他历任尚书令、太守、太常等，干得都很出色。

以选入侍讲禁中。——《后汉书·黄琼传》

梁太后死前，他被选入宫教汉桓帝读书。转过年来，获升司空，随即遍历三公。

梁冀前后所托辟召，一无所用。——《后汉书·黄琼传》

他算是汉桓帝的人，不买梁冀的账，关系怎样平衡，史书没细说。只是在梁冀被灭前一年赶上日食，他才被降为大司农。梁冀被灭后，他立即重任太尉，牵头整个拨乱反正工作。

海内翕然称之。——《资治通鉴·汉纪四十六》

天下人拍手称快。然后，便发生了这个"李杜事件"。黄琼怎么办？

自度力不能制，乃称疾不起。——《资治通鉴·汉纪四十六》

他太了解汉桓帝了，知道说什么也不管用，干脆直接辞职：老臣我身体不行，我不干了！当年梁冀横行之时，有一对"李杜"——李固、杜乔因忠言直谏而被杀，如今又来一对"李杜"——李云、杜众也因忠言直谏而被杀。以后，谁还敢进忠言、做忠臣？再看看您封赏的这些人，其中不少此前都是梁冀的爪牙，是跟着梁冀要算计您的。

临冀当诛，无可设巧，复托其恶以要爵赏。——《资治通鉴·汉纪四十六》

看着梁冀倒台了，他们立即跳出来，"我要揭发！梁冀太坏了，怎么着怎么着，我以前跟他来往，都是为了收集他的犯罪证据！"您说，还有比这种人更坏的吗？可是，您竟轻信他们，也给封赏。

复与忠臣并时显封，粉墨杂糅。所谓抵金玉于砂砾，碎珪璧于泥涂。——《资治通鉴·汉纪四十六》

这些人又都行了，跟忠臣一样被提拔重用，这就像把墨拌在粉里，把沙子掺在金沙里，把碎玉扔进了泥汤里，实在令忠臣寒心！

汉桓帝不为所动。"李杜事件"以太监完胜、忠臣完败告终。

不过，只过了两个月，被免掉的杨秉和陈蕃便被重新起用。

杨秉是杨震次子，继承乃父家学与家风，学问、人品俱佳，也以清廉著称。

自为刺史、二千石，计日受奉，余禄不入私门。——《后汉书·杨秉传》

比如，这年三月，他从刺史六百石升任太守二千石，到年底，朝廷按二千石的标准给他发全年工资。他主动把一、二月多发的退了回来。

他也跟他父亲一样，遇到过老部下送钱的情况。

故吏赍钱百万遗之，闭门不受。——《后汉书·杨秉传》

他也没要，不坠清白家风。

杨秉也反对梁冀。他做过汉桓帝的"劝讲"，跟黄琼一样，也教过汉桓帝读书，也算是汉桓帝的人。所以，在梁冀覆灭后，他被提拔为太常。因"李杜事件"被免后，他又被重新起用，做河南尹。然后，又因为涉及太监的一个案子被治罪，不久，又被重新起用做太常。后官至太尉，延熹八年（165）死于任上，时年七十四岁。

杨秉还年轻的时候，他妻子就死了，随后终身未娶，一辈子不近女色，也不喝酒，也不爱财，曾对人说：

我有三不惑，酒、色、财也。——《后汉书·杨秉传》

汉桓帝对他非常尊重。

赐茔陪陵。——《后汉书·杨秉传》

在自己的陵墓边给杨秉划出一块坟地：老杨，将来在下面，咱们君臣还在一起。

只过了两年，汉桓帝也死了，跟杨秉做伴去了。总之，汉桓帝并非一味宠信太监，在他亲自主政的八年间，像杨秉这样的忠臣一直在位，对太监集团有所制衡。

再说忠臣陈蕃。

陈蕃字仲举，汝南平舆人也。——《后汉书·陈蕃传》

他爷爷是做太守的，他父亲是做什么的，史书没写，应当也不是俗人。有一天，他父亲的朋友薛勤来串门，正好他父亲不在家，就转悠到了他的小院里。当时陈蕃只有十五岁，平日在一个单独小院里读书学习，见薛勤来，赶紧起身施礼。薛勤一皱眉：贤侄，我这头一次到你这院里来，你这院子里、屋子里也忒邋遢了吧？怎么也不打扫打扫？

要换别的孩子，准得弄个大红脸，陈蕃不，他把脖子一梗：薛叔叔，此言差矣！

大丈夫处世，当扫除天下，安事一室乎？——《后汉书·陈蕃传》

大丈夫哪里有闲工夫打扫房间，我要打扫的是天下，我要整顿乾坤将相！

勤知其有清世志，甚奇之。——《后汉书·陈蕃传》

薛勤没说"一屋不扫何以扫天下"，而是挑大拇指称赞：贤侄有志气，前途不可限量！

陈蕃将要怎样扫除天下呢？

首先要入仕为官。

初仕郡，举孝廉，除郎中。遭母忧，弃官行丧。服阙，刺史周景辟别驾从事，以谏争不合，投传而去。——《后汉书·陈蕃传》

早期，他的仕途不算顺利，因为要给母亲守丧，弃官回家。随后，又因为跟领导意见不合，再次弃官回家。然后，在家里扫了几年地，坚持做了几年处士，不应公府辟举，直到太尉李固出面辟举，才重入仕途，很快便官至二千石，做了乐安太守。他的政绩、官声、口碑都很好。乐安当地有几位处士高人，前任太守数次邀请都请不动，陈蕃招之即来。当地大孝子赵宣在父母安葬之后，墓道一直没有封死，他在里面一住二十多年，坚持穿孝守丧。陈蕃惊奇，请来相见，聊了没几句就烦了：你说什么？你有五个儿子，都是在这二十多年间生的，守孝期间能同房吗？这真是欺世盗名！

诳时惑众，诬污鬼神！——《后汉书·陈蕃传》

来人，把这个伪君子拿下！

随后，大魔王梁冀派人来找他办事，陈蕃不但不答应，最后竟以某罪名把来人给杀了。于是，被贬为县令。随即又被调回朝廷，做尚书。又因与同事领导不和，出任豫章太守。《世说新语》第一篇就是写他到任豫章太守的情景：

陈仲举言为士则，行为世范，登车揽辔，有澄清天下之志。为豫章太守，至，便问徐孺子所在，欲先看之。主簿白：群情欲府君先入廨。陈曰：武王式商容之闾，席不暇暖。吾之礼贤，有何不可。——《世说新语·德行第一》

意思是，陈蕃乘车到了豫章郡，府门都没进便急着要先去拜访当地高人徐孺子。

手下劝：您先进屋歇歇，安排一下工作再说呗。

陈蕃一摆手：当年武王伐纣，进驻朝歌之后，不也是屁股没坐稳，就先去拜访贤人商容嘛。走，咱们先去看看徐孺子。

那么，豫章郡还有没有其他高人贤者，也要去拜访一下呢？好像没有。史书这样记载陈蕃任豫章太守期间的状态：

性方峻，不接宾客，士民亦畏其高。——《后汉书·陈蕃传》

他太严肃、太高冷了，没人敢来找他。攒个局、喝个茶，没有，除了工作，他业余跟谁也不交往。

唯稚来，特设一榻，去则悬之。——《资治通鉴·汉纪四十六》

唯独给这位徐孺子（名稚）准备了一个座垫，平常在一边挂着，徐孺子来了，取下来：快坐，唠会儿。

徐孺子走了，这座垫还挂起来。别人来找他的，都是站着说话，说完走人——不送。

随后，陈蕃再次调回朝廷，做尚书令，又做了大鸿胪。因"李杜事件"被免官，又被重新起用做光禄勋，相当于汉桓帝的秘书长。可见，汉桓帝对他的欣赏、信任。他当然也不负信任，马上进谏：

鄙谚言，盗不过五女门，以女贫家也。——《后汉书·陈蕃传》

俗话说得好，谁家要是养了五个女儿，小偷都不上他家来。因为女孩子太费钱，每天只会穿衣打扮，一分钱不挣。对不对？您再看看您的后宫养了多少女孩子。

采女数千，食肉衣绮，脂油粉黛，不可赀计。——《后汉书·陈蕃传》

好几千人！这一年年的，她们吃的、穿的、用的、抹的、戴的各种花销得多少钱啊！不也得把您花穷了吗？

汉桓帝一拍脑门：也对，那谁，去挑挑，捡那些丑的给开回家去。

立即裁掉了五百宫女。可谓，从善如流。

陈蕃此次进谏还说了一句话：

不有臭秽，则苍蝇不飞。——《后汉书·陈蕃传》

意思是，因为你干了脏事，别人当然得拿脏话骂你。

汉桓帝也老实听着，不翻脸。

还有一次，汉桓帝出宫去校猎游玩。陈蕃进谏，说：您怎么还有心玩？

夫安平之时，尚宜有节，况当今之世，有三空之厄哉！田野空，朝廷空，仓库空，是谓三空。——《后汉书·陈蕃传》

由此"三空"，也足见汉桓帝执政之难，他能稳稳当当干下来，实属不简单。

杨秉死后，陈蕃接任太尉，继续做对抗太监的忠臣代表。

三十八、《后汉书·循吏列传》

汉桓帝本是汉之中主，并非只宠信太监，手下三公皆为一时之选，除黄琼、杨秉、陈蕃外，种暠和刘宠也不简单。

种暠既是个官二代，也是个富二代。

父为定陶令，有财三千万。——《后汉书·种暠传》

其父去世，他竟将家财全部散掉，救济穷亲戚、穷乡亲。

悉以赈恤宗族及邑里之贫者。——《后汉书·种暠传》

他不想吃父亲的老本儿，要靠自己开创未来。

始为县门下史。——《后汉书·种暠传》

他从底层开始，先做家乡洛阳县的"县门下史"，大致是管洛阳县城门的小公务员，每天朝九晚五上下班在城门底下晃悠。有一天，有个贵人一眼搭上了他。此人叫王谌，素有知人之明，其舅田歆时任河南尹。就在前一天，按朝廷要求，田歆要从本郡举荐孝廉，找来王谌商量人选，说：

今当举六孝廉，多得贵戚书命，不宜相违，欲自用一名士以报国家，

尔助我求之。——《后汉书·种暠传》

意思是，外甥，我现在手里只有六个孝廉的名额，可是，一大帮朝中权贵都跟我打招呼、批条子，要我的名额，举荐他们的人。我都得罪不起，却也不能完全辜负皇上的信任，说什么也得留一个名额，举荐一个真正的名士。你最知人，你看举荐谁好？

王谌答：我虽然认识几个名士，但感觉他们都还差点事儿，您给我点儿时间，我再访求访求吧。

田歆点头：你说得对，真正的大贤都是神龙见首不见尾的大隐士，是得访求访求。咱不着急。

转过天来，王谌便兴高采烈地来找田歆：舅舅，我找到了大贤。您说怎么这么巧，今天上午，我送一个朋友出城，打洛阳县城门底下远远看见一个人，哇，气宇不凡！我赶紧上前问他尊姓大名，他说叫种暠，是咱洛阳县门下史。我跟他一通聊，嚯，他的谈吐、才学、见识，实在了不起，正是您要找的大贤！

田歆一撇嘴：拉倒吧。

当得山泽隐滞，近洛阳吏邪！——《后汉书·种暠传》

我还以为是什么隐居山泽之间的奇人异士呢？原来只是我手下洛阳县的一个小公务员，这样的人能有什么大能耐？

王谌一笑：

山泽不必有异士，异士不必在山泽。——《后汉书·种暠传》

谁说高人异士必须隐居山泽？谁说基层小公务员就不能有高人？孔圣人不也做过"委吏乘田"的小公务员吗？贤与不贤，您把他叫来看看聊聊就知道了。

果然，见面一聊，田歆就服了，立马把这个仅有的实实在在的孝廉名额给了种暠。

种暠随即在仕途崛起，并且不畏梁冀等权贵，得到汉顺帝的赏识。

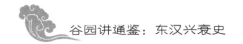

监太子于承光宫。——《后汉书·种暠传》

被派主管太子宫事务。有一天，中常侍高梵来，称奉诏接太子去皇宫。时任太子太傅杜乔一皱眉，因为按规矩，高梵应出示诏书，可是，高梵身份特殊，他也不好意思提，眼睁睁着小太子被抱上车，出了宫门。这时，种暠赶到，挡在车前，拔剑呵斥：停！吁！

太子，国之储副，人命所系。今常侍来，无诏信，何以知非奸邪！——《后汉书·种暠传》

高常侍，没有皇上的诏书、符信，谁也不能接走太子！您要是不听我的，就从我身上轧过去吧！

高梵被震住，乖乖回宫取了诏书来，才把太子接走。

种暠后历任益州刺史、凉州刺史、使匈奴中郎将、辽东太守、南郡太守、度辽将军、大司农等，延熹四年（161）二月，被汉桓帝任命为司徒，位列三公，出将入相，皆有佳绩。三年后，病逝于任上。

种暠当上司徒的这年九月，刘宠也当上了司空，他也是孝廉出身，最早做东平陵令。

以仁惠为吏民所爱。——《后汉书·刘宠传》

他是一个受老百姓爱戴的好县令，后四迁为豫章太守，再三迁为会稽太守。这一年，他又被提拔，将回朝廷任将作大匠，离任时，当地好多老百姓前来送行。

山阴县有五六老叟，庞眉皓发，自若邪山谷间出，人赍百钱以送宠。——《后汉书·刘宠传》

在送行的人群之中，有五六位须发皆白的老先生手里各自捧着一百钱，要送给刘宠。

刘宠急忙答谢：老人家，怎么还拿钱来啊？您几位是从哪儿来？

这几位老先生都眼含深情：我们都是若邪山里的山民，祖祖辈辈在山里面各家守着几亩薄田过日子，很多人从来没有进过城，原本过得挺清静。可最近十几年来，总有官吏时不时到我们山村里，今儿个征税，明儿个又拉人服徭役。

或狗吠竟夕，民不得安。——《后汉书·刘宠传》

一天到晚没个安生的时候。唯独您主政会稽这几年，从未派官吏来打扰我们的山居生活，我们过得清静自在。

狗不夜吠，民不见吏。——《后汉书·刘宠传》

感谢啊，真舍不得您走，这点钱是我们全村人的一点心意，您快收下吧。

刘宠很欣慰：谢谢老伯，这钱，我收！不过，我只能收一块钱。

为人选一大钱受之。——《后汉书·刘宠传》

这一块钱，这辈子我都会带在身边的。

曾国藩有次过生日，爱将鲍超送来十六大包礼物，曾国藩只挑了一顶小帽留下，余则归还。与刘宠此则故事相似。刘宠后官至司空，汉灵帝时再迁司徒、太尉，只是再无好故事。

记载刘宠传的《后汉书·循吏列传》中，循吏任延的故事也挺好。

任延是新莽后期的太学生出身，他被更始帝刘玄任命做会稽都尉时只有十九岁，非常年轻，也非常有作为，颇有政绩。随后，光武帝平定天下，他被任命做九真太守。九真郡，今属越南，在其首都河内以南，东汉时尚未完全开化。

九真俗以射猎为业，不知牛耕。——《后汉书·任延传》

它还未进入农耕文明，当地人靠打鱼打猎为生，经常吃不饱。

延乃令铸作田器，教之垦辟。——《后汉书·任延传》

任延教给当地人民农业生产技术，开垦土地，发展农业。

另外，当地还有一个方面非常原始：

民无嫁娶礼法，各因淫好，无适对匹，不识父子之性、夫妇之道。——《后汉书·任延传》

没有婚姻礼法的约束，不讲究父母之命、媒妁之言，男的追，女的跑，安全自由恋爱。坏处是，孩子只认妈不认爸。任延要化民成俗，便策划组织了史上第一场大型的集体婚礼，男子二十岁到五十岁的，女子十五岁到四十岁的，各自配对牵手。

同时相娶者二千余人。——《后汉书·任延传》

一下子成就了一千多对夫妻。正好这年风调雨顺，人们营养充足，当年便新生了好多孩子。人们感激大媒人任太守，多以"任"字为孩子取名。

任延后调任武威太守，上任前，光武帝亲自接见并对他提了几点要求：

善事上官，无失名誉。——《后汉书·任延传》

此前任延可能跟上级领导处得关系不大好，所以光武帝嘱咐他"善事上官"，要跟领导搞好关系，要听话。任延一拨拉脑袋：这个，臣不认同。

履正奉公，臣子之节。上下雷同，非陛下之福。——《后汉书·任延传》

我认为，作为一个官员，最重要的是忠于职守、忠于国家，而不是忠于某个领导。您说呢？

刘秀一愣，拍手称好：言之有理！朕说得不对。

后来，任延又历任颍川太守、河内太守，都深受百姓的爱戴。

《后汉书·循吏列传》所记循吏多为太守，唯独有一个循吏只是亭长，相当于今天的乡镇干部，此人叫仇览，本是一个小县城里的普通读书人。

年四十，县召补吏，选为蒲亭长。——《后汉书·仇览传》

四十岁时考上当地公务员，做了蒲亭长，尽职尽责，兢兢业业。

劝人生业，为制科令，至于果菜为限，鸡豕有数。农事既毕，乃令子弟群居，还就黉学。其剽轻游恣者，皆役以田桑，严设科罚。躬助丧事，赈恤穷寡。期年称大化。——《后汉书·仇览传》

从《后汉书》的这段记载可见，当时亭长干的工作跟今天乡镇政府的工作内容差不多：一是发展农业生产；二是发展教育事业；三是维护社会治安；四是救助弱势群体。这四方面的工作，仇览做得都很到位，一年下来，这个小地方便气象一新。

其间，仇览很注重推行儒家教化。有一天，有个大娘来哭诉：我从年轻就守寡，好不容易把那个孽障儿子拉扯大，结果他不孝顺我……仇览一皱眉：你先别哭，你家的情况我知道点儿，虽然我跟你儿子不认识，但是看你家房屋都挺板生，地里活儿也都应时按景，说明你儿子还是挺能干的。他年轻，有什么做得不对的，咱可以慢慢教他，你这么一闹，他还怎么做人？这样吧，你回去，别跟人说来找过我。随后，我教教他。

大娘止住哭声：哎呀，您说得对，我真是老糊涂了，太着急了。我先回去了，您费心吧。

随后，仇览便把她儿子叫来，拿着一本《孝经》一字一句地教了一遍。

小伙子幡然醒悟，回家跪在母亲的床前认错：

谚曰：孤犊触乳，骄子骂母。乞今自改。——《后汉书注》

从今以后，我一定改好，要好好孝敬您。

后来，这小伙子成为远近闻名的大孝子。

当地县令王涣是太学生出身，颇贤能，闻此事甚悦：我们这位仇亭长能以德化人，了不起！

于是提拔仇览做主簿，相当于县委办主任。仇览的主簿工作仍很出色，王涣称赞：

今日太学曳长裾、飞名誉，皆主簿后耳。——《后汉书·仇览传》

即便是京师太学里的那些领袖人物，他们的水平也不在你之上。这是我上月刚发的工资，你拿着，凑个路费，去太学进修一下吧，也结交一些当世名士，会会他们。这样，以后你才能有更大的发展。你总窝在这个小县城里，太屈才了。

随后，仇览便到了洛阳，进太学读书。

前述，汉安帝时太学一度衰颓，近乎荒废，汉顺帝进行了修缮、恢复。到汉质帝时，梁太后主政期间，又推出一项促进太学发展的重要政策。

令郡、国举明经诣太学，自大将军以下皆遣子受业。——《资治通鉴·汉纪四十五》

要求各郡国都得推荐人才到太学读书，大将军以下六百石以上的官员的子弟也必须送到太学读书。

自是游学增盛，至三万余生。——《资治通鉴·汉纪四十五》

一下子，洛阳的太学生达到了三万多人，规模空前。当时的太学生们还有了一些参政议政的机会。《后汉书·刘陶传》提到，有次朝廷要搞货币改革。

事下四府群僚及太学能言之士。——《后汉书·刘陶传》

就是说，朝廷主动向大将军、三公等四府幕僚及太学生代表人物征求政策意见。这是之前的太学生所没有的政治权力。刘陶作为太学生领袖还曾成功领导了一次数千太学生参与的请愿活动。

太学生刘陶等数千人诣阙上书。——《后汉书·朱穆传》

他们请求释放因得罪太监而被关押的冀州刺史朱穆。汉桓帝诏准。

总之，当时的太学生们非常活跃，关心政治、社会问题，对学习六经、六艺反而不那么认真。

多以浮华相尚，儒者之风盖衰矣。——《后汉书·儒林列传》

没有人踏实做学问。

仇览的同乡符融也算是一个太学生领袖人物，每天宿舍里都聚满了人，他们高谈阔论。仇览的宿舍则冷冷清清，没人上他这儿来，他也不上别人那儿去，每天除了上课，就是读书。有一次，符融跟仇览说：我看得出，您是大才。不过，小弟想提醒您：

今京师英雄四集志士交结之秋，虽务经学，守之何固。——《后汉

书·仇览传》

意思是，到太学来读书是次要的，结交朋友才是主要的，这样才能为以后做官、做事业积累人脉资源。书读得再好，将来没人举荐你又有何用？

仇览摇头一笑：我不这么看。

天子修设太学，岂但使人游谈其中？——《后汉书·仇览传》

国家投入那么大的财力、物力建起这太学，难道就是让人们来闲扯淡、交朋友的吗？道不同不相为谋，咱们两便吧。

符融虽然被撅，但并不烦，对仇览更加另眼相看，随后邀另一位更加著名的太学生领袖郭泰来与仇览相识、交流，郭泰也服了。

只可惜，如此大贤的仇览几年后结束学业返乡，未及大展才华，便病死了。命也夫！无奈何。

而郭泰、符融等风风火火的学生领袖人物们也未能大展才华，因为一场空前的政治灾难马上就要来了。

《后汉书·循吏列传》里最后一位循吏叫童恢，是汉灵帝时期不其县的县令，他也是以德化人。

一境清静，牢狱连年无囚。——《后汉书·童恢传》

在东汉末期的乱世中，童恢带领着一方百姓安居乐业。这天，手下来报：您快去看看吧，逮着了！

童恢问：逮着什么了？

手下答：老虎！头些天不是说山上跑下来一只老虎咬死人了吗？当时让它跑了，村民们便挖了陷阱。今天真逮着了，而且一下子逮了两只。您快去看看怎么处置它们。也分不出咬死人的是哪一只，是都杀了，还是怎么着？

童恢一皱眉：虎乃百兽之王，也是生灵，可不能随便杀，咱们去看看。

他们来到陷阱旁边，只见里面两只大老虎，"呼哧呼哧"喘着粗气，

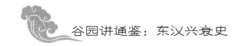

抬头瞪着上面的人们。

童恢也把眼一瞪。

咒虎曰：天生万物，唯人为贵。虎狼当食六畜，而残暴于人。王法杀人者死，伤人则论法。汝若是杀人者，当垂头服罪；自知非者，当号呼称冤。——《后汉书·童恢传》

他竟然把老虎审问了一通：大胆老虎！你们怎么可以咬死人呢？杀人偿命，欠债还钱，这是我们人间的法律。你们老实交代，到底是谁咬死的，赶紧低头认罪！谁是无辜的，可以冲我喊冤。

老虎还真有反应，立马就有一只"低头闭目,状如震惧"，低头认罪了。另一只则"视恢鸣吼，踊跃自奋"，如同喊冤。

于是，当庭宣判，立即执行，杀一只，放一只。

吏人为之歌颂。——《后汉书·童恢传》

三十九、第一次党锢之祸

汉桓帝时期的太学生达三万人，规模空前，他们不再关起门来读六艺经书，而是热衷于政治，热衷于社会交际。之所以有这种转变，很重要的一个原因在于学而优则仕的上升通道改变了。作为一个读书人，如果生在西汉，学而优则仕主要靠拼学问。

能通一艺以上，补文学掌故缺，其高第可以为郎中。——《汉书·儒林传》

能把一部儒家经典吃透学好，就可以朝为田舍郎，暮登天子堂，像公孙弘、翟方进等人都是如此。而生在东汉后期则主要靠拼爹、拼关系。此改变又有四方面原因。一是东汉初谶纬盛行，儒家六经贬为"外学"，不再受重视。二是东汉后期政治腐败，外戚、太监干政，任人唯亲，前述河南尹有六个孝廉的举荐名额，几乎全被权贵要去。三是社会长期稳定造成阶层固化，社会上层数世为官，人脉资源、受教育程度、财力等都是底层平民没法儿比的，其子弟入仕为官的机会相对多得多。四是制度原因，可能是最根本的原因，汉朝官员选拔主要以察举征辟制。察举是各州郡长官向上举荐本地贤才，包括举"孝廉"等；征辟是皇帝、三公等直接从各地邀请贤才入仕。它跟科举制的显著的不同在于，科举对读书人来讲可以主动争取，只要参加朝廷定期组织的考试，成绩好就能中进士、当官。察举征辟对读书人来讲则是被动的，一个人学问、才能、品行再好，若不被州郡长官举荐，不能闻名于朝廷，也没有入仕的可能。再者，"文无第一，武无第二"，学问、才能、品行等都没有量化标准，说你行你就行，不行也行；说不行就不行，行也不行。赶上政治清明的时期，如汉宣帝时期，特别重视吏治，州郡长官都经过皇帝的仔细挑选，都有担当、肯负责，那还好说。赶上东汉后期官场腐败，"唯财是举"——谁给送钱多就举谁，那就烂了。那个著名的童谣：

举秀才，不知书；察孝廉，父别居；寒素清白浊如泥；高第良将怯如鸡。——《桓灵童谣》

正是这个时期的，反映出当时的社会现实。所以，左雄强调"孝廉不满四十不得察举"，还须经过考试、试用等程序，以矫此时弊，改善吏治，于是，陈蕃、李膺等一批贤才得以崭露头角。汉顺帝死后，梁冀掌权，上梁不正下梁歪，吏治重陷混乱。在这样的政治背景下，那些有真才实学又有操守、不愿意给权贵送钱或没钱可送的读书人，包括太学生在内，就没有被举荐的机会了吗？他们怎么办呢？

他们抱团取暖，也会自觉不自觉地形成圈子，形成一种同志、同道的关系。正所谓，鱼找鱼，虾找虾，乌龟找王八，同声相应，同气相求，志同道合的人们总会相互吸引走到一块儿。他们之间互相肯定，互相欣赏，互相褒扬，进而，他们的名声会从小圈子拓展至社会。时谚曰：

一犬吠形，百犬吠声。——《潜夫论》

此处无贬义。比如，这个小圈子里的代表人物李膺赞叹：郭泰先生太厉害了，有识人之明，看人一看一个准，我得多向他请教。

很快，这话便被同在这个小圈子里的符融传到太学生们中间。然后，郭泰识人的故事便在三万太学生中"刷爆了朋友圈"。而这三万太学生是当时形成社会舆论的核心群体，他们有知识，有入仕为官的要求，也有维护社会公平正义、推进国家发展的理想主义精神，他们背后的家族更涵盖了整个社会精英阶层。经过太学生这个舆论池的发酵，郭泰很快便名扬天下，成为大名士。这样一来，郭泰所在的州郡长官再逢察举之时，若不举郭泰，跟朝廷便没法交代了——有这样的大名士你不举荐，光举荐你亲戚，光举荐给你送钱的吗？

如此，一来二去，能进入了李膺、郭泰、符融等小圈子的人，也就意味着能出名，能成为名士，能有被举荐为官的机会。李膺等人都很爱惜羽毛，对于谁加入他们的圈子既有才学方面的要求，又有德行方面的要求，门槛很高，不是敞开口子随便进入的。人们越是难进入这个圈子，这个圈子就越是被人向往，尤其为太学生所向往。于是，在当时就有了一个说法，谁要是能得到李膺的会见，能一脚迈进李膺的家门，就好比登龙门。

士有被其容接者，名为登龙门。——《后汉书·李膺传》

也有一些处士虽未"登龙门"，却也备受太学生推崇，成为当时名士。

这些汉桓帝、汉灵帝时期的名士有一个显著的共同特点，就是反对太监集团。

逮桓灵之间，主荒政缪，国命委于阉寺，士子羞于为伍，故匹夫抗愤，处士横议，遂乃激扬名声，互相题拂，品核公卿，裁量执政，婞直之风，于斯行矣。——《后汉书·党锢列传》

汉桓帝、汉灵帝宠任太监，"国命委于阉寺"，阉寺即指太监，太监把持朝政，名士皆耻于为伍，宁可不当官也不去太监们跟前讨香火。比如，汉桓帝在灭掉梁冀之后接受尚书令陈蕃的建议，征辟了几位名士。

帝悉以安车、玄纁备礼征之，皆不至。——《资治通鉴·汉纪四十六》

这几位名士都没应征，都不来当这个官。其中一位叫魏桓，当时朋友们都劝他：为何不去呢？您这一肚子学问不就是为了治国平天下吗？

魏桓叹口气：你们说得没错。

夫干禄求进，所以行其志也。——《后汉书·卷五十三》

我也想去当官，去致君行道，可是，咱这皇上不是那个意思啊。

今后宫千数，其可损乎？厩马万匹，其可减乎？左右悉权豪，其可去乎？——《后汉书·卷五十三》

我去当官有什么用？皇上后宫的好几千女人，他能裁撤吗？他养了那么多马匹、玩物，他能裁减吗？他重用那些太监，咱说得了吗？

朋友们摇头：真是，这些老难了。

魏桓说：我真要是去做官，肯定会犯颜直谏，干不了多长时间就得触动逆鳞，可能你们再见我时，就是我的尸首拉回家安葬了。算了吧，孔夫子讲得好：

邦有道则仕，邦无道则可卷而怀之。——《论语》

咱老老实实在家做个处士就完了。来，哥儿几个喝点儿小酒，过一会儿再写写字，玩会儿吧。

这位魏桓在私下场合竟敢这样批评皇帝，批评朝政，要放到汉武帝时期恐怕有八个脑袋也掉了。所谓，"路上说话，草里有人"。这话既然被史书记载，当时定然是被传扬出去了，而魏桓似乎未遭追究。从上述"匹夫抗愤，处士横议，遂乃激扬名声，互相题拂，品核公卿，裁量执政"，似乎也可见当时社会风气之自由，不论是普通老百姓，还是名士、太学生都敢于"裁量执政"，批评国家政策，对朝中官员的优劣品行也敢于品评一番。总之，敢于跟皇帝唱反调！这在汉朝以往的年代里应是前所未有的。

为什么会这样？我认为，一方面可能跟东汉政权的法治能力下降有关。因为官场腐败，很多官员能当上官背后都有违法勾当，所谓，打铁还要自身硬，自身名不正言不顺，还怎么执法管别人？另一方面跟汉桓帝的治理思想也有关。从史书记载看，汉桓帝的治理思想倾向于道家。《后汉书·襄楷传》提到,汉桓帝在皇宫设祠供奉佛像和黄帝、老子的塑像。

宫中立黄老、浮屠之祠。——《后汉书·襄楷传》

在汉桓帝自己的传记里,非常明确地记载了他三次祭祀老子:

第一次是在延熹八年(165)。

春正月,遣中常侍左悺之苦县,祠老子。——《后汉书·孝桓帝纪》

第二次还是在这一年,在年底。

使中常侍管霸之苦县,祠老子。——《后汉书·孝桓帝纪》

第三次是转过年来延熹九年(166)七月,汉桓帝亲自在洛阳祭老子。

庚午,祠黄老于濯龙宫。——《后汉书·孝桓帝纪》

这三次祭祀既然载入史书,必定都相当正规、隆重。《后汉书》记汉桓帝亲自祭老子的情景:

文罽为坛,饰淳金扣器,设华盖之坐,用郊天乐。——《后汉书·祭祀中》

用的是祭天音乐,足见规格之高。这是前无古人的!此前从未有一个皇帝这么尊崇老子。汉初文帝、景帝以黄老之道搞出"文景之治",却未有他们祭老子的记载。所以,我认为,汉桓帝的治理思想肯定深受老子无为而治思想的影响,以往独尊儒术的儒家思想定于一统的局面在汉桓帝时期起码是松动了,整个思想文化界的气氛都更为自由。除了《后汉书》相关记载之外,从这个时期的诗歌与书法能更明显地感受到这一点。

诗歌方面,著名的《古诗十九首》和《汉乐府》的一些诗多为该时期所创作,都很少有儒家的味道。要么写男女情感,如:

涉江采芙蓉,兰泽多芳草。采之欲遗谁,所思在远道。——《古诗十九首》

上邪,我欲与君相知,长命无绝衰。山无陵,江水为竭,冬雷阵阵,夏雨雪,天地合,乃敢与君绝。——《上邪》

这么炽烈的情诗也是没谁了。要么感叹人生苦短,韶华易逝,如:

百川东到海,何时复西归。少壮不努力,老大徒伤悲。——《汉乐

府·长歌行》

人生天地间，忽如远行客。——《古诗十九首》

人生寄一世，奄忽若飙尘。——《古诗十九首》

要么写天涯游子思乡之苦，如：

行行重行行，与君生别离。相去万余里，各在天一涯。——《古诗十九首》

悲歌可以当泣，远望可以当归。思念故乡，郁郁累累。——《汉乐府·杂曲歌辞》

秋风萧萧愁杀人，出亦愁，入亦愁。座中何人，谁不怀忧。令我白头。胡地多飚风，树木何修修。离家日趋远，衣带日趋缓。心思不能言，肠中车轮转。——《汉乐府·古歌》

高田种小麦，终久不成穗。男儿在他乡，焉得不憔悴。——《汉乐府·杂曲歌辞》

都是非常个人化的表达，有着自由浪漫的气息，不是儒家"高大上"的感觉。尤其《孔雀东南飞》写一对小夫妻生生被双方父母拆散，双双殉情，明显是对儒家孝道思想的一种批判。

书法方面，传世的汉隶碑刻也多为该时期所书刻。千碑千面！怎么写的都有，千姿百态，百花齐放。很多碑刻都是给官员甚至平民所立，这也是以往所没有的。以前只有秦始皇巡游或大汉朝扫平匈奴这种层面的事件才可以刻石勒铭，而东汉后期竟然随便什么人都可以刻石立碑，这对儒家讲究的礼制似乎也是很大的突破。另外，体现着中国书法自由浪漫极致的大草书也在该时期横空出世，草圣张芝即是当时的代表。

总之，东汉后期的诗歌、书法等文艺作品，给人惊艳之感，呈现出社会变革时期那种大时代特有的气象，很像清末民初文艺方面的那种感觉。尽管这是东汉政治最衰败的时期，但整个文化阶层却表现出一种空前的饱满，蓬蓬勃勃。人们更能自由地去释放和表达，同时在内心还都有儒家强烈的操守意识、批判精神。这是我对那个时代气息的感受。

正所谓，物极必反。当这种"匹夫抗愤，处士横议，遂乃激扬名声，互相题拂，品核公卿，裁量执政"的情况越来越普遍，当名士、太学生们的自由表达达到一个高峰时，同时是太监集团承受的压力最大之时，也可以说是汉桓帝压力最大之时，因为太监们会把压力传导给他，这时，一根导火索被点燃了。汉桓帝勃然大怒：我忍不了了，来人，把那些"诽讪朝廷"、扰乱民心的乱党都给我抓起来！

于是，就有了著名的"党锢之祸"。

那根导火索是什么？"党锢"又是什么意思？先说，"党"的意思，按现代人理解，"党"是一个中性的词，表示政治党派，在古代则带一点贬义，孔子讲：

君子矜而不争，群而不党。——《论语·卫灵公》

君子不党。朱熹注解，"相助匿非曰党"，一帮人互相包庇，互相偏袒，便叫作党——同党。而"党"作为一个政治概念，似乎始于汉桓帝。在汉桓帝还做蠡吾侯时，他有个老师叫周福，是甘陵郡的大儒。汉桓帝即位后，周福被提拔为尚书，成为内朝显贵。对此，有一帮人表示不服，他们是甘陵郡另一位大儒房植的学生。房植也已是高官，任河南尹，所不同的，他是被征辟入仕。前述杨震、黄琼、李固等名臣全由征辟入仕，比察举入仕高级，官升得也快。所以，房植的学生们都引以为荣：我们房老师才是真大儒，因为学问好、德行好，应征辟而为高官，不像那个周福，靠着跟皇帝的关系上位，没意思！

他们甚至编了一句唱谣：

天下规矩房伯武，因师获印周仲进。——《后汉书·党锢列传》

房植字伯武，房伯武是"天下规矩"，是大丈夫、君子典范，凭真才实学做大官；周福字仲进，周仲进则是凭给皇帝当过老师才得了官印。

周福的学生、门客们当然要反唇相讥。本来就文人相轻，两边就互相掐了起来，互相怼。

二家宾客，互相讥揣，遂各树朋徒，渐成尤隙，由是甘陵有南北部。党人之议，由此始矣。——《后汉书·党锢列传》

他们互相攻击，互相骂。房植的学生们骂对方是"周党"，周福的学生们骂对方是"房党"。于是，党人之说渐起。名士、太学生也开始骂太监集团为"阉党"——《后汉书》《资治通鉴》虽只提"阉寺"，似可想见"阉党"之称。太监集团也开始把跟他们对立的名士、太学生群体贬称为党。比如，他们在控告这个群体时称：

膺等养太学游士，交结诸郡生徒，更相驱驰，共为部党，诽讪朝廷，疑乱风俗。——《后汉书·党锢列传》

皇上，您快管管吧，李膺他们"共为部党"，他们一大帮党人一起鼓捣事儿，诽谤朝政，惑乱人心。再不管他们，就得出大乱子了！

于是，天子震怒，班下郡国，逮捕党人。——《后汉书·党锢列传》

延熹九年（166），汉桓帝下令天下郡国抓捕党人！

使者四出，相望于道。——《后汉书·党锢列传》

一时间，朝廷派出很多使者，到各郡国督导抓捕行动。

辞所连及陈寔之徒二百余人。——《后汉书·党锢列传》

最后，全国有二百多个名士都被作为党人投入大牢。

所幸的是，稍后有个大人物出面讲情，这些人才没被杀，都被释放。不过，全都被怎样了？

禁锢终身。而党人之名，犹书王府。——《后汉书·党锢列传》

就是说，从此这二百多个名士都上了朝廷的黑名单，永远不许做官。如前述，名士们本来都希望获得入仕机会，实现政治抱负，有些已经是官员，这一下子都终结了，政治生命提前结束，这比杀头的打击也小不了多少。所以，对他们来讲，这是一场大祸。

所谓"党锢之祸"，大致如此。

四十、太监又赢了

延熹九年（166），发生了"党锢之祸"，李膺等二百多个海内名士被抓捕。随后，有个大人物出面讲情，汉桓帝又把他们全部释放了。这个大人物是新的外戚代表国丈窦武。

如前述，汉桓帝的第一任皇后是梁冀的妹妹，在梁冀被灭前不久去世，之后，邓猛成为第二任皇后。但是，邓猛成为皇后后，便被冷落在一边。

帝多内幸，博采宫女至五六千人，及驱役从使，复兼倍于此。——《后汉书·桓帝邓皇后纪》

汉桓帝以好色著称，整个后宫的嫔妃、宫女加上打杂的有上万人，规模空前，创了汉朝的纪录。所以皇帝很忙，皇后很寂寞，这世间看似风光的人背后各有各的苦。邓皇后不甘心吃这苦，非要跟当红的郭贵人争风吃醋，结果把汉桓帝惹烦，于延熹八年（165）被废。

送暴室，以忧死。——《后汉书·桓帝邓皇后纪》

她的父亲、兄弟本来都跟着鸡犬升天高官厚禄，结果也都被处死的处死流放的流放，一场荣华富贵七八年间便烟消云散。

汉桓帝想立田贵人接任皇后，陈蕃等大臣坚决反对，都认为田贵人出身太低，司隶校尉应奉上书：当年赵飞燕出身低贱，汉成帝不顾众人反对非要给立其为皇后，结果身遭横死而西汉朝由此衰败。

母后之重，兴废所因。——《后汉书·应奉传》

皇后要母仪天下，关系国运兴衰，必须慎重择人。

宜思关雎之所求，远五禁之所忌。——《后汉书·应奉传》

《诗经》之所以把描述男女之情的《关雎》放在头一篇，就是因为婚姻和爱情是关系人生成败乃至国运兴衰的头等大事。"五禁之所忌"，您知道是啥不？

《韩诗外传》曰：妇人有五不娶。丧妇之长女不娶，为其不受命也；世有恶疾不娶，弃于天也；世有刑人不娶，弃于人也；乱家女不娶，类不正也；逆家子不娶，废人伦也。——《后汉书注》

就是说，有五种女子不宜娶：头一种是"丧妇之长女"，大致指从小没娘的女子，因"其不受命也"，或"无教戒也"——没经过母亲的调教——此为封建糟粕。另四种分别是有家族病史的、上面几代家人都有犯罪坐牢的、父母不正派乱搞的、父母不孝顺老人的。

最终，汉桓帝放弃田贵人，立窦武之女窦妙为第三任皇后。

窦武是窦融的玄孙。前述，汉和帝灭窦氏，死的都是窦宪的亲兄弟，子侄、旁支都没事。窦武是哪一支的，史书没细讲，只讲他父亲是太守，他本人"少以经行著称""名显关西"，是一位著名学者。女儿被立为皇后，窦武随即被封侯，虽显贵，依然不改书生本色。

在位多辟名士，清身疾恶，礼赂不通，妻子衣食裁足而已。——《后汉书·窦武传》

他洁身自好，不收礼，不贪财，得了赏赐都散出去接济寒士，家里不存钱，够吃够喝而已。对太监集团等恶势力，他很反感，跟李膺等清流名士惺惺相惜。随后，这些清流名士被抓捕，他是比较同情的。不过，汉桓帝正在气头上，谁也不敢说什么。只有太尉陈蕃上书极谏：

今所考案，皆海内人誉，忧国忠公之臣。——《后汉书·李膺传》

您抓的这些名士都是忠于国家的人，不能这么干……

汉桓帝大怒，把陈蕃罢免。

所以，窦武也不敢贸然求情。直到几个月后，名士贾彪来找他一番深谈，他才下定决心上书。

并非所有名士都被列为党人，也有一些名士既有是非黑白的原则立场，又有明哲保身的政治智慧，而没被列为党人遭到逮捕，洛阳东边的新息县县令贾彪就是如此。新息县很穷。

小民困贫，多不养子，彪严为其制，与杀人同罪。——《后汉书·贾彪传》

老百姓们因为生活贫困艰难，又无避孕措施，所以若一不留神生了计划之外的孩子，便直接把孩子弄死。家家都这么弄，谁家也不觉得这是多大的罪恶。贾彪上任后下令严禁杀婴，违者与杀人同罪！于是，这个坏风俗逐渐被刹住，对于计划外的孩子，人们都想尽办法养育。有一次，手下来报：城南发生一起抢劫杀人案！

贾彪带手下冲出县衙，奔城南去抓杀人犯，正撞上另一个报案的手下：又有杀婴的，城北有个妇人把刚生的孩子掐死了。

贾彪立马掉头奔城北。手下迟疑。贾彪回头：愣着干吗？

贼寇害人，此则常理，母子相残，逆天违道！——《后汉书·贾彪传》

劫道杀人的，那是正常案件；母亲杀亲生的孩子，有违天理！哪头急？赶紧跟上！

几年后，当地几千个计划外的孩子都长起来，满街跑了。谁家的孩子谁不爱呢？人们都感激贾彪：多亏了贾县令移风易俗，咱才努力养下了这孩子。得了，这孩子就叫小贾子吧。

金曰"贾父所长"，生男名为"贾子"，生女名为"贾女"。——《后汉书·贾彪传》

党锢之祸刚发生时，党人岑公孝被通缉。当时社会上流传一段很有意思的顺口溜：

汝南太守范孟博，南阳宗资主画诺。南阳太守岑公孝，弘农成瑨但坐啸。——《后汉书·党锢列传》

所谓"汝南太守范孟博""南阳太守岑公孝"，其实这二人都只是太守下面的功曹，却比太守还主事，真正的太守宗资和成瑨都在后面只管签字，闲哼着小曲当甩手掌柜。晚清左宗棠给湖南巡抚骆秉章当师爷时也这样。有一次，左宗棠给朝廷上奏折，奏折临发出时按规矩得放礼炮，骆秉章听到礼炮声纳闷儿：左师爷何故放炮？这是不是说明骆秉章很无能呢？可不是，他后官至四川总督，是与曾国藩齐名的人物，他放手让左宗棠干，实为知人善任、领导有方。南阳太守成瑨也是很厉害的官员，不畏权贵。当地富商张泛是汉桓帝一个妃子的表亲，跟大太监也有关系，既有钱又有权贵背景，便为非作歹，成瑨和岑公孝决然将其拿下。结果，正好赶上大赦。

既而遇赦，晊竟诛之，并收其宗族宾客，杀二百余人，后乃奏闻。——《后汉书·岑晊传》

岑公孝名晊，他竟然在大赦之后，擅自把张泛诛杀，而且涉案的张泛家人、朋友等二百多人一并诛杀。这样公然违搞赦令，大肆屠戮，确实太过分了。汉桓帝大怒，成瑨被革职查办，下狱死。岑公孝则逃跑。民间对他痛杀张泛很认可，虽违法，却是为民除害，伸张正义，所以，在他逃亡的路上，很多人都提供帮助，受牵累也在所不惜。这很像当年大侠郭解逃亡时的情况。东汉的名士党人很有几分西汉游侠的感觉，认识到这一点，有利于理解后面的三国人物。

一天，岑公孝逃至贾彪门前，被贾彪拒之门外：你快走吧，我不能收留你，咱们不是一路人！

岑公孝没办法，继续亡命。有朋友责问贾彪：你怎么这么不仗义？

贾彪答：

《传》言，相时而动，无累后人。——《后汉书·贾彪传》

《左传》讲，人做事要看时机，要有分寸，不能连累别人。岑公孝逞一时之快，连累死了太守成瑨，一路逃亡又连累了好多人。他怎么还好意思往人家躲呢？我不抓他就算不错了！

朋友叹服：有道理。

眼看党人之祸愈演愈烈，越来越多的名士被逮捕，天下人心惶惶，不知道这场祸事要持续多久，要进行到何种程度。一天，贾彪对朋友讲：

吾不西行，大祸不解。——《后汉书·贾彪传》

我必须上西边洛阳走一趟了，我不出马，这个祸事完结不了。

然后，他就到洛阳找到了窦武，还有深为汉桓帝器重的尚书霍谞。

霍谞少年成名，十五岁上书大将军梁商，成功救下被诬告身陷囹圄的舅舅。在那篇上书里，他引用了《左传》一个说法，令我印象深刻：

人心不同，譬若其面。——《后汉书·霍谞传》

人与人内心的不同，就跟脸面上的不同是一样的，很不一样！

具体贾彪怎样说服窦武和霍谞，史书没写，总之，随即这两位出面为党人求情。尤其窦武的上书，话讲得很重：

陛下即位以来，未闻善政。——《资治通鉴·汉纪四十八》

皇上，恕臣直言，您从即位以来，就没干过什么好事，整天被一帮太监哄得团团转，这样下去，大汉朝非断送不可。

臣恐二世之难必将复及，赵高之变，不朝则夕。——《后汉书·窦武传》

秦朝不就是被大太监赵高弄亡了吗？

臣闻古之明君，必须贤佐，以成政道。——《后汉书·窦武传》

自古以来，国君必须重用贤臣、忠臣，才能成善政。而您抓的李膺等人正是贤臣、忠臣啊……

窦武直言不讳地讲了一通，最后说：皇上要是生气，就请把我免了吧，我正好生病了，官爵印绶都交回，我不干了！

汉桓帝不是彻头彻尾的昏君，他心里有数：老国丈这是真拿我当姑爷、当家人才这么说。霍谞，你看这个事儿怎么着？

霍谞立即进言：老国丈这是逆耳的忠言，用心良苦。臣以为，应当放党人们一条活路。

汉桓帝又回头问大太监：那谁，你怎么看？

大太监竟然也给党人们说话：这个事差不多了，罢了李膺他们的官，禁锢终身也就可以了。

其实，所谓党人们中间也有不少跟太监集团沾亲带故的。讲历史难免要简化，好人、坏人黑白分明，现实哪有这么简单。总之，太监们也担心引火烧身。

于是，永康元年（167）六月，汉桓帝大赦天下，历时多半年的"党人案"画上句号，二百多个所谓的党人被释放，虽然禁锢终身，起码命保住了。只有一个叫杨乔的党人死了，死因很奇葩，《后汉书》这样写的：

乔，为尚书，容仪伟丽，数上言政事，桓帝爱其才貌，诏妻以公主，乔固辞不听，遂闭口不食，七日而死。——《后汉书·杨琁传》

意思是，杨乔本是汉桓帝的尚书，人长得帅，文章也写得棒，就被汉桓帝看上了，竟要把公主嫁给他。这在世人眼中是天大的好事，而杨乔竟宁死不从，绝食而死。

太有个性了！由此可以想见，这些所谓的党人真不是一般人。

半年后，永康元年（167）腊月二十八，汉桓帝刘志驾崩，终年三十六岁。

窦皇后晋为皇太后，窦武水涨船高，几天之后，升为大将军，成为内朝首辅。此前被罢免的老太尉陈蕃任太傅,老官胡广任司徒。窦、陈、胡三驾马车一起参录尚书事。大赦天下,党锢取消,李膺等党人代表都被重新起用。

皆列于朝廷,与共参政事。于是,天下之士,莫不延颈想望太平。——《资治通鉴·汉纪四十八》

人们都以为从此拨乱反正,大汉天下总算有了希望。可谁也想不到,短短几个月之后,窦武和陈蕃便双双死于太监之手,党人们更大的灾难随即而来。

怎么回事呢?这中间的关键人物是太后窦妙。史书关于窦妙的记述很少,只说她被立为汉桓帝的第三任皇后后,皇帝很忙,皇后很寂寞。

御见甚稀,帝所宠唯采女田圣等。——《后汉书·桓思窦皇后纪》

汉桓帝最宠爱的是一个级别很低的小妃子田圣,他临死前还把田圣和其他八个宠妃都火线提拔为贵人。窦妙倍感压力,担心皇后之位不保,幸亏这时汉桓帝死了,她成为太后。掌握了最高权力的窦妙,立即行使权力——杀人!把田圣杀死了。

桓帝梓宫尚在前殿,遂杀田圣。——《后汉书·桓思窦皇后纪》

这真叫尸骨未寒。然后,她还不解气,还要把其他贵人统统杀掉。可见,窦太后够狠。女人打破了醋坛子,真是要人命!幸亏大太监管霸和苏康苦苦劝解,她才作罢。

中常侍管霸、苏康苦谏,乃止。——《后汉书·桓思窦皇后纪》

可见,窦太后跟这两个大太监的关系不错,挺给他们面子。也可见,作为皇宫里的两大群体,皇后、皇妃们跟太监们近乎一家人,是比较亲近的。因此,当窦武和陈蕃掌权,党人重新得势要对付太监时,临朝称制的比较强硬的窦太后是站在太监们一边的,这样,窦武、陈蕃他们拿太监还是没办法。史书这样写:

帝乳母赵娆及诸女尚书,旦夕在太后侧。中常侍曹节、王甫等共相朋结,

谄事太后。太后信之，数出诏命，有所封拜。——《资治通鉴·汉纪四十八》

这个"帝"指的是只有十二岁的新皇帝汉灵帝刘宏。汉桓帝后宫女人上万，却未生一子。刘宏作为汉章帝玄孙，被窦太后和窦武迎立为新皇帝。流水的皇帝，铁打的太监，虽皇位更迭，管霸、苏康、曹节、王甫等太监仍是窦太后的红人，与小汉灵帝及其身边一班人处得也很好，仍居于皇权的核心，能操弄权势，干预官员的任免。

陈蕃和窦武很气恼：这个毒瘤还在，这群阉党怎么弄呢？

今不诛之，后必难图！ ——《资治通鉴·汉纪四十八》

看来必须得下死手，而且得抓紧下手。他们在宫里跟太后和皇上朝夕相处，日子长了，不定怎么着呢。当年，一个大太监石显就把萧望之等重臣都给办了。

况今石显数十辈乎！ ——《资治通鉴·汉纪四十八》

现在相当于有好几十个石显！必须抓紧时间，把他们统统杀掉！

于是，窦武密奏窦太后：

天下匈匈，正以此故，宜悉诛废以清朝廷！ ——《资治通鉴·汉纪四十八》

现在天下不太平，都是太监闹的，应当全部杀掉，以后就不要用太监了！

窦太后一拨拉脑袋：怎么能不用太监呢？咱大汉朝开国以来就用太监的。再者，即便他们不好，咱惩治一下当头的还不行吗？怎么能都杀掉？

窦武也不好太强求：那最起码先把管霸、苏康杀掉。

窦太后咬牙同意。

杀了这两大太监之后，窦武再让杀曹节、王甫等，窦太后说什么也不点头了。窦武没办法了，陈蕃又上书窦太后：这帮太监太坏了，祸乱天下。

附从者升进，忤逆者中伤，方今一朝群臣如河中木耳，泛泛东西，

耽禄畏害。——《后汉书·陈蕃传》

谁跟他们同流合污，谁就高升；谁反对他们，谁就倒霉。弄得整个朝廷的官员都像河水里的小木块一样随波逐流，没人讲原则，没人讲道义，都是保住官位要紧、保命要紧。这样下去，咱们大汉朝可就危险了。

今不急诛，必生变乱，倾危社稷，其祸难量。——《后汉书·陈蕃传》

太后，请您快下决心，杀他们吧！

窦太后还是不点头。

说话间就到了建宁元年（168）八月。

是月，太白犯房之上将，入太微。——《资治通鉴·汉纪四十八》

天象有异常。原党人刘瑜时任侍中，精通天文，立即上书窦太后：

案占书：宫门当闭，将相不利，奸人在主傍。——《资治通鉴·汉纪四十八》

按占星术的书上说，此天象预兆宫内要出事，将相可能有祸事，皇上、太后身边可能有奸人作乱，必须抓紧应对。

刘瑜也通知了窦武和陈蕃。窦武是大将军，太傅陈蕃主持政务相当于宰相，"将相不利"明显指他俩，"奸人在主傍"明显指太监。看来太监们要先下手了！

怎么办？不能等了。窦武、陈蕃立即安排行动。窦武大致是想走一个司法程序。他先安排几个亲信任司隶校尉、河南尹、洛阳令，又安排亲信太监山冰任黄门令。太监违法犯罪，一般先由黄门令会同相关部门审理；太监牵涉的其他犯罪官员的审理、羁押，由司隶校尉、河南尹、洛阳令等来管。窦武把这些关键的司法岗位安排好后，授意山冰先参奏太监郑飒，通过审讯郑飒，再把大太监曹节、王甫的犯罪情况牵出来。一切有条不紊地展开。山冰整理好曹节、王甫的犯罪材料，交给侍中刘瑜上报窦太后。接下来，就可以顺理成章地把曹节、王甫抓捕收监了。

九月初七，刘瑜带着曹节、王甫犯罪材料和抓捕申请呈送窦太后签批。窦武跟窦太后可能已经沟通好了，只要再走完这一道程序就可以把大太监们都拿下了。可能他连续忙活了多少天，太累了，所以，他长舒一口气出宫回家休息。这时，出事了！

曾国藩有句话，"大丹将成，众魔环伺，思必所以败之"。意思是，做事情就像道士炼丹，千辛万苦炼啊炼，炼到最后，这个丹终于要炼成了，这时候，怎么着？众魔环伺！暗地里会有一大帮魔鬼在旁边盯着，都琢磨着搞破坏，让这个丹成不了。就是说，事情越到最后临近大功告成之时，就越容易出岔子。老子所谓：

慎终如始，则无败事！——《道德经》

万事开头难，开头时，时时处处得多加小心，得努力；到末了，更得多加小心，得努力。窦武最后这一放松一大意，就出事了。消息走漏了！刘瑜的材料并不能直接呈给窦太后，还得经中书太监之手。西汉著名大太监石显就是中书令。所有交给皇帝、皇太后的材料，中书都得经手。当时，中书太监应当都是窦武比较信任的太监，跟曹节、王甫不是一伙，可是，不知道是这个资料里的什么话刺激了中书太监，还是怎样——史书写得太简略了，反正，平时可能没事，这次不一样了，中书太监把这个情况透露给了太后宫的一个大太监朱瑀。朱瑀立马有了不祥的预感。

瑀盗发武奏。——《资治通鉴·汉纪四十八》

当天夜里，他就把此前窦武密奏太后要把太监"宜悉诛废"的存档偷偷地拆开看了。

这一看不要紧，顿时火冒三丈：好个窦武！曹节、王甫等为非作歹，要杀就杀吧，为何还要连我们也杀？我们当太监就有罪吗？弟兄们，你们快来看看，窦武要弄死咱们，咱们要反抗！

太监们一下子炸开了锅：好！杀窦武！

很快便有太监给曹节报信。曹节大惊，一骨碌爬起来，立马奔小汉灵帝的寝宫：皇上，大事不好！您快起来吧，窦武造反了，要害您！

请出御德阳前殿。——《后汉书·窦武传》

请赶紧到北宫德阳前殿，调集文武官员抵抗窦武的进攻吧！他过一会儿就得打进宫来。

小汉灵帝只有十二岁，哪有什么分辨能力，一听这个，倒没吓坏。这么大的小男孩初生牛犊不怕虎，他"噌"地一下抽出大宝剑：好！杀！

接下来的情况跟上次太监们拥立汉顺帝的情况差不多，所不同的是，太监们第一时间把窦太后也控制住了。然后，大太监曹节坐镇德阳殿，挟天子居中指挥。大太监王甫和刚被释放的太监郑飒持节带着虎贲、羽林军去抓窦武。

窦武没像窦宪、梁冀一样束手就擒就地自杀，他赶紧跑到北军军营调集兵马，称：

黄门、常侍反，尽力者封侯重赏。——《后汉书·窦武传》

太监们造反了，劫持了皇上和太后，咱们要保卫皇上，为国尽忠！

窦武率领北军开到皇宫门口时，傻眼了，他本以为太监们组织不起多强的防御，没想到此时太监阵营中站着名将张奂。

张奂时任护匈奴中郎将，类似北部边防军总司令，是身经百战的名将，"以九卿秩督幽、并、凉三州及度辽、乌桓二营"，统率整个边防部队打匈奴、乌桓还有羌人，刚刚打了大胜仗，回到洛阳。刚到家，朝里最近的情况他也不清楚，大半夜里突然接到皇帝诏书，召他进宫护驾。他急匆匆赶来，稀里糊涂就站到了太监一边。

王甫等大太监本来就权势熏天，此前又有数次太监帮着皇帝灭外戚的事情，因此，军队方面的人们迅速选择站队，很多都站到了太监一边。窦武一边的兵马越来越少，最终败北自杀。

当天，已经八十多岁的老太傅陈蕃，作为文官，手下没有一兵一卒，一听说打起来了，立即抄起一把刀，带领八十多个下属、门生冲向宫门，直如飞蛾扑火一般，当即被王甫拿下，被处死。

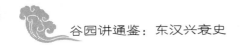

太监们大获全胜，十多个被封侯。

朋友朱震冒死给陈蕃收尸，保住陈蕃的一个小儿子，等等，此不细说。很壮烈！《后汉书》高度评价：

功虽不终，然其信义足以携持民心。汉世乱而不亡，百余年间，数公之力也。——《后汉书·陈蕃传》

他们失败了，但他们的精神力量感召民心，维系正义，保住大汉朝尚能乱而不亡。

四十一、第二次党锢之祸

建宁元年（168）九月，大将军窦武和太傅陈蕃双双殉难，太监又赢了。李膺等党人们又将面临怎样的遭遇？他们究竟是怎样的人？

先说李膺。

李膺字元礼，颍川襄城人也。——《后汉书·李膺传》

他的祖父李修做过汉安帝的太尉，他父亲也是二千石，他是官三代。

膺性简亢，无所交接。——《后汉书·李膺传》

他是个很自负的人，整个颍川郡，只有两人能跟他玩。一位叫荀淑，是个老爷子，李膺以师礼待之。

荀淑没怎么做过官，但名望很高，且教子有方。

有子八人：俭、绲、靖、焘、汪、爽、肃、专，并有名称，时人谓之八龙。——《后汉书·荀淑传》

八个儿子都有能耐，人称"八龙"，其中二儿子荀绲是后来三国大谋士荀彧之父。

另一位叫陈寔，他有好故事，后面再专门讲。

李膺由司徒胡广辟举入仕，很快便升任青州刺史。

守史畏威明，多望风弃官。——《后汉书·李膺传》

青州郡守、县令等大小官员听说李膺来当刺史，好多人怕被他查处，当即辞职。可见初入仕途，李膺就已是威名远扬疾恶如仇的清流，又兼酷吏之风。也可见当时官场之腐败，一如俗谓，真要查你，哪个都不干净！

随后，李膺迁渔阳太守、蜀郡太守，皆有政绩。再后，任护乌桓校尉，到北部边塞带兵打仗。当时，匈奴已近灭息，代之而起的鲜卑给东汉帝国很大压力。

鲜卑数犯塞，膺常蒙矢石，每破走之，虏甚惮慑。——《后汉书·李膺传》

李膺很能打，每次鲜卑打过来，他都身先士卒，冲在最前面。其中有一次打得很激烈，李膺负伤。

身被创夷，拭血进战，遂破寇，斩首二千级。——《后汉书注》

他轻伤不退却，包扎一下伤口，继续猛打，结果大胜，歼敌两千多名。几场仗打下来，鲜卑服了：看来老李家都能打，前汉有李广、李陵，后汉又来个李膺，咱别惹他了。

再后，李膺"以公事免官"，不知因何公务差池，免官回家。

回家后，他也没闲着，教书。曾国藩所谓："百战归来再读书。"他起家本是靠读书做学问。

教授常千人。——《后汉书·李膺传》

手底下老是有上千号学生。

后再被征召，出任度辽将军，继续带兵，大致负责并州、凉州区域的边防工作，对周边西域、西羌的一些侵扰问题，李膺到任之后立马搞定。

汉桓帝灭梁冀后，李膺调任河南尹，可不久便栽在太监手里。他要查办的当地某豪族背后有大太监撑腰，非但未能查办成，自己反被治罪。

膺反坐输作左校。——《后汉书·李膺传》

被免官下放劳动改造。

所幸的是，汉桓帝本是汉中主，不是彻头彻尾的昏君糊涂蛋，他在太监和忠臣之间把握一种平衡，甚至可能玩弄某种驾驭权术。不久，李膺即被重新起用，任司隶校尉，监察京师百官。历任司隶校尉多是不畏权贵的鹰派，是酷吏中的战斗机，李膺更是如此，因为他刚被太监整过，是带着气上任的，因此，一上任就盯上了大太监张让的弟弟张朔。

张朔时任野王县县令。俗谚："破家的知府，灭门的县令。"张朔仗着太监大哥的权势，穷凶极恶。

贪残无道，至乃杀孕妇。——《后汉书·李膺传》

连孕妇都杀！太残忍，太坏了！

李膺正要查办张朔，张朔弃官而逃，找不着了。他藏哪儿去了呢？据线人报，藏到了张让家中的密室。李膺立即亲率手下冲进张让家。搜！搜来搜去，发现一根大柱子，敲着声音好像是空的。砸！砸开一看，张朔果然在里面，押回。张让正在宫里，听说之后，赶紧找汉桓帝：您千万救救我弟弟。

汉桓帝点头，召李膺。李膺觐见。汉桓帝问：张让的弟弟是什么情况？

李膺答：张朔案臣已审结，就地正法。

汉桓帝惊问：杀了？

李膺答：杀了。

汉桓帝心中暗笑，他要的司隶校尉就得这样，不过，冲着张让面上还是训斥了李膺几句。李膺则稍做辩解，列举了张朔的罪状。汉桓帝挥手让李膺退下，没事了。张让急了，张口正要说什么。汉桓帝把眼一瞪：

此汝弟之罪，司隶何愆？——《后汉书·李膺传》

你弟该死，李膺做得对！

张让瘫坐在地，不敢言语了。

从此之后，宫里大小太监都吓着了。

休沐不敢复出宫省。——《后汉书·李膺传》

赶上节假日也都不敢出宫回家。有一次，汉桓帝过问：今天不是放假吗？你们怎么还在宫里？

并叩头泣曰：畏李校尉。——《后汉书·李膺传》

被问的几个太监哭着说：是因为怕司隶校尉李膺找我们麻烦，躲在宫里安全。

他们哭诉的同时也少不了抹黑李膺，无奈李膺正得汉桓帝的欣赏器重，没辙：唉，先忍着点吧。李膺啊李膺，别看你现在闹得欢，将来让你拉清单。你等着！

此时的李膺正处于人生中的最高光时刻。

学中语曰：天下模楷李元礼。——《后汉书·党锢列传》

他尤其受到太学生们的追捧，被称赞为"天下模楷"，即全天下人学习的榜样——文武双全，武能安邦，文能治国，疾恶如仇。

《世说新语》记：

世目李元礼："谡谡如劲松下风。"——《世说新语·赏誉》

在世人眼中，此时的李膺就像刮过松林的猎猎劲风，俨然正义力量的化身。

李膺自己似乎也是当仁不让，舍我其谁。

风格秀整，高自标持，欲以天下名教是非为己任。——《世说新语·德行》

他绝对清廉，极度自律，立志改造社会，引领风气，领袖群伦。很多年轻学子都以能跟他交往为特殊之荣耀。

士有被其容接者，名为登龙门。——《汉书·李膺传》

而另一方面，太监集团对他则恨之入骨，一直在找机会害他。很快，机会来了。

一天，术士张成来找太监：您老得给我做主，李膺冤杀了我的儿！

太监：噢，李膺怎么冤杀你儿的？

张成哭诉一番。大致来说，这个张成不是什么好玩意儿，他善于风角之术，此前推算出朝廷将会有一次大赦，便教唆其子杀人。他儿子杀人后被李膺抓入大牢，随即果然大赦，依法应被释放。而李膺查知此内情，大怒，硬是在大赦令已经颁布的情况下，将其诛杀。张成与太监们有关系，特来相求，要报复李膺。

太监听罢，摇摇头：此事李膺虽违法却不违情理，你若只告他这个，顶多给他弄个处分。我教你个办法，你再给他加上一条罪名，皇上肯定大怒，准能弄死他！

张成问：还请明示，给他加一条什么罪名？这状子怎么写？

太监嘿嘿一笑，让他这样写：

膺等养太学游士，交结诸郡生徒，更相驱驰，共为部党，诽讪朝廷，疑乱风俗。——《后汉书·党锢列传》

就说李膺拉帮结派结党营私，领着一班党人跟朝廷对着干，惑乱人心。

张成照办。于是，此事便成为"党锢之祸"的导火索。汉桓帝大怒，李膺等二百多个名士都被列为党人，禁锢终身，禁绝了仕途之路。

不过，凡事利害有反，有阴就有阳，坏事里面似乎也有好事。被列为党人的名士虽遭禁锢，但名气更大了，名声更好了，而且似乎更成为一个整体，真成了"党人"，像一个组织似的影响力更大了，万众景仰。

自是正直废放，邪枉炽结，海内希风之流，遂共相摽榜，指天下名士，为之称号。——《后汉书·党锢列传》

其中的代表人物分别被时人冠以"三君""八俊""八顾""八及""八厨"等称号。

"三君"指的是窦武、陈蕃、刘淑，都是高官权贵，算是党人的靠山。

李膺则位居"八俊"之首。

俊者，言人之英也。——《后汉书·党锢列传》

八俊都是人中之英。除李膺外，"八俊"中还有杜密，与李膺齐名，号称"李杜"。

前述两对"李杜"，李固、杜乔对抗梁冀，被杀；李云、杜众批评汉桓帝乱给太监封侯，被杀；李膺、杜密最终也都死于非命。再后来，李白、杜甫这对"李杜"的命运也都比较坎坷，却都彪炳青史，似有宿命焉。

杜密被列入党人下狱前是位列九卿的高官，任太仆，此前历任郡国守相、尚书令、河南尹等。他曾识拔提携过青年郑玄，郑玄后成为东汉最著名的学者。杜密曾经有一段时间免官在家。这期间，他经常找当地郡守。

每谒守令，多所陈托。——《后汉书·杜密传》

今天请郡守解决这个事，明天请郡守提拔那个人。郡守不好意思拒绝，有一次很委婉地跟杜密讲：您听说了吗？现在好多公卿都向皇上举荐咱们郡的刘胜。刘胜也干过太守，自从卸任回家之后，他从未登过当地县衙、郡府的大门，从未介入过当地事务，可谓清高自守。您说是吧？

杜密立即严肃起来：此言差矣，您不要嫌我事多。在我看来，恰恰是刘胜做得不对。

知善不荐，闻恶无言，隐情惜己，自同寒蝉，此罪人也。——《后汉书·杜密传》

他作为朝廷信任之人，该举荐的贤人不举荐，该反映的问题不反映，对家乡的事情不闻不问，明哲保身，噤若寒蝉。这哪是清高？这是犯罪！

"八顾"中以范滂最知名。

范滂字孟博，汝南征羌人也。少厉清节，为州里所服，举孝廉、光禄四行。——《后汉书·范滂传》

他是孝廉出身，又得光禄勋辟举。当时冀州动乱，范滂奉命前去巡查。

滂登车揽辔，慨然有澄清天下之志。——《后汉书·范滂传》

踌躇满志豪情满怀的范滂奔往冀州。冀州的贪官污吏们"望风解印绶去"，赶紧辞官跑了，怕被查。

随后，范滂升任光禄勋主事，只干了一天就辞职回家。因为行礼。他新上任须拜见光禄勋，得行特别规范的上下级之间的所谓"公礼"，可能是跪拜之礼。光禄勋没客气：好了，范主事，你在旁边稍息吧。

范滂烦了，心说：真拿范某人当成给你拎包的吗？老范受不了这个！

投版弃官而去。——《后汉书·范滂传》

不为五斗米折腰，有脾气！在我看来，这是臭脾气，既然在这个游戏里，理应按这个游戏规则玩。不过，在时人看来，尤其名士圈看来，范滂做得好！大名士郭泰埋怨这位光禄勋：

若范孟博者，岂宜以公礼格之？——《后汉书·范滂传》

是您做得不对，对范滂这样的贤士，您必须拿出魏文侯"过段干木之庐必式"那种态度来才对，怎么能弄这种"公礼"呢？

这位光禄勋怎么说的，史书没写，只写了这位光禄勋不是别人正是一代名臣陈蕃。范滂跟陈蕃都能撂挑子。

随后，范滂又应太尉黄琼辟举，回到洛阳。他仍疾恶如仇，以清流代表自居，看谁都不顺眼。可作为初入仕途的小官又无力改变，澄清天下更是奢望，怎么办呢？他一赌气，再次辞官回家。

汝南太守宗资很仰慕他，发出邀请：您干脆给咱家乡做点事吧，来郡里做功曹，凡事我听您的。

范滂应邀，终于施展开了。

汝南太守范孟博，南阳宗资主画诺。——《后汉书·范滂传》

范滂这个功曹比太守主得还硬。有一次，大太监唐衡找太守宗资安排一个人。宗资不敢违命，派书佐朱零行文，找范滂落实。

范滂作为功曹主管人事，拒绝。其实，那个人还是他的亲戚。宗资不敢跟范滂着急，叫来朱零打一通板子:怎么这个事还没办？你干什么吃的？

朱零被打得龇牙咧嘴，喊道：

今日宁受笞死，而滂不可违。——《后汉书·范滂传》

您就是打死我，范功曹不点头，这个事也办不了，我有什么办法？

党锢之祸起，范滂被列为党人投进洛阳大牢。时有监狱文化：

凡坐系皆祭皋陶。——《后汉书·范滂传》

凡坐牢者，一进来都得先拜一拜皋陶。皋陶是上古帮助舜帝订立司法的大臣，是司法方面的祖师爷。范滂不拜:拜皋陶有什么用？我若有罪，他能把我放了吗？我没罪，他能给我申冤吗？我还是自求多福吧。

随后，范滂尽力维护狱友，争着受刑挨打，此不细说。一天，大太监王甫作为汉桓帝特使，到牢里审问党人。范滂等犯人怎样受审呢？

三木囊头，暴于阶下。——《后汉书·范滂传》

犯人的脖子、手、脚三个部位都被木枷铐着，此为"三木"，也叫"桎梏"。

木在足曰桎，在手曰梏。——《后汉书注》

"三木"后泛指刑具，所谓，"三木之下，何事不认"，就是讲刑讯逼供。

"囊头"，脑袋上还套着布囊。

"暴于阶下"是指审案的坐在台阶上面居高临下，犯人都跪在台阶下面受审。所谓"阶下囚"即由此而来。

王甫对范滂等党人的审问主要有两句话：

自相褒举，评论朝廷，虚构无端，诸所谋结，并欲何为？——《后汉书·范滂传》

卿更相拔举，迭为唇齿，有不合者，见则排斥，其意如何？——《后汉书·范滂传》

这些大致就是党人们的罪状——结党营私，妄议朝廷。

范滂申辩：我们这些人确实彼此欣赏，好恶志趣相近，可这有什么问题吗？

臣闻仲尼之言，见善如不及，见恶如探汤。——《后汉书·范滂传》

我们举荐的都是善人，贬斥的都是恶人，我们扬善抑恶，一片善心、忠心，怎么就成了结党营私了呢？

古人循善，自求多福；今之循善，身陷大戮。——《后汉书·范滂传》

既然我的善心善行只能落得这样的下场，那你们就痛快些，要杀我就快杀，然后，请葬我于首阳山侧，与伯夷、叔齐为伍，我范滂上不负皇天，下不愧夷、齐！

范滂慷慨陈词，热泪盈眶。

王甫也被感动，心生惭愧：唉，这真是国之脊梁，我怎么还有脸来审讯人家呢？

随后，党人获释，范滂回家。

汝南、南阳士大夫迎之者数千两。——《后汉书·范滂传》

好几千辆车迎接他！由此可以想见，东汉末年名士豪强在民众中的感召力，这样的人随时可能拉起一支兵马来！

这种民间的力量，在另一个党人身上更加让人印象深刻，他就是张俭。

张俭是赵王张耳的后人，他的父亲做过江夏太守，他本人在家乡山阳郡做督邮，负责巡查各县乡。他发现防东县有一家人飞扬跋扈。

残暴百姓，所为不轨。——《后汉书·张俭传》

犯了很多罪行，却没人敢管。因为他们家的儿子就是大太监中常侍侯览。如前述，侯览对灭梁冀本没出力，甚至之前跟梁冀的关系还挺好，但能见风使舵，给汉桓帝送了五千匹缣而被封侯，足见这小子多厉害。老家里的母亲等家人也都跟着牛上了天，为非作歹。

张俭向太守汇报，要查办侯家，太守不敢批。于是，张俭直接上书汉桓帝。

举劾览及其母罪恶，请诛之。——《后汉书·张俭传》

结果，这篇上书直接被侯览劫留。侯览寻机报复。

这时，山阳当地有个叫朱并的人与张俭有仇怨，也在等待时机想整死张俭。等啊等，等到建宁二年（169），干掉了窦武和陈蕃的太监们正磨刀霍霍要重新收拾李膺等党人，朱并出手，上书朝廷，告张俭等二十四个人：

共为部党，图危社稷。——《资治通鉴·汉纪四十八》

于是，党人之祸再起！

张俭被通缉，逃亡。《后汉书》记：

俭得亡命，困迫遁走，望门投止，莫不重其名行，破家相容。——《后汉书·张俭传》

在逃亡路上，张俭跑到谁家门口：哎，请开开门，我是张俭，能不能收留我一晚？

主人立即开门：您就是参劾大太监侯览的张先生吗？快快进门！您说什么？连累我家？连累我家是我家的光荣！快进来吧！

人们都这么仗义。

有一次，张俭刚进了这家大门，外面的当地县令就带着捕快追到了门口。怎么办？这家主人也是有头有脸的人物，他把县令叫到一边，小声说：张先生是知名天下的君子，因为得罪太监而逃亡，您真忍心抓他回去治罪吗？

县令把眼一瞪：你说什么？看见有个人往那边跑了？好，弟兄们，继续追！

县令也这么仗义。

他们的任侠好义比西汉郭解等游侠的境界更高，因为他们背后都是为天下大义，为的是反对太监等邪恶势力。

张俭最终逃到塞外，保全了性命，而一路上给他提供帮助的人多被牵累遭难。

其所经历，伏重诛者以十数，宗亲并皆殄灭，郡县为之残破。——《后汉书·张俭传》

竟然有数十家人因他而死，家破人亡。太惨烈了！不禁让我想到《道德经》里的一句话：

民不畏死，奈何以死惧之。——《道德经》

当老百姓们都不怕死，宁死也要对抗朝廷时，这个皇权也就快到头了。

而太监们显然意识不到这一点，他们正高兴于终于可以大开杀戒了。以前汉桓帝在时，他们想把党人都弄死，汉桓帝不同意，他们没办法；现在，小汉灵帝好糊弄。就在张俭案发不久，建宁二年（169）十月，大太监曹节授意有关部门上奏汉灵帝：

诸钩党者故司空虞放及李膺、杜密、朱寓、荀翌、翟超、刘儒、范滂等，请下州郡考治。——《资治通鉴·汉纪四十八》

小汉灵帝当时只有十四岁，看着这个奏折：钩党？啥意思？

曹节答：钩党就是党人。

小汉灵帝再问：党人们都有什么罪过？咱要逮他们、杀他们？

曹节答：他们联合起来，欲为不轨。

小汉灵帝挠挠头：不轨？啥意思？

曹节哭笑不得：就是他们想要夺您的江山社稷！

小汉灵帝吓一跳：哦，这样啊！办他们，杀！

于是，一场血雨腥风席卷天下。李膺、杜密、范滂等百余人皆死狱中。另有六七百名士也被列为党人，要么杀头，要么发配，要么禁锢终身。

天下豪杰及儒学有行义者，宦官一切指为党人。——《资治通鉴·汉纪四十八》

其死、徙、废、禁者又六七百人。——《资治通鉴·汉纪四十八》

这就是第二次"党锢之祸"。

范滂在赴死之前，跟母亲决别：娘啊，孩儿不孝，不能为您养老送终了。

老母亲擦擦眼泪：儿啊，不要这样讲。

汝今得与李、杜齐名，死亦何恨！既有令名，复求寿考，可兼得乎？——《后汉书·范滂传》

你这一死，能与李膺、杜密齐名，为娘为你自豪！得享这样的大名，还想长命百岁，哪有那样的好事？你去吧！

范滂又跟孩子告别：孩子啊，爹爹我也不知道怎样嘱咐你。

吾欲使汝为恶，则恶不可为；使汝为善，则我不为恶！——《后汉书·范滂传》

我想让你做个恶人吧，不行，怎么能作恶呢？那么，要不要做个善人呢？好像也不行，爹爹我一辈子坚持要做个善良之人，今天却要与你永别！

四十二、东汉处士传

建宁二年（169）发生了第二次"党锢之祸"，李膺、杜密、范滂等天下名士被列为党人惨遭杀害。对此，司马光发了一段长长的感慨。

臣光曰:天下有道，君子扬于王庭以正小人之罪，而莫敢不服。——《资治通鉴·汉纪四十八》

意思是，在政治清明的年代，坚守正道的君子们可以堂堂正正地发表对国家治理的意见、建议，可以批评奸臣小人。

天下无道，君子囊括不言以避小人之祸，而犹或不免。——《资治通鉴·汉纪四十八》

而在政治黑暗的年代，君子们则要有自我保护的意识，不要再强出头。即便什么话也不说，小心谨慎，也保不齐会遭小人们的中伤陷害。可惜东汉这些党人啊，你们竟然无此意识，偏偏要逆势而动。

四海横流，而欲以口舌救之，臧否人物，激浊扬清，撩虺蛇之头，跷虎狼之尾，以至身被淫刑，祸及朋友，士类歼灭而国随以亡，不亦悲

乎！——《资治通鉴·汉纪四十八》

政治这么黑暗，太监等邪恶势力这么强，你们生生地去发表抨击言论，这是去摸毒蛇的须子，是摸老虎的尾巴。结果如何？他们一跃而起，就把你们都吃掉了！你们都是国之良才，汉章帝说得好：

政无大小，以得人为本。——《后汉书·肃宗孝章帝纪》

国家需要你们这些国士来支撑，而你们却如此草草而死，这不只是你们个人的悲剧，更是国家的悲剧！随着你们在这场"党锢之祸"中死去，东汉王朝也快速走向灭亡，悲哀啊！你们怎么就不能学学郭泰和申屠蟠呢？

夫唯郭泰既明且哲，以保其身，申屠蟠见几而作，不俟终日，卓乎其不可及已！——《资治通鉴·汉纪四十八》

郭泰和申屠蟠也都是大名士，却没有被杀，在司马光眼中，他们是有政治智慧的高人。申屠蟠的传载于《后汉书》第五十三卷，本卷开篇讲：

易曰：君子之道，或出或处，或默或语。孔子称：蘧伯玉邦有道则仕，邦无道则可卷而怀也。——《后汉书·卷五十三》

作为士君子应当跟蘧伯玉学，要明白出处之道，邦有道则出仕为官，治国平天下；邦无道就卷席回家，做个处士，修身齐家，独善其身，也很好。这一卷的几位传主都是后者，不应征辟，终身不仕。其中一位叫周燮。

燮生而钦颐折頞，丑状骇人。——《后汉书·周燮传》

他长得太丑了，刚出生时，把他妈妈吓了一跳，下巴往前噘着，鼻子……没鼻子吗？鼻子整个塌在脸上，只有俩鼻子眼儿，几乎没鼻梁。这是个小妖怪吗？他妈妈就想把他扔了，幸亏他爸爸给拦着：别！

吾闻贤圣多有异貌。——《后汉书·周燮传》

大凡圣贤非常之人都有特殊之相貌。

后来，周燮的学问、德行果然了不得。《后汉书》说他：

始在髫龀，而知廉让；十岁就学，能通诗、论；及长，专精礼、易。——
《后汉书·周燮传》

小小的年纪就特别懂事；稍大一点，《诗经》《论语》学得很好；长大后，精通《礼经》和《周易》，颇有学问。平日里，他不热衷世俗来往，一心只读圣贤书。

不读非圣之书，不修驾问之好。——《后汉书·周燮传》

可是，读书能当饭吃吗？不能，他还种地。

有先人草庐结于冈畔，下有陂田，常肆勤以自给。——《后汉书·周燮传》

在村东边的山冈下，山坡间，他耕种祖上传下来的几亩田地，以供生活之需。一边种地，一边读书，此谓耕读。

随着书读得越来越深，学问越来越好，周燮渐有名气，当地州郡欲举其为孝廉、贤良，他都拒绝。后来，汉安帝亲自征辟他，他仍然拒绝：我有病，干不了。

家人亲戚都很不理解：

夫修德立行，所以为国。自先世以来，勋宠相承，君独何为守东冈之陂乎？——《后汉书·周燮传》

人不都是学而优则仕吗？您为何学而优不仕呢？不仕，弄这一身学问干什么？咱祖上多少代都入仕为官，为何到您这儿，只抱定了那几亩"东冈之陂"呢？

周燮摇摇头：唉，你们不懂。

夫修道者，度其时而动。动而不时，焉得亨乎？——《后汉书·周燮传》

学而优则仕不错，不过，也得看看是不是一个适合入仕的时机、时代。如果不看时机，不看时代背景，便生生要去治国、平天下，能成功吗？

最终，周燮活到七十多岁，终老于家。

这不是一个失败的人生吗？古人认为这叫节操，这叫出处有道，一个人能够按照自我的意愿，不为世俗左右，不求富贵，不求闻达，特立独行，了不起！九百多年后，大文豪苏轼被贬黄冈，在城东开坡地耕种，似慕"东冈之陂"，遂有"东坡"之雅号。

另一位叫黄宪，他可能是《后汉书》里被捧得最高的处士。

黄宪字叔度，汝南慎阳人也。世贫贱，父为牛医。——《后汉书·黄宪传》

黄宪祖辈好几代都是底层百姓，父亲是个牛医，没钱，也说不上有什么文化。以这样的出身，黄宪却能在十几岁时就有了了不起的学问。

有一次，大名士荀淑到慎阳来拜访朋友袁阆，住进当地客栈，早上正要退房离开，正与到客栈办事的黄宪打了照面，荀淑当即心头一震。

淑竦然异之，揖与语，移日不能去。——《后汉书·黄宪传》

荀淑被黄宪的气质震住了，赶忙施礼：这位小哥，我看您气质不凡，敢问尊姓大名？能否坐下聊聊？

这一聊，就聊到了大天黑。黄宪起身告辞，荀淑依依不舍，拉着黄宪的手说：

子，吾之师表也。——《后汉书·黄宪传》

虽然您只有十四岁，但是您的学问德行太好了，您是我的老师！

荀淑又在客栈住了一宿，次日来到袁阆家，见面便问：

子国有颜子，宁识之乎？——《后汉书·黄宪传》

你们慎阳有个像颜回一样的圣贤，你知道吗？

袁阆一愣：哦？哦，您准是碰上了黄宪！

荀淑大笑：好！若国有颜回而不知，实为士人之大耻。

慎阳当地还有个叫戴良的人，学问也很好，眼空四海，很自负，可只要站到黄宪跟前，立马就蔫了。有一次，戴良回家，无精打采，垂头丧气，母亲一瞅就明白了：

汝复从牛医儿来邪？——《后汉书·黄宪传》

你是不是又去找那个牛医儿黄宪玩了？

戴良叹口气：是啊，娘，您说怎么回事呢？每次我要是没见着他的时候，都感觉自己老行了，也不比他差。可每次一见他就完了，就像颜回评价孔圣人说的：

"瞻之在前，忽焉在后"，固难得而测矣。——《后汉书·黄宪传》

我根本捉摸不透他，摸不上他的边儿，感觉跟他不在一个层次上。

大名臣陈蕃和周举都是汝南人，早年跟黄宪也都是朋友。陈、周二人对黄宪有一个共识：

时月之间不见黄生，则鄙吝之萌复存乎心。——《后汉书·黄宪传》

只要有十天半月没跟黄宪见面聊聊，就感觉自己变庸俗了。

以善于识人著称的大名士郭泰曾到慎阳，先拜访了袁阆，"不宿而退"，聊了半天就走了。又拜访黄宪，"累日方还"，在黄宪家一住好几天，白天聊，晚上聊，聊不够。随后，有朋友问郭泰：袁阆和黄宪高下如何？

郭泰一笑：

奉高之器，譬诸氿滥，虽清而易挹。叔度汪汪若千顷陂，澄之不清，淆之不浊，不可量也。——《后汉书·黄宪传》

袁阆袁奉高虽清却只是一眼小泉水，黄宪黄叔度不清不浊，实为汪洋大海！

只可惜，如此了不起的黄宪只活到四十八岁就死了。他究竟说了什么，做了什么，史书无载。

郭泰的寿数更短，他的情况稍后再说。先说申屠蟠。早年，他以孝道著称于世。

九岁丧父，哀毁过礼。服除，不进酒肉十余年。每忌日，辄三日不食。——《后汉书·申屠蟠传》

父亲死后，他十多年不喝酒、不吃肉。赶上忌日，就绝食三天。这可以称之为"过礼"。《周易·小过卦》所谓：

行过乎恭，丧过乎哀。——《周易》

对儒家讲究的守丧之礼，申屠蟠执行的程度远远超过了一般标准。那么，礼的逻辑为何？为什么执行礼，就得不喝酒、不吃肉？这应当基于儒家这样的理解：

克己复礼。——《论语·颜渊》

礼，本质是让人自我克制。只有克制天性欲望，才能使人性得以升华。

申屠蟠十五岁时救下一位侠义女子。该女子为父报仇，杀死了丈夫的表舅，县令要判其死罪。申屠蟠向县令进言，该女子为父报仇，实为大孝之举，精神可嘉。最终，该女子从轻发落。

申屠蟠最著名的故事是被司马光称道的"见机而作"。前述，桓帝执政后期社会风气颇为自由，太学生们整天谈论国事、品评人物，展示自我，谋求入仕。申屠蟠敏锐地察觉了危机，对朋友讲：先秦时期就曾这么自由过，结果出了焚书坑儒之祸。如今，我得见机而作。

于是，他早早地隐姓埋名藏了起来。

绝迹于梁砀之间，因树为屋，自同佣人。——《后汉书·申屠蟠传》

随后，成功躲过了两次"党锢之祸"。再后来，还躲过了董卓之乱。活到七十多岁，终老于家。

最后，说说郭泰。

郭太字林宗，太原介休人也。家世贫贱。——《后汉书·郭太传》

范晔著《后汉书》，避其父"范泰"讳，称郭泰为"郭太"。

郭泰跟牛医儿黄宪差不多，也是底层出身，小年丧父，由母亲养大。母亲希望他考个县里的"公务员"干。郭泰一拨拉脑袋：

大丈夫焉能处斗筲之役乎？——《后汉书·郭太传》

县里的小公务员有什么干头，给个七品芝麻官手下打杂，我可受不了那委屈。那只是"茅坑老鼠"的生活，我要向李斯学习，争做一只"粮仓老鼠"。

于是，他辞别了母亲，离开了小县城，也跟李斯一样，先去拜名师，这是实现从茅坑到粮仓阶层跃迁的梯子。郭泰到成皋，拜名师屈伯彦，学了三年。

博通坟籍，善谈论，美音制。——《后汉书·郭太传》

李斯当年跟荀子学的是帝王之术，而郭泰学的比较文艺，"博通坟籍"，什么书都看，什么都懂，所以"善谈论"，说什么都头头是道，而且"美音制"，精通音乐诗赋。正可见，时代风气之差异，古质今妍。

学成之后，也跟李斯一样，郭泰直奔顶层，来到国都洛阳。李斯的目标是见秦王，须先找能给自己背书的中间人，他找的是吕不韦。郭泰也一样，他先找到了李膺。

膺大奇之，遂相友善，于是名震京师。——《后汉书·郭太传》

时人皆以结识李膺为"登龙门"，对李膺是仰视的。郭泰和李膺成了朋友，他们之间是平视的。有一次，郭泰回太原，李膺和洛阳一班名士、太学生为其送行。到了黄河，郭泰登舟与众人挥别。李膺不舍，也上了船，要把郭泰送至对岸。

然后，小船缓缓划行在河面上。《后汉书》这样描述当时的场面：

衣冠诸儒送至河上，车数千两。唯林宗与李膺同舟而济，众宾望之，以为神仙焉。——《后汉书·郭太传》

送行和围观的有数千人，车辆停满了河岸，水泄不通，人们望着划向对岸的小船，在烟雨空蒙之中，船头站立的李膺和郭泰玉树临风，博带飘飘，宛若两个神仙。

前述，李膺文武双全，"谡谡如劲松下风"，气质很好。郭泰更好看。

身长八尺，容貌魁伟，褒衣博带。——《后汉书·郭太传》

大高个儿，仪表堂堂，常着一身儒服，宽袍大袖，特有范儿。有一次，他在外面赶路遇雨，头巾湿了，便随手整饬了一下。

巾一角垫。时人乃故折巾一角，以为"林宗巾"。——《后汉书·郭太传》

就是说，他把头巾垫起了一个角，旁边有人看见便眼前一亮：啧啧，人家郭林宗这个头巾掀起一个角来，真好看，咱也这么弄！

太学生们都效仿，社会上的人们也都跟风，都管这种新款头巾的扎法，叫作"林宗巾"。

由数千人的送行围观和"林宗巾"的流行，足见名士的影响之大，隐然对皇权有一点挑战的意味。所以，"党锢之祸"实为必然，申屠蟠之流见机而作，良有以也。

那么，为什么郭泰也能超脱于"党锢之祸"之外呢？也没落得李斯最后的下场，为什么？因为在即将变成"粮仓老鼠"的最后一步，他止住了脚步。本来，按照李斯的套路，在得到李膺的背书之后，他马上就可以站到皇帝跟前，司徒黄琼等高官争着要辟举他，可他都拒绝了。有朋友替他着急：您前面拜名师，交名友，做学问，不就是为了这最后一步吗？

郭泰摇摇头：不是。我以前可能确实这样想，可现在想法变了。

吾夜观乾象，昼察人事，天之所废，不可支也。——《后汉书·郭太传》

以我对天象的观察，对社会形势的认识，我认为大势已去，天命将移，即便我入仕为官，也不可能有什么作为。谁都不行了！

于是，郭泰坚持做处士。

闭门教授，弟子以千数。——《后汉书·郭太传》

他与所谓党人们保持着一定的距离，闭门教书。

不为危言核论。——《后汉书·郭太传》

不言政治，不讽刺太监权贵，也就没有成为太监集团打击的对象，没被列入党人名单。

在第二次党锢之祸前，陈蕃、窦武被害，郭泰闻知，悲不自胜，独自跑到野地里大哭一通。随后，对一个心腹的学生感叹：

人之云亡，邦国殄瘁。——《后汉书·郭太传》

这是《诗经》里的话，意思是，贤良的人都死了，国家也就要亡了。

转过年来的春天，年仅四十二岁的郭泰病逝于家中。各地赶来为他送丧的有上千人之多。

同志者乃共刻石立碑，蔡邕为其文，既而谓涿郡卢植曰：吾为碑铭多矣，皆有惭德，唯郭有道无愧色耳。——《后汉书·郭太传》

这是后世研究文化史、书法史比较关注的一段记载。首先，郭泰死后，他的朋友门生为其"刻石立碑"，要传之不朽，这种对平民的礼遇是西汉以前从未有过的，体现着对个人人格的尊重与张扬，反映了东汉后期社会风气的变化。其次，郭泰的碑文由东汉文豪、大书法家蔡邕所写，刻在碑上的字也应为其书丹，故此碑在书法史上有特殊价值，可惜明代原碑佚，清代大书家傅山据原碑拓片摹刻重立。最后，蔡邕所讲"吾为碑铭多矣，皆有惭德，唯郭有道无愧色耳"，也挺有意思。就是说，蔡邕以往给死人写碑文，尽捡着好话说，歌功颂德，常有吹捧之词，古人所谓"谀墓"，唯独给郭泰写这篇碑文，没有吹捧，他是怎么夸也不为过的。郭泰曾被举"有道"，与孝廉类似，故称"郭有道"。

郭泰如此受人称道，到底做过什么呢？主要还是识人，他有知人之明！

性明知人，好奖训士类。——《后汉书·郭太传》

他能看出身处底层或逆境中的好苗子，并给予鼓励和指导，这些人后来都有所建树。像这样的人，有名有姓的就有六十多个。也有一些名士，郭泰断言他早晚出问题，最后真就出了问题。《后汉书》里分别举了一些例子，令人印象深刻的有以下几个。

有一天，郭泰赶路遇雨，躲到一棵大树下。树下避雨的还有几个庄稼汉，蹲着的、歪着的、倚着树的、抖着腿的，都坐没坐相、站没站相，唯独一个四十多岁的汉子站得倍儿直。郭泰一眼就搭上了：这位兄台，贵姓？哪个村的？

汉子答：我叫茅容，就是旁边这个村的。先生，您呢？

两人你一言我一语，聊得挺投机。雨停后，天色已晚，茅容邀郭泰到家中住一宿再赶路。

郭泰感谢，随茅容到家，先见过茅容的老母亲。老太太正在里间屋的床上干针线活，看着身体不算太好。茅容请郭泰在外间屋稍坐，他紧着招呼妻子，忙活做饭。然后，郭泰听到院子里一顿鸡叫，茅容杀了一只鸡。郭泰不禁咽了咽口水，心想：这人真不赖，要给我炖鸡吃。

结果，等开饭的时候，茅容直接把炖好的鸡端进了里间屋，给老母亲吃，回身向郭泰致歉：郭先生，真不好意思，日子过得寒酸，家里没什么好吃的，老母亲身体不好，早上说好给她老人家炖这只鸡，补补身体，招待您的只有这粗茶淡饭，您将就一下吧。

郭泰一看，茅容给他端上来的只是两盘素菜。

郭泰一下子就服了，挑大拇指称赞：好，茅兄，了不起！这满世界的人都在外人跟前打肿了脸充胖子，有好东西都拿去招呼外人，自己家人宁可吃咸菜条，穷要面子。更有甚者，有点钱、有点工夫都去跟狐朋狗友们胡吃海造，却把老爹老娘冷落一边，清汤寡水。您不俗！不要虚伪的面子，只要实在的里子。这真是识大体，知本末。您这样的人不能种一辈子地，太屈才，您应当读书……

郭泰鼓励一番。后来，茅容读书入仕，颇有成就。

又有一天，郭泰赶路，前面有个人挑着一个扁担，扁担前头是一筐东西，后头是一个类似蒸锅的陶甑。这人挑着扁担，一走一晃悠，可能绳子没绑紧，走着走着，"哐当"一声，甑掉在了地上，碎成了好几半。

要换你是这位挑担的人，是不是得停下来瞅着这个摔碎的甑难受一会儿？当时，这也是穷人家一个不小的家当。可是，这位老兄甚至连回头看一眼都没看，只把扁担前后调整了一下，继续赶路，就像什么事也没发生一样。

郭泰在后面看了个满眼，立马快跑几步追上去：哎，老兄，您的甑摔破了，怎么也不停下来瞅瞅呢？

这人扭头挤出一个苦笑来：呵呵。

甑以破矣，视之何益？——《后汉书·郭太传》

它已经摔破了，我瞅它还有什么用？继续赶路要紧。

郭泰挑大拇指称赞：好，老兄了不起，真乃果决之人！

然后，两人一通聊，郭泰又鼓励了他一番。

劝令游学，十年知名。——《后汉书·郭太传》

还是学习改变命运。这个人也走了拜师游学之路，后来颇有成就。

还有一次，郭泰遇到一个叫黄允的名士，此人"以俊才知名"，颇有才气。两人一通聊，分别时，郭泰说：请恕我直言，我想提醒您一下。

卿有绝人之才，足成伟器。然恐守道不笃，将失之矣。——《后汉书·郭太传》

您确实有大才，只可惜，德行方面还差一点点，将来可能得出问题。

黄允后来真就出了问题。他被司徒看中，要把女儿嫁给他，可是，他已经结婚了，司徒的女儿当然不能做妾，怎么办呢？他把心一横，决定休妻。

妻子同意：你奔你的富贵，我不能挡着，可我毕竟嫁到你们黄家好几年了，有那么多亲戚朋友，我得跟他们道个别。这样吧，你安排几桌酒席，把他们都请来，咱一块儿道个别就完了，省着挨家转，麻烦，也当是给我送送行。

黄允心中有愧：好吧，没问题，我安排酒席，把亲友们都请来。

于是，大集宾客三百余人。妇中坐，攘袂数允隐匿秽恶十五事，言毕，登车而去。——《后汉书·郭太传》

于是，当着在场三百多个亲友，妻子撕破了黄允的脸，把黄允特别隐私的那些脏事儿、破事儿都给抖搂出来了，然后，扬长而去。黄允从此臭了档子。

四十三、天下中庸有胡公

郭泰的传载于《后汉书》第六十八卷，此卷还有两位传主，也以识人知人著称。一位是符融，如前述，他是循吏仇览的同乡、太学生领袖人物，师事李膺。李膺对他很看重，每次他来拜访，李膺便把门一关，别的客人一概谢绝。

融幅巾奋袖，谈辞如云，膺每捧手叹息。——《后汉书·符融传》

他说得激情澎湃，李膺拉着他的手，不住地点头：对，对，对……

郭泰最早到洛阳时，本无知音欣赏，第一个看重他的正是符融。

时人莫识，融一见嗟服，因以介于李膺，由是知名。——《后汉书·符融传》

符融盛赞：郭林宗了不起！佩服！佩服！

又向李膺引荐，李膺盛赞：郭林宗了不起！佩服！佩服！

吾见士多矣，未有如郭林宗者也。其聪识通朗，高雅密博，今之华夏，鲜见其俦。——《资治通鉴·汉纪四十七》

我李膺就没见过郭林宗这么了不起的人物，整个华夏几乎无出其右者！

所谓，伯乐一顾，身份十倍。经他俩这么一捧，此前对郭泰没什么感觉的人也都跟着盛赞：郭林宗了不起！佩服！佩服！

郭泰一跃成为万人仰视的大名士。所谓，"一犬吠形，百犬吠声"正是此意。真正能独立思考，有独立鉴别、鉴赏能力的人是极少数，可能只有百分之一，百分之九十九的人都是人云亦云。

在当时洛阳人的人云亦云中，还有两大名士晋文经和黄子艾。晋文经本是汉中郡人，黄子艾本是梁国人，据说，朝廷曾数次征辟他们到洛阳做官，他们都不来，随后因为生病，看上洛阳医疗资源好才来的。一来就得到达官贵人们的青睐，纷纷前来求交往，他俩还都拿着架子：对不起，我只是乡野村夫，跟你们这样的权贵玩不了。

他们越这么拿着架子，那些人就越想跟他们交往，他们的身价就越来越高，以至于最后他们只跟三公九卿这个级别的权贵玩了。

三公所辟召者，辄以询访之，随所臧否，以为与夺。——《后汉书·符融传》

三公辟举贤良之才都先向他俩咨询：您感觉某某才学品行如何？或者，您手底下有什么合适的人吗？

符融不服，找了个机会，会了会这两个人。行家伸伸手，就知有没有。符融判定：这是两个假名士、伪大师、大忽悠！

他跟李膺一说，李膺再跟别人一说，晋、黄二人很快就臭档子了。

二人自是名论渐衰，宾徒稍省，旬日之间，惭叹逃去。——《后汉书·符融传》

不过十多天，他们就在洛阳待不下去了，卷铺盖卷儿跑了。

足见李膺、符融的影响力之大，可以把地下的人捧上天，也可以把天上的人踩到地。朝廷打压他们是必然的。党锢之祸起，符融遭禁锢，穷困潦倒，妻子去世，无钱买棺材，几个同乡好友要给凑钱买，他拒绝：

别，谢谢各位好兄弟！

古之亡者，弃之中野。唯妻子可以行志，但即土埋藏而已。——《后汉书·符融传》

上古时代根本没有棺材一说。《周易·系辞》讲：

古之葬者，厚衣以薪，葬之中野。——《周易·系辞》

那时候，人死了，只是在野地里挖个坑，里面垫上点柴草，搁里面就埋了。当然，这要是葬我的父母，怎么个葬法，得兄弟姐妹一起商量，我自己说了不算，只能按通行的礼制，我即便举债也得是该有棺有棺、该有椁有椁。而葬妻子，我自己说了算，不用这些，将来我死时，也不用这些，直接挖坑埋了就行。

另一位传主是许劭，后世皆知他评曹操为"治世之能臣，乱世之奸雄"。许劭善知人识人，与郭泰齐名。

天下言拔士者，咸称许、郭。——《后汉书·许劭传》

他的堂兄许靖精于此道。

初，劭与靖俱有高名，好共核论乡党人物，每月辄更其品题，故汝南俗有"月旦评"焉。——《后汉书·许劭传》

他们哥儿俩曾经每月小聚一次，把他们家乡汝南郡的知名人物品评一番，某某作为如何，品行才能如何，等等。评语随即流布社会，为时人津津乐道。因为一月一次，人称"月旦评"。《世说新语》专有一章"品藻"，所记皆品评人物高低，这反映了当时的社会风尚。

许劭跟郭泰一样，也坚持做处士，不应三公辟举。朋友不理解：为何放着高官富贵不要？

许劭跟郭泰观点一致：

方今小人道长，王室将乱，吾欲避地淮海，以全老幼。——《后汉书·许劭传》

看这形势，大汉朝要完，又要天下大乱，我非但不能入仕，还得搬家，得带着家人到安全的地方去。

他带着家人南下，先到了徐州。徐州刺史陶谦对他恭敬、关照，可他却跟家人说：此人靠不住，笑面虎，过不了多久就得害我，咱还得走。

许劭头脚走，陶谦就收拾了手下的一批名士。

许劭最后寿数也不大，四十六岁病死，可也算善终。

老子所谓：

知人者智，自知者明。——《道德经》

《周易》所谓：

君子见机而作，不俟终日。——《周易·系辞下》

《诗经》所谓：

既明且哲，以保其身。——《诗经·大雅·烝民》

许劭算是这样的人。

还有一个著名人物也算是这样的人，就是陈寔。前述，李膺在家乡颍川郡只有两个人能跟他玩，一个是荀淑，另一个就是陈寔。陈寔是底层出身，不过，从小就有一种领袖气质。

自为儿童，虽在戏弄，为等类所归。——《后汉书·陈寔传》

一帮小孩在一块儿打着玩，他就是头儿。长大后，先在县衙里做一个很不起眼的小公务员。

有志好学，坐立诵读。——《后汉书·陈寔传》

他很好学，到哪儿都拎着卷书，得空就翻翻。结果，被县令看中，推荐上了太学。从太学毕业回家后，摊上了事儿，他被当作一桩杀人案的嫌犯抓了起来，遭受严刑拷打。最后确定凶手不是他，又给放了。后来，他作为郡督邮回本县巡视，盯上了误抓他的那个县吏，非但没报复，竟还举荐之。

远近闻者，咸叹服之。——《后汉书·陈寔传》

这虽不算大事，但着实让人服气。因为谁都有过类似的体验，都可能被人怠慢过、刺激过、轻辱过、伤害过，可能只是一句话、一个眼神儿，有几人能不耿耿于怀、恨不得报之而后快？

陈寔随后做郡功曹，负责考察官员，升谁降谁都能服众。可是，有一个人水平很低，他却生生向太守举荐，给了挺高的官职。舆论哗然：完了，真没想到连陈寔都腐败了，他准是收了那人的礼！

这事成了陈寔的一个污点。直到几年后，太守离任，召集众人：临走，我得跟大家澄清一个事。上次陈功曹向我举荐的那个不称职的人，其实是大太监侯览跟我打招呼让我安排的。我虽洁身自好，却不敢得罪太监。怎么办呢？是陈功曹主动找我，愿以他的名义向我举荐这个人，他来背这个锅。

陈君可谓善则称君，过则称己者也。——《后汉书·陈寔传》

有好儿，都是领导的；不好儿，都是我的，有锅我来背。陈寔是这样的人。

第一次党锢之祸时，很多人都闻风逃窜，躲了起来。陈寔则主动投案，他对亲友们说：

吾不就狱，众无所恃。——《后汉书·陈寔传》

我要是也躲了，大家就更没有主心骨了。

之后，党人被释放。灵帝即位，窦武掌权，辟召陈寔任大将军掾属，类似大将军的高级参谋。正赶上大太监张让的父亲去世，回老家颍川安葬，葬礼非常隆重，整个颍川郡的大小官绅几乎悉数到场，可能称得起名士的人物一个也没到，都坚持操守，不与太监为伍。唯独陈寔到场吊唁。张让当然很感激：陈寔给面儿。

而整个名士圈都很不满：他怎么这么没立场呢？怎么跟大太监尿到一壶去了呢？

很快，第二次党锢之祸来临，太监集团对名士党人大开杀戒。陈寔不但自己没事，还保护了很多名士，包括不少此前骂他的人。

他也被禁锢了，不能再做官，但他仍是很受人尊重的乡绅。乡民们遇上什么纷争，都来找他评判仲裁。陈寔"平心率物"，每次都能做出公正的裁定，让矛盾双方服气，以至于乡间流传一个说法：

宁为刑罚所加，不为陈君所短。——《后汉书·陈寔传》

陈寔说对的才是真对，陈寔说错的才是真错。法律讲的对错可以不听，陈寔讲的对错必须听。

有一天夜里，陈寔家里进来一个小偷。

有盗夜入其室，止于梁上。——《后汉书·陈寔传》

半夜里爬墙头进来，一路爬，爬到了陈寔卧室的房梁上。也可能是这个小偷看到陈寔起床撒尿，便蹿到了房梁上躲了起来。陈寔其实已经发现了，却没言语，他揉了揉眼，咳嗽了两声：哎呀，睡不着，儿子啊，孙子啊，你们睡着了吗？都起来，过来，我得给你们开个会。做人必须得有上进心，不能破罐破摔。

人不可不自勉。——《后汉书·陈寔传》

人一旦破罐破摔就完了，本来不错的人，习以成性，慢慢就会走到邪路上去。就比如那谁呢？

梁上君子者是矣！——《后汉书·陈寔传》

"梁上君子"一听这个，差点儿没吓尿，赶紧跳下来磕头求饶。

陈寔没为难小偷：好了，看你这相貌，也不像坏人，肯定是穷困至极走投无路才这样。这里有两匹绢，你拿去吧。

这叫什么？这叫厚道。此前他举荐那个县吏，给太守背锅，礼待张让，都体现着一个"厚"字。早年他能获县令举荐至太学，是因为他立志好学，体现着一个"学"字。后来，他的儿子陈纪、孙子陈群都是大才，位列公卿，正如一副对联所讲："诗书传家久，忠厚继世长。"

汉灵帝后期，党锢解禁，大将军何进等数次辟召陈寔，都认为他应当做宰相，他都拒绝了。八十四岁去世。

何进遣使吊祭，海内赴者三万余人，制衰麻者以百数。共刊石立碑，谥为文范先生。——《后汉书·陈寔传》

三万多人来奔丧，好几百人穿孝，又刻石立碑，又赠私谥。对这样一个没有什么权势的人物，竟如此推崇。也可见当时社会的风气。

最后再说一位最能明哲保身的人物，他是东汉后期乃至整个中国历史上极为少见的官场奇葩，就是李固的老同事胡广。

胡广字伯始。——《后汉书·胡广传》

少孤贫，亲执家苦。——《后汉书·胡广传》

很小的时候，母亲和父亲相继去世，继母把他拉扯大，虽然家境还过得去，还能读书，但人间的辛苦艰难从小没少尝。

成年后，胡广先是在家乡南郡郡府做了一个小公务员，每天朝九晚五，没人拿他当回事，他自己也看不到什么前途。这年年底郡府来了一个人，是太守法雄的儿子法真。

太守法雄不是一般人物，此前曾任青州刺史，带兵平定了著名海盗张伯路。那还是在汉安帝的早期，大致永初五年（111）前后，中间有一次海盗们要归降，官军统帅御史中丞王宗想乘机开打，把海盗彻底消灭，法雄不同意：

兵，凶器；战，危事。勇不可恃，胜不可必。——《后汉书·法雄传》

想一下子消灭他们，咱们并无十足把握；而一旦错过此次招降机会，让他们逃到外海，平定海盗这个任务就不知道何时才能完成了。

王宗听从了法雄的建议，一切顺利搞定。

随后，法雄调任南郡太守。南郡多山林沼泽，里面有很多野生动物，常有虎、狼伤人事件。前任太守都为此头疼，招募猎户上山打老虎，弄了很多陷阱，尽力捕杀，非但没什么成效，反而死伤的人更多了。法雄上任后便发布告示：打住，以后不许再捕杀老虎了。

凡虎狼之在山林，犹人民之居城市。古者，至化之世，猛兽不扰，

皆由恩信宽泽，仁及飞走。——《后汉书·法雄传》

就是说，对虎狼，我们人类也要有仁爱之心，这样才能彼此相安。从今以后，所有陷阱等捕杀设施都要拆除。

不得妄捕山林。——《后汉书·法雄传》

随后，果然好多了。

是后，虎害稍息，人以获安。——《后汉书·法雄传》

这段故事挺有现代意义，人与自然及野生动物应和谐相处。法雄作为一个曾经杀人无数的带兵将领，能有这样仁民爱物之心，真是难能可贵。

法雄又颇有治民之才，每次到基层检查工作，到监狱只要瞅瞅囚徒的表情，冤枉不冤枉就能看个八九不离十。

录囚徒，察颜色，多得情伪。——《后汉书·法雄传》

他的儿子法真眼更毒，更善于识人知人，不让郭泰、符融、许劭。这年年底，法真从老家赶到南郡来看望父亲。法雄很高兴：你来得正好。每到年底，朝廷就要求各郡举荐孝廉。你学问比爹大，眼力也比爹强，你帮我看看咱这郡府里谁堪此举？

于是，法雄召集郡府所有工作人员开大会。院子里站满了人，法真站在台阶上，一眼就盯上了胡广：父亲，就他了，这人绝对厉害！前途不可限量。

然后，胡广就被举荐到了京师。按程序，进行对策、笔试。结果，怎么着？

试以章奏，安帝以广为天下第一。——《后汉书·胡广传》

胡广高中"状元"，天下第一！随即被选入内朝任尚书郎，相当于皇帝秘书，身居显要。这一年，胡广大致二十七岁。

胡广在尚书干了十年，做到了尚书仆射。之后，到地方做过济阴郡和汝南郡的太守。接着调回朝廷做大司农，位列九卿。最后在汉安元年（142）做上了司徒，位列三公。这一年他五十二岁。同年，大魔王梁冀开始做大将军。

本初元年（146），梁冀毒死汉质帝，罢免了大忠臣李固。胡广接任李固的太尉之职，录尚书事，随即拥立汉桓帝。次年，以拥立之功，被封安乐侯，随即辞去太尉，回家养病。

不久后，再任司空，第二次登上三公之位。赵戒任太尉。就在这时，李固被梁冀害死。临死前，李固写信给胡广和赵戒：

公等受主厚禄，颠而不扶，倾覆大事，后之良史岂有所私。——《资治通鉴·汉纪四十五》

胡广泪流满面，羞愧难当，却不敢跟梁冀怎样。

四年后，元嘉元年（151），胡广退休，六十一岁。

冬，十月，司空胡广致仕。——《资治通鉴·汉纪四十五》

他仍有"特进"头衔，类似副国级待遇，还能参与政务。当年年底，史书记载，特进胡广等大臣给梁冀抬轿子，吹捧梁冀好比周公。

咸称冀之勋德宜比周公。——《资治通鉴·汉纪四十五》

帮梁冀争取更高的待遇。梁冀当然高兴。于是，本已退休的胡广又被返聘，做太常。

永兴元年（153）冬，六十三岁的胡广第三次登上三公之位，任太尉。

永兴二年（154）秋发生日食，三公要担这个灾异，胡广被免。不久，再被起用，还做太常。

延熹元年（158）秋，六十八岁的胡广第四次登上三公之位，还是做太尉。

转过年来，汉桓帝灭梁冀，太尉胡广等三公皆被治罪。

皆坐阿附梁冀，不卫宫，止长寿亭，减死一等，免为庶人。——《资治通鉴·汉纪四十六》

念在有个老面儿，没杀头，只是剥夺了侯爵，免为庶人。

已经七十岁的胡广，这一次，他的政治生命是不是终于到头了呢？没有。他在家里待了没两年，又被起用，还是做太常。

延熹九年（166），七十六岁的胡广第五次登上三公之位，做司徒。

随后，汉灵帝即位，胡广与太傅陈蕃参录尚书事，执掌国事。

陈蕃被杀后，八十岁的胡广又做了太傅，比三公还高半格，继续总录尚书事。《后汉书》称其：

时年已八十，而心力克壮。——《后汉书·胡广传》

身体倍儿棒，精力充沛。

为什么他身体这么好呢？据说，是因为总喝"菊水"。《后汉书注》记：

菊水出穰县。芳菊被涯，水极甘香。谷中皆饮此水，上寿百二十。——《后汉书注》

菊水河边生长很多菊花，水里也带着一种清香，常饮此水者有活到一百二十岁的。

太尉胡广所患风疾，休沐南归，恒饮此水，后疾遂瘳。——《后汉书注》

胡广曾经得过风疾，类似中风之类的病，因为坚持喝了一段时间的菊水，竟然不药而愈。随后，自然更是坚持喝这个水。他的继母可能也常喝这个水，也很长寿。胡广对继母非常孝顺。

继母在堂，朝夕瞻望，傍无几杖，言不称老。——《后汉书·胡广传》

虽然自己挺大年纪，位列三公又很忙，但每天早晚必来给继母请安问候。在继母跟前从来不敢拿拐杖，不能说自己老，还得跟年轻时一样恭敬伺候。平时对家人、下属、同僚，他也很温和。

性温柔谨素，常逊言恭色。——《后汉书·胡广传》

他就是一个温良恭俭让的儒家士大夫。他一肚子学问，工作能力超强。

达练事体，明解朝章。——《后汉书·胡广传》

不管什么事务，到他手里都一清二楚，全搞定，从来没有他不明白的事。时人称赞：

万事不理问伯始，天下中庸有胡公。——《后汉书·胡广传》

"万事不理问伯始"，意思是，什么事儿，你要搞不定，就去问伯始公胡广吧，他肯定能告诉你怎么办。

"天下中庸有胡公"，何意？孔子曰：

中庸之为德，其至矣乎！——《论语·雍也》

"中庸"可不是个贬义词，而是褒扬人德行修养的最高的词。由此可见，虽然胡广阿附梁冀，却并未影响时人对他的喜爱与尊敬。这一点，大有深意焉！顾随先生讲过，历史上有一些人，"不求见信见谅于人，而天下之后世人自能信之、谅之，至圣豪杰皆能如此"。胡广更厉害，他是当世人也信之、谅之。为什么呢？很大的一个原因在于，他在公位上辟召举荐了一大批贤良之才。

其所辟命，皆天下名士。——《后汉书·胡广传》

比如陈蕃，最早都是他给提拔的。估计在党锢之祸中，他也保护了不少人吧。这样，就把他阿附梁冀的不好给遮了。总之，朝野上下的人，包括几任皇帝，对他的印象都挺好，所以他能成为东汉末年官场的老常青树。

自在公台三十余年，历事六帝，礼任甚优，每逊位辞病，及免退田里，未尝满岁，辄复升进。凡一履司空，再作司徒，三登太尉，又为太傅。——《后汉书·胡广传》

他侍候了六任皇帝，汉安帝、汉顺帝、汉冲帝、汉质帝、汉桓帝、汉灵帝，做过一次司空、两次司徒、三次太尉，最后还做了两年太傅，遍历四公。

第二次党锢之祸的两年后，熹平元年（172），八十二岁的胡广去世。汉灵帝给他办了非常隆重的葬礼。

故吏自公、卿、大夫、博士、议郎以下数百人，皆缞绖殡位，自终及葬。汉兴以来，人臣之盛，未尝有也。——《后汉书·胡广传》

数百名高官都作为他的门生故吏来穿孝送葬。整个西汉、东汉再没有第二个大臣有这样的排场了。

四十四、《后汉书·逸民列传》

法真的传载于《后汉书·逸民列传》，严光、王霸、梁鸿也在这里，都是特别有才华却打死也不做官的人，《论语》里把这样的人称为"逸民"。逸民代表了中国文化中一种高尚的传统。对此，《后汉书·逸民列传》开篇这样讲：

《易》称："遁之时大矣哉。"又曰："不事王侯，高尚其事。"是以尧称则天，不屈颍阳之高；武尽美矣，终全孤竹之絜。自兹以降，风流弥繁。——《后汉书·逸民列传》

此段大有意味。《周易》六十四卦里有一个遁卦，遁，白话讲就是逃。逃什么呢？逃离官场，逃避政治，逃避名利，也逃避灾祸。

天下有山，遁，君子以远小人，不恶而严。——《周易·大象传》

天下到处都是山林，逃到山林里去过隐逸的生活，可以避开各种官场小人，既不用得罪他们，也不再有被迫害的危险，还不用讨好他们，保住自己的节操。所以，这种逃避是高明的。《易》曰："遁之时大矣哉！"还可以"不事王侯"，清清静静地过自己的精神生活，山川风月、诗文书画，最好再有一个相爱的伴侣，这才是所谓的高尚生活。名联曰：

三千年读史，无非功名利禄；九万里悟道，终归诗酒田园。

功名利禄，不如诗酒田园。高人讲，生活不只有眼前的苟且，还有诗和远方。然而，无功名利禄，何以能诗酒田园？不曾苟且于眼前，何以能有诗和远方。除非内心足够强大，精神世界能撑得起来，逸民之难能可贵正在于此。

"尧称则天，不屈颍阳之高。"《论语》讲：

巍巍乎，唯天为大，唯尧则之。——《论语·泰伯》

意思是，尧帝太伟大了，他可以道法天地自然来治理天下。然而，他却搞不定颍阳先生许由。传说，尧帝想请许由来帮助自己治理天下。许由不干。尧帝说：您是不是不乐意做大臣？嫌官小？不要紧，我把天子之位禅让给你。

许由一下子就烦了，撒腿就跑，跑到颍水边，一脑袋扎到河里面，使劲洗耳朵：哎呀，尧帝说的这叫什么话，太脏了，把我的耳朵都污染了。

"武尽美矣，终全孤竹之絜。"周武王这么完美的帝王，也搞不定孤竹国的两大贤人伯夷和叔齐，这哥儿俩宁可饿死也不食周粟，打死也不跟你玩儿。

"自兹以降，风流弥繁。"在许由和伯夷、叔齐之后，这样的人物越来越多，逐渐形成了逸民传统。

荀子讲：

志意修则骄富贵，道义重则轻王公。——《后汉书·逸民列传》

也是这个意思。只要内心足够强大，精神世界能撑得起来，世俗的富贵权势就不会对你造成压力。所谓"激扬文字，粪土当年万户侯"，与精神生活相比，那一切世俗的东西不过都是粪土、是尘埃。

野马也，尘埃也，生物之以息相吹也。——《庄子·逍遥游》

天地一指也，万物一马也。——《庄子·齐物论》

还说故事。《后汉书·逸民列传》这样描写法真：

好学而无常家，博通内外图典，为关西大儒。——《后汉书·法真传》

他什么都学，不拘泥于某一家某一派，古文经也学，今文经也念，图谶也都精通。他家是扶风的，在函谷关以西，故称关西大儒，手下弟子数百。

性恬静寡欲，不交人间事。——《后汉书·法真传》

他对世俗的功名利禄没什么兴趣，跟官场也没什么交往。

有一天，有个官吏来找他：法先生，咱们太守很仰慕您，想邀您到府上一叙。这是太守的信，还有一点薄礼，万望您能屈尊赏光。

法真看对方诚心诚意，不好拒绝：好吧，我过去拜访一下太守，这个礼物您千万捎回去。

法真拜访太守，太守谦逊热情，一通寒暄后慢慢转到正题，太守说：我的才疏学浅，做贵郡太守，总担心德不配位。先生能否屈尊来做郡功曹，帮我治理本郡？

法真笑着摇摇头：别，您不忙的时候，我过来陪您聊聊，没问题。

若欲吏之，真将在北山之北，南山之南矣。——《后汉书·法真传》

您要是想让我做您手下的官吏，那我可就走了。《易》所谓，天山遁，我将遁形于北山之北、南山之南。您可就再也见不着我喽。

太守脸一红：啊，不好意思，喝酒，喝酒……

法真的名气越来越大，又有三公九卿来请他入仕，他仍然拒绝。后来，汉顺帝也亲自征召他。

帝虚心欲致，前后四征。——《后汉书·法真传》

先后四次征他入仕，这实在是对一个士人最高的礼遇了，他仍然不为所动。

遂深自隐绝，终不降屈。——《后汉书·法真传》

注意这句话。本书大量引用经史原文，好多看似平淡无奇，徒增麻烦，实则每句皆有斟酌焉，就拿这句"终不降屈"讲，应是出于《论语》：

子曰："不降其志，不辱其身，伯夷、叔齐与！"——《论语·微子》

把不接受帝王的邀请入仕为官，称为"不降屈"；接受了，去当官了，也就是降屈，就是降身屈节。我凭什么要去做你手下的官，我们是平等的！这就是中国文化传统中那股高尚的逸民精神。

对法真的这种精神，时人给予高度评价：

法真名可得闻，身难得而见。逃名而名我随，避名而名我追，可谓百世之师者矣！——《后汉书·法真传》

后来，法真以八十九岁高寿去世，世人称之为"玄德先生"。"玄德"应为道家概念，老子讲：

生而不有，为而不恃，长而不宰。是谓玄德。——《道德经·第五十一章》

玄德深矣，远矣，与物反矣，然后乃至大顺。——《道德经·第六十五章》

大致可理解为，逸民们这种出世的选择，看似没去做治国、平天下的实务，没有直接去为百姓做什么贡献，实则有大贡献。于民有大德，而难以讲清，故称"玄德"。

老子还讲：

玄之又玄，众妙之门。——《道德经·第一章》

逸民的精神，隐士的情怀，似与道家更契合，儒家入世，道家出世，道家的大宗师老子、庄子都身体力行。《史记》明确讲：

老子，隐君子也。——《史记·老子韩非列传》

老子就是这样的人。

《后汉书·逸民列传》里还有一位叫向子平的人。

性尚中和，好通老、易。——《后汉书·向长传》

他也喜欢老子，还有《周易》。有一次，他读《周易》的损、益卦，忽然顿悟。

至损、益卦，喟然叹曰：吾已知富不如贫，贵不如贱，但未知死何如生耳。——《后汉书·向长传》

《周易》的损卦和益卦很特别，《帛书易传》中讲：

孔子籀《易》，至于损益一卦，未尝不废书而叹。戒门弟子曰：二三子，夫损益之道，不可不审察也，吉凶之门也。——《帛书〈易传〉六篇新释》

孔子是把损卦和益卦看作"一卦"的，只是正着看和反着看不同才成为两卦。孔子认为，损益卦是"吉凶之门"，包含所有关于得失的道理。向子平也由此悟道，深明了富与贫、贵与贱的辩证关系，感叹道：我终于明白了，说到底，还是损胜益，柔弱胜刚强，富贵不如贫贱舒坦，站着不如躺平。只是，生与死的辩证，我还不能了然，可能是因为我生的任务还没完成吧，孩子们还需要我。

于是，又过了几年，儿女们都已长大成人，嫁人的嫁人，娶妻的娶妻。

男女娶嫁既毕，敕断家事勿相关，当如我死也。——《后汉书·向长传》

向平子一看，行了：开会！孩子们，你们都成家了，以后各过各的日子，遇上什么事儿也不要跟我说了，就当我死了吧。我要去云游四海。世界这么大，我要去看看。

然后，他叫上一个老朋友就出发了。

俱游五岳名山，竟不知所终。——《后汉书·向长传》

再说一位叫逢萌的逸民。

逢萌最早是做亭长，类似乡镇干部。有一次，郡都尉下来视察，路过他这个亭，他当然得小心侍候。

萌候迎拜谒，既而掷盾叹曰：大丈夫安能为人役哉！——《后汉书·逢萌传》

侍候了一通，他就烦了。

于是，他辞职，到长安求学。那还是西汉末年。有一天，逢萌听说一个新闻，内朝首辅大将军王莽竟然把亲生儿子王宇给杀了，大惊：哎呀！虎毒不食子，怎么还有这样的事啊？

三纲绝矣！不去，祸将及人。——《后汉书·逢萌传》

这个社会伦常要乱，必有大祸发生，长安不能待了，我走！

他立即离开长安，带家人躲了起来。后来，隐居劳山，即现在的青岛崂山。

养志修道，人皆化其德。——《后汉书·逢萌传》

朝廷好多次征辟他做官，他都不应，一辈子隐居山林。

逢萌的朋友王君公也是高人，他没有隐居山林，而是大隐于市。

侩牛自隐。——《后汉书·逢萌传》

他是一个卖牛的中介，每天在市场东边的墙头底下，一手托两家，挣个抽成。在一般人眼里，他只是个小市侩而已，而逢萌则对他刮目相看，称赞：

避世墙东王君公。——《后汉书·逢萌传》

再讲一位大隐于市的逸民，此人叫韩康，字伯休，以卖药为生。

常采药名山，卖于长安市，口不二价，三十余年。——《后汉书·韩康传》

他在长安集市上卖了三十多年的药，今天赶这个集，明天赶那个集，随便找个地儿摆个小地摊儿，与普通药贩子无异。不过，他卖药有个特点，就是"口不二价"，一口价，不能砍价。别的卖药的、卖菜的、卖百货的，都能砍价，唯独他这儿不能。这一天，有个女子来买药，是个生茬儿，上来就砍价。韩康摇头：对不起，便宜不了。

女子挺拗：你就让一点呗，下回还来买你的。

韩康摆手：不行。

女子急了：

公是韩伯休那？乃不二价乎？——《后汉书·韩康传》

你怎么这样，这不赶上那个韩伯休了吗？口不二价。人家那是什么人物，你也配跟人家学？

韩康大惊：我还以为没人知道我的底细呢。闹了半天，我名气不小了。

我本欲避名，今小女子皆知有我，何用药为？——《后汉书·韩康传》

不行，我不再待这儿卖药了，我得走了。

随即遁入了山林，不应皇帝征辟，隐居终老。

再说一位叫戴良的逸民。他的曾祖父戴子高，世人称之"关东大豪戴子高"，家里有钱，挥金如土。

尚侠气，食客常三四百人。——《后汉书·戴良传》

只要是有"同学会"，不论多少人，都是他买单。

戴良仍有这种豪气，学问又好，有大才。有人问他：

子自视天下，孰可为比？——《后汉书·戴良传》

当今天下，谁的才学堪与您一比？

戴良哈哈大笑：

我若仲尼长东鲁，大禹出西羌，独步天下，谁与为偶。——《后汉书·戴良传》

能跟我比的人还没生呢！或者生了的早死了，就像孔夫子、大禹，他俩还行；别人，我找不到。老子独步天下！

正因为他这么狂，所以出名。所谓，"不颠不狂，其名不彰"。戴良不但狂，而且颠，他爱学驴叫：

良少诞节，母憙驴鸣，良常学之以娱乐焉。——《后汉书·戴良传》

母亲爱听驴叫，他小时候就经常学驴叫，来逗母亲开心。

《世说新语》也有一段学驴叫的记载：

王仲宣好驴鸣，既葬，文帝临其丧，顾与同游曰：王好驴鸣，可各作一声以送之。赴客皆一作驴鸣。——《世说新语·伤逝》

意思是，三国大才子王仲宣（名粲）也喜欢学驴叫。他去世时，曹

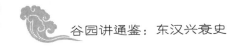

丕和很多名士都去吊唁。曹丕跟王粲的关系很好，很伤心，他对参加葬礼的人们说：大家别哭了，我有个提议。王仲宣生前爱学驴叫，咱们也都学一次驴叫，来给他送行吧。

于是，在这场葬礼上，一大帮人驴叫了一通。很滑稽吗？一点也不滑稽。这是至真至情！千载之下仍让人感动。就这一手，我对曹丕的好感陡增。这就是魏晋风度的精髓——至真至情。或用魏晋名士嵇康的话讲，这叫：

越名教而任自然。——《养生论》

戴良是这种魏晋风度的先声。在给母亲守孝期间，他哥哥完全按照相关礼制，他则完全不讲礼制，该吃吃，该喝喝，有时悲从中来，便大哭一通。

良独食肉饮酒，哀至乃哭，而二人俱有毁容。——《后汉书·戴良传》

兄弟两人都形容憔悴。

有人问戴良：您怎么不按礼制呢？

戴良答：

礼所以制情佚也，情苟不佚，何礼之论。——《后汉书·戴良传》

礼只是给人提个醒，什么场合哭，什么场合笑。我哭我的亲生母亲，还用这种提醒吗？

戴良后来也是不应征辟，隐遁山林。

最后，再说两位无名隐士的故事。

有一次，汉桓帝在下面视察，凡到一地，当地老百姓们都里三层外三层地围观，都很兴奋。可是，在汉阴一个地方，汉桓帝随行的一个尚书郎发现有个老头儿很奇怪，他竟然在不远处的农田里悠然种地，完全置身事外，该干吗干吗。尚书郎不由自主走了过去：哎，老人家，咱们大汉天子来了，就在那边，您不过去看看吗？

老头儿摇摇头：天子？天子管什么？是管平天下，还是乱天下？与我何干？我老头儿只管种地，看他做甚。

老头儿说完，收拾一下农具，走了。《后汉书·逸民列传》称其为"汉阴老父"。

另一位无名隐士，被称为"陈留老父"。党锢之祸初起时，两个陈留郡的名士在逃亡途中相遇，两人感慨时事，抱头痛哭。有个老头儿打旁边经过，冲他们说：

夫龙不隐鳞，凤不藏羽，网罗高县，去将安所？——《后汉书·陈留父老传》

闹成今天这样子，还不都怪自己吗？你们虽有龙凤之才，却不懂养晦藏锋，一味逞才显能，锋芒毕露，现在想逃避，谈何容易？

这两位立马不哭了：敢问老先生尊姓大名？还请多多赐教。

这位陈留老父微微一笑，扭头走了。

这两位无名隐士的故事，跟《论语》《史记》里提到的几位隐士的故事挺像，都是路上偶遇这么一个人，简简单单讲两句话，就让人记一辈子的感觉。

有一次，孔子跟大徒弟子路走散了。子路挺着急，见前面来了一个挑着个扁担的老头，赶忙上前询问：

子见夫子乎？——《论语·微子》

老爷子，您看见我家老夫子了吗？

老头一撇嘴：

四体不勤，五谷不分，孰为夫子？——《论语·微子》

你家夫子是谁？是孔丘吗？他四体不勤，五谷不分，根本不知道劳动人民是怎么回事，他也配叫夫子？此解未必准确，"四体不勤，五谷不分"究竟说谁有争议。总之，这句简简单单的话让人记了两千年。

随后，子路找到孔子，把这个情况一说。

子曰：隐者也。——《论语·微子》

孔子说，这是一个隐者。

还有一次，子路辞别孔子去某地，途中经过一座城门，负责一早开城门的小吏时称"晨门"，也是个老头儿，主动跟他打招呼：哎，兄弟从哪儿来？

子路答：从我老师孔夫子那儿来。

晨门老头儿眨眨眼：哦，孔夫子？

是知其不可为而为之者与？——《论语·宪问》

这话也让人记了两千年。孔子就是这样一个"傻子"，知其不可为而为之，明知道自己努力不会有什么结果，仍坚持去做，一做到底。

又有一次，在郑国一个地方，子贡跟孔子走散了，他见人就打听：您看到一位老先生吗？这么高，穿着……

一连问了几个人，都说没看到。最后问到一个人，这人微微一笑：我可能看到了，在城东门有个人。

其颡似尧，其项类皋陶，其肩类子产，然自要以下，不及禹三寸，累累若丧家之狗。——《史记·孔子世家》

子贡哭笑不得，赶紧跑到城东门，孔子果然正在那儿等他。子贡把刚才那人所讲，学说了一遍。

孔子欣然笑曰：形状，末也。而谓似丧家之狗，然哉！然哉！——《史记·孔子世家》

他说我长得像谁像谁，那都是次要的，什么脑门子像尧、脖子像皋陶、膀子像子产，那都有点扯。不过，他说我的神态像只丧家之狗，有道理！我感觉自己就是一只丧家之狗！

这话也被记了两千年。

《论语》还记载说，孔子周游列国，曾至楚国，有一天正乘车赶路，突然有个疯子挡在车前，嘴里还唱着歌：

凤兮！凤兮！何德之衰？往者不可谏，来者犹可追。已而，已而！

今之从政者殆而！——《论语·微子》

孔子闻听此歌声，大惊：哇，这是什么人物？！

他急忙下车来见这个疯子，可疯子蹦蹦跳跳地就跑了。望着疯子的背影，孔子默念这段歌词：凤兮！凤兮！何德之衰？往者不可谏，来者犹可追。已而，已而！今之从政者殆而！

事后，他听当地人说，这个疯子叫接舆。他跟弟子们讲起来，则称其为"楚狂接舆"。又过了一千二百年，诗仙李白写下名句：

我本楚狂人，凤歌笑孔丘。手持绿玉杖，朝别黄鹤楼。五岳寻仙不辞远，一生好入名山游。——《庐山谣寄卢侍御虚舟》

浪漫主义的逸民精神就这样不断融入中华历史文化中。

四十五、灵帝卖官与崔氏文林

永康元年（167）腊月二十八，汉桓帝驾崩。可惜他以好色闻名，后宫空有上万女人，却一个子嗣也没有。他可能感觉江山社稷传给谁都无所谓了，所以生前未做安排。于是，此事便由新晋皇太后窦妙之父窦武来定了。《后汉书》写得很简略：

武召侍御史河间刘鯈，参问其国中王子侯之贤者，鯈称解渎亭侯宏。武入白太后，遂征立之，是为灵帝。——《后汉书·窦武传》

意思是，窦武要在河间国找新皇帝人选，他把老家河间的侍御史刘鯈找来，询问河间国的王侯子弟哪位最贤能，刘鯈推荐了解渎亭侯刘宏。

于是，经窦太后同意，转过年来，正月，刘宏即位，史称汉灵帝。

当时，好像没人反对，就像此前李固反对立刘志那样的，至少史书没记载。不过，在我看来，刘宏未必是最合适的人选。

首先，汉桓帝虽无子，但有两个亲弟弟：刘硕和刘悝。

刘硕是汉桓帝同父异母弟，汉桓帝的生母姓匽，史书无记载，可能早就死了，刘硕的生母姓马。汉桓帝即位后，封刘硕为平原王。前述，他们的父亲刘翼也曾被邓太后封为平原王，后来又给撤了。刘硕被封平原王后，一直在封国，没有到洛阳来。

留博陵，奉翼后。——《后汉书·河间孝王开传》

从血缘远近来讲，刘硕最应接任皇位。而窦武为何不选他，史书没有细说，只记载：

硕嗜酒，多过失，帝令马贵人领王家事。——《后汉书·河间孝王开传》

意思是，刘硕太爱喝酒，经常犯错误，此前，汉桓帝命其母马贵人掌管封国一切事务。究竟刘硕有多差劲，犯过什么过失，史书没写。史书明确记载的是，刘硕的平原王一直干到了建安十一年（206）。

建安十一年，国除。——《后汉书·河间孝王开传》

建安十一年是公元206年，那时，汉灵帝已经死了二十一年，东汉王朝早已名存实亡，天下大乱，刘硕能坚持到那时候，应当不会太差劲，起码他母亲马贵人是有两把刷子的，比汉灵帝的母亲董太后强得多。

刘悝的情况后面再细说，他也因犯过错误，被窦武排除。

除了刘硕和刘悝，从血缘远近来讲，仍有人比刘宏更合适。

汉桓帝的爷爷河间王刘开是汉章帝的儿子，他下面有三支子孙。首先是嫡嗣，也就是继承河间王封爵的这一支：刘开—刘政—刘建—刘利—刘陔。然后是汉桓帝这一支：刘开—刘翼—汉桓帝刘志、渤海王刘悝、平原王刘硕。再后才是解渎亭侯这一支：刘开—刘淑—刘苌—汉灵帝刘宏。

窦武划定在河间国王侯里选人没问题，他们都是汉桓帝血缘上最近的人。不过，还有个嫡庶尊卑问题。刘利跟刘宏平辈，而刘利为嫡，刘宏为庶，明显刘利更适合继皇位。后来，刘利之子刘陔的王位一直坐到曹丕受禅，才降为侯爵，可见其保家保国的本事不一般，起码比刘宏贤能。

所以，我认为窦武立刘宏有私心，因为刘宏当时只有十二岁，比较好掌控。随后，太监们保着小刘宏，弄死了窦武，却没有废掉窦妙的太后之位，只是不能临朝听政了。《后汉书》记：

窦氏虽诛，帝犹以太后有援立之功，建宁四年（171）十月朔，率群臣朝于南宫，亲馈上寿。——《后汉书·恒思窦皇后纪》

汉灵帝刘宏仍然感激窦太后"援立之功"，仍然很尊重她，似乎也可见他能被立是比较幸运的。

总之，立刘宏当皇帝实在是大败着！所谓："一人有庆，兆民赖之。"皇帝没找对人，天下便遭了殃，东汉之所以灭亡，此为一大原因。不过，也可能都是天命注定。早在汉桓帝即位时，洛阳城里便流传一首童谣：

城上乌，尾毕逋，公为吏，子为徒，一徒死，百乘车。车班班，入河间。河间姹女工数钱，以钱为室金为堂，石上慊慊舂黄粱。梁下有悬鼓，我欲击之丞卿怒。——《后汉书·五行一》

童谣不是儿歌，而类似谶语，它预言了汉灵帝和董太后的所作所为及所造成的百姓苦难。

"车班班，入河间"，是指皇室车队到河间国迎立刘宏。

"河间姹女工数钱"，是说董太后是个大财迷，她最大的爱好是钱，最大的享受是数钱。她的屋室里装满了钱，门堂里到处是金子，却一分钱都不舍得花，每天还是吃粗粮。

"石上慊慊舂黄粱"，黄粱就是黍米，算是老百姓的主粮，现在一般拿它做黏糕，偶尔吃点还行，吃多了不好消化。成语"黄粱一梦"就是说，小客栈老板在蒸黄粱饭，住店的书生睡着了，梦里不知身是客，中进士、娶贤妻、当大官，出将入相，建功立业，最后富贵圆满寿终正寝。梦醒，黄粱饭正好熟。这做饭的和做梦的自然都是社会底层的人，高层贵族都是吃净米白面的。东汉贵族常吃的应是大米，而董太后天天吃黄粱。总之，她是个特别贪财又特别吝啬的守财奴。

她为什么这样呢？可能是因为穷日子过怕了。虽然她是侯爵夫人，但是解渎亭侯太小了，食邑不过一亭，赶上年景不好，根本收不上地租来。而他们自己也不能种地，也不能经商，只能硬撑着。《史记》载：

诸侯贫者或乘牛车。——《史记·五宗世家》

西汉后期的很多刘姓诸侯穷得都只能坐牛车了，马车都坐不了了。解渎亭侯肯定也强不到哪儿去。他也没有什么实际权力。相对于京师的权贵们来讲，他们近乎社会的底层，还不如当地一些商贾的日子过得滋润。

所以，在小汉灵帝的心底，一直比较向往商贾的生活。《后汉书》记：

灵帝数游戏于西园中，令后宫采女为客舍主人，身为商贾服。行至舍，采女下酒食，因共饮食以为戏乐。——《后汉书·五行一》

西园大致是一处皇家园林，汉灵帝很喜欢待在里面。有一段时期，他把西园搞成一个集市的样子，街道两边设好多酒楼，每个酒楼上都有一帮宫女扮作花枝招展的女招待，他自己则一身商贾打扮，乘坐一辆四头白色毛驴驾辕的豪车。

驾四白驴，躬自操辔，驱驰周旋，以为大乐。——《后汉书·五行一》

他亲自驾车，大鞭子一挥：驾！

四个大白毛驴昂首而鸣，嗖地蹿出去，那感觉，爽！到了酒楼之下：吁！

门口一排美女招手、鞠躬：欢迎光临！老板好，楼上请。

然后，左拥右抱，歌舞表演，酒池肉林。

灵帝好胡服、胡帐、胡床、胡坐、胡饭、胡箜篌、胡笛、胡舞。——《后汉书·五行一》

他特别喜欢洋玩意儿，当时叫"胡"玩意儿，饮食、娱乐、音乐，等等，都得是"胡"的。

京都贵戚皆竞为之。——《后汉书·五行一》

带动着整个上流社会都崇胡媚外，也都改骑驴、乘驴车，还有给狗戴帽子穿衣服的，也因为汉灵帝这么玩。

于西园弄狗，著进贤冠，带绶。——《后汉书·孝灵帝纪》

狗身上都给穿一身官服。"狗官"之谓，盖由此出。

还说董太后。俗谚："草望春，人望富。"爱钱、盼富，是穷人骨子里的情结。董太后的穷日子当然比儿子过得更久，她就更加爱钱。《后汉书》说她：

及窦太后崩，始与朝政，使帝卖官求货，自纳金钱，盈满堂室。——《后汉书·孝仁董皇后纪》

窦太后是在汉灵帝即位的第四年死的。就在她死的前一年，董太后的哥哥董宠被处死，具体原因史书未细讲，不过，可以看出那时董太后说话还不管用。窦太后死后，董太后说话管用了，就开始教汉灵帝：儿啊，咱当了皇帝，有权不使过期作废，得想办法搂钱。

谁生的随谁，汉灵帝点头：娘，您说得对，咱不能再过以前的穷日子了，得弄钱。

史书讲：

初，帝为侯时常苦贫，及即位，每叹桓帝不能作家居，曾无私钱，故卖官聚钱以为私藏。——《资治通鉴·汉纪四十九》

大意是，汉灵帝笑话汉桓帝不会过日子，手底下一点儿私房钱都没存下。他不能再这样了，必须存私房钱。

皇帝的私房钱是怎么回事？大致来讲，当时整个国家财政，包括皇粮国税等各种大宗收入和军费、工资等各种大宗支出，都由大司农掌管。皇室的各项支出则有少府掌管，少府的收入主要靠山海池泽之税和郡国进贡的财物。皇帝花的钱都要走少府的账，并没有私房钱。钱要是不能攥在自己手里，还叫自己的钱吗？怎样才能攥到自己手里，存私房钱呢？直接从少府或大司农划拨行不？汉灵帝一想：不行，现在天下花钱的地方那么多，我哪能占作私用啊，那不成昏君了吗？我得自己开辟新的财源。我卖官！无本万利。

光和元年（178），即汉灵帝即位后的第十年，开始卖官。

是岁，初开西邸卖官。入钱各有差：二千石二千万；四百石四百万；其以德次应选者半之，或三分之一；于西园立库以贮之。——《资治通鉴·汉纪四十九》

他卖官还挺讲究。一是明码标价，二千石，太守级别的，卖二千万；四百石，县令级别的，卖四百万。如某人有德有才，早应提拔到这个级别，没问题，不用付全款，五折优惠。

什么？五折还嫌贵？我一咬牙一跺脚——三折！这是最低价了，你若还不要那就算了。再有，你这个县令可不是一般的县令，那个县有钱，老肥了，别人有出八百万买的，你知道不？你现在凑不出这么多钱，没问题，你可以先赊着，等你到任之后，捞足了，连利息一块儿还我就行。

以上并非我的发挥，史书就是这么写的，说汉灵帝卖官：

随县好丑，丰约有贾。富者则先入钱，贫者到官然后倍输。——《资治通鉴·汉纪四十九》

总之，他真是没白穿商贾服，天生就是干买卖的材料。

以上所卖都是二千石以下的官职，是公开卖的，此有故事可参。西汉有"赀选制度"，汉文帝、汉景帝都颁布过"卖爵令"，汉武帝打匈奴，国库空虚，更是放开了卖爵位。当然，卖官与卖爵不同。更主要的不同是，最后卖的钱，文帝、景帝、武帝都充实国库，汉灵帝则都装进了自己的小金库，"于西园立库以贮之"。

钱放在西园的小金库里，汉灵帝还是有点儿不放心。

复臧寄小黄门常侍钱各数千万。——《后汉书·张让传》

他给心腹太监每人各数千万：你们给我放着吧。

更可笑的是，他还回老家河间国去买房子置地。

又还河间买田宅，起第观。——《后汉书·张让传》

与文帝、景帝、武帝的操作还有一点不同，汉灵帝私下竟连公卿也卖。

私令左右卖公卿，公千万，卿五百万。——《资治通鉴·汉纪四十九》

这是不公开的，都是通过手下太监、乳母等亲信，私下交易。《后汉书》记：

是时，段颎、樊陵、张温等虽有功勤名誉，然皆先输货财而后登公位。——《后汉书·崔寔传》

段颎是著名的"凉州三明"之一，一代名将，战功卓著，他在汉灵帝时官至太尉，位列三公，也是交了钱的，光有功劳没用。别人也一样，想做司徒、司空、太尉，都得交钱。当时有个叫崔烈的高官，系出名门。

有重名于北州，历位郡守、九卿。——《后汉书·崔寔传》

他既有资历，又有官声口碑，顺理成章就该升任三公，可也必须先交钱。

烈时因傅母入钱五百万，得为司徒。——《后汉书·崔寔传》

崔烈无奈，私下给汉灵帝的乳母程夫人送了五百万，终于升任司徒。正式任命仪式场面盛大，崔烈位极人臣，春风满面，下面文武百官仰视，上面汉灵帝瞅在眼里却有点酸溜溜，不禁叹息：

悔不小靳，可至千万。——《后汉书·崔寔传》

唉，咱卖便宜了，这个司徒卖一千万一点问题也没有啊。可惜了！

旁边程夫人一拨拉脑袋：拉倒吧，您是不知道，这个姓崔的老拿自己当人了，说自己是名士，得有节操，不能买官。要不是我好说歹说连哄带吓唬，这五百万他还不出呢！

崔烈确实算是要脸的人，颇以买官为污点，害怕清议。有一次，他问儿子崔钧：为父荣任司徒，你可知外界有何议论？

崔钧实话实说：以您早先的声誉和政绩，本是众望所归。

今登其位，天下失望。——《后汉书·崔寔传》

如今，您当上了司徒，天下人反而很失望。

崔烈问：因何失望？

崔钧答：

论者嫌其铜臭。——《后汉书·崔寔传》

崔烈恼羞成怒。

举杖击之。——《后汉书·崔寔传》

抄起手杖就打。

崔钧扭头就跑，甩头说：

舜之事父，小杖则受，大杖则走，非不孝也。——《后汉书·崔寔传》

孔圣人说过：大舜当年，他爹要打他，要是看发的火小，拿的棍子小，打两下不要紧，就挨着。要是看发的火大，拿着大棍子要往死里打，就得跑。不然，真要打死，他爹得多难受，那才叫不孝。我说您铜臭，看您这就是要打死我的节奏，我当然得跑。

挺有意思，他们崔家人都有大文才，借此略叙之。《后汉书》记：

崔氏世有美才，兼以沉沦典籍，遂为儒家文林。——《后汉书·崔寔传》

崔家好几代都出大文人，大才林立。往前的不说，就说崔烈的爷爷崔骃，就是跟班固"同时齐名"的大才。《后汉书》收录崔骃的两篇文章，都写得极好。一篇叫《达旨篇》，里面写有：

道贵从凡。——《后汉书·崔骃传》

道无常稽，与时张驰。失仁为非，得义为是。君子通变，各审所履。——《后汉书·崔骃传》

彼采其华，我收其实。——《后汉书·崔骃传》

臧否在予。——《后汉书·崔骃传》

这些，都极富深义。

另一篇是给窦宪的劝诫之文。他跟班固同为窦宪文胆，担心窦宪骄狂致败，就写了这么一篇。开篇先讲：

骃闻交浅而言深者，愚也；在贱而望贵者，惑也；未信而纳忠者，

谤也。——《后汉书·崔骃传》

意思是，我追随您的时间还很短，而且身份低微，对领导层的事情没有什么发言权，也没有帮您做过什么出彩的事情，现在就贸然提意见，要搁一般人来讲，这是很不明智的，很可能引起对方反感或误解，但您是伟大的人，一定能体谅我这番忠心吧。

传曰：生而富者骄，生而贵者傲。生富贵而能不骄傲者，未之有也。——《后汉书·崔骃传》

古书上说：一个人的出身太好，家里太有钱，或者官太大，那这个人很难不骄傲。

而人一骄傲就容易出事，比如前朝那些外戚豪族。

汉兴以后，迄于哀、平，外家二十，保族全身，四人而已。——《后汉书·崔骃传》

整个西汉朝所有的外戚，只有汉景帝的王皇后，汉宣帝的许皇后、王皇后，还有汉哀帝的母亲丁姬等四家外戚落了囫囵的，家人都一点事没有，其他的，重的被满门抄斩，轻的也得死一两个的，结局都很惨。殷鉴不远，你们老窦家也得千万小心！

窦氏之兴，肇自孝文。二君以淳淑守道，成名先日；安丰以佐命著德，显自中兴。——《后汉书·崔骃传》

老窦家最早发家于汉文帝时，汉文帝的窦皇后的两个弟弟窦长君、窦广国都是老实人，老老实实待在封地，一辈子也不参与政治，稳稳当当保国传家，很难得。只有一个窦婴热衷政治，还强出头，死得就很惨。后来，到了安丰侯窦融，也是有大智慧，身居三公之位，小心谨慎。

内以忠诚自固，外以法度自守。——《后汉书·崔骃传》

内心对皇帝保持忠诚，平常做什么事都谨守法度、规矩，得以保住家门地位。

夫谦德之光，周易所美；满溢之位，道家所戒。——《后汉书·崔骃传》

《周易》六十四卦每卦六爻各有吉凶，唯谦卦六爻皆吉。道家对此讲得最多、最透。

老子曰：富贵而骄，自遗其咎。功成名遂而身退，天之道也。——《后汉书注》

故君子福大而愈惧，爵隆而益恭。——《后汉书·崔骃传》

君子是越有钱就越低调，官儿越大就越谦虚，日子过得越幸福就越加小心。历史上这方面的故事、经验太多了，经典中俯拾皆是，您应当都知道，我就不细说了。

矜矜业业，无殆无荒。如此，则百福是荷，庆流无穷矣。——《后汉书·崔骃传》

总之，希望您听从我的劝诫，戒骄戒躁，谦虚谨慎，勤劳实干，则幸福必将陪伴终生，家门将长葆荣光。

可惜，这么好的文章，窦宪非但没有重视，反觉恼火，崔骃随即被疏远，也正好未受窦宪败亡的牵累，终老于家。

崔骃之子崔瑗也是大才，曾经为兄报仇，手刃仇人，后被征辟，历任太守等。最值得一说的是，他是中国书法史上的著名人物。唐朝怀素狂草名作《自叙帖》中称：

夫草稿之作，起于汉代，杜度、崔瑗，始以妙闻。——《自叙帖》

杜度和崔瑗是史上最早的草书名家。杜度稍前，是汉章帝的大臣，然无作品传世，且所习为章草。崔瑗则有作品传世，而且是后世流行的今草，被收录于宋刻淳化阁帖中，名为《贤女帖》。所谓字如其人，虽是刻本，千载之下仍能感受到他的一丝生命气息。乍一看，很像书圣王羲之的字，实际上，王羲之的草书主要就是学他的。

崔瑗还写过一部《草书势》，很可能是史上第一部书法理论著作，可惜没有传下来。他传下来的是史上第一篇座右铭，被收录于《昭明文选》，标题即《座右铭》：

无道人之短，无说己之长。施人慎勿念，受施慎勿忘。世誉不足慕，唯仁为纪纲。隐心而后动，谤议庸何伤？无使名过实，守愚圣所臧。在涅贵不缁，暧暧内含光。柔弱生之徒，老氏诫刚强。行行鄙夫志，悠悠故难量。慎言节饮食，知足胜不祥。行之苟有恒，久久自芬芳。——《座右铭》

大致是说，要谨言慎行，要谦虚低调，要知足常乐，要走正道。"行之苟有恒，久久自芬芳。"说得多好！

崔瑗六十六岁去世，临死前嘱咐儿子崔寔：

夫人禀天地之气以生，及其终也，归精于天，还骨于地。何地不可臧形骸，勿归乡里。其赗赠之物，羊豕之奠，一不得受。——《后汉书·崔瑗传》

大意是，哪儿死哪儿埋，别再回老家涿郡发送了，就把我埋在洛阳吧。也不用搞什么祭奠活动，杀羊宰猪之类的都没必要。亲友给咱随礼随份子也一概不要。简简单单的，最好。

《后汉书》记：

瑗爱士，好宾客，盛修膳，单极滋味，不问余产。居常蔬食菜羹而已，家无担石储，当世清之。——《后汉书·崔瑗传》

崔瑗平日太好亲好友了，仁不主财，手里没攒下什么钱。所以，希望家人给自己办丧事，尽量节俭。

然而，时有厚葬之风，最终，崔寔把宅子地都卖了，把家里所有的钱都花光，才把丧事办完。

剽卖田宅，起冢茔，立碑颂。葬讫，资产竭尽。——《后汉书·崔寔传》

随后，家里没钱了，怎么生活呢？干小买卖。

因穷困以酤酿贩鬻为业。时人多以此讥之。寔终不改。——《后汉书·崔寔传》

崔寔开始酿酒卖酒。当时的社会风气，对经商是很看不起的。崔寔不管这个，特立独行，很务实。不过，多多少少也受时风影响，并不以经商为事业，只求糊口而已，没挣什么钱。随后被征辟，入仕为官，历任太守等，也一直没钱，死时比乃父当年还穷。

家徒四壁立，无以殡敛。——《后汉书·崔寔传》

身后也留下一篇不朽文章，名为《政论》，三国大才子仲长统对其推崇备至，称：

凡为人主，宜写一通，置之坐侧。——《后汉书·崔寔传》

凡做领导者，都应把这篇《政论》抄在墙上，每天瞅瞅。

《政论》给我印象深刻的是这句话：

凡为天下者，自非上德，严之则治，宽之则乱。——《资治通鉴·汉纪四十五》

这与拙著《历史的精髓》所讲的"人治靠狠"差不多的意思。崔寔指出，当年汉文帝废除肉刑，并不是放松了法治，而是更严了。此前，一个罪犯受肉刑，可能砍掉脚趾就可以了，汉文帝时没有肉刑，可能直接就给砍头了。所以，实现"文景之治"的秘密在于：

文帝以严致平，非以宽致平也。——《资治通鉴·汉纪四十五》

对此，司马光比较赞同，他进一步讲：

孔子曰："政宽则民慢，慢则纠之以猛；猛则民残，残则施之以宽。宽以济猛，猛以济宽，政是以和。"斯不易之常道矣。——《资治通鉴·汉纪四十五》

宽猛相济，法治加礼治，这是中国古代政治的大道。

我把仲长统的事迹放到三国讲述，《后汉书》第四十九卷为其与大学者王充、王符合传，卷末记范晔史论之精彩冠绝全书，略补缀于此。范晔讲：

百家之言政者，尚矣，大略归乎宁固根柢，革易时敝也。——《后汉书·仲长统传》

大意是，古来论为政之道，归其大要无非强调两点：一是"宁固根柢（底）"，打牢基础，保持稳定；二是"革易时敝"，不断改革，不断解决发展中的问题。

然多谬通方之训，好申一隅之说。贵清静者，以席上为腐议；束名实者，以柱下为诞辞。——《后汉书·仲长统传》

然而，具体到某一家、某一派的思想，虽各有精到之处，却又难免有偏颇之嫌。比如，在黄老道家一派看来，儒家的思想都迂腐狭隘，不够精妙；在儒家看来，道家思想则太虚妄，不切实际。

或推前王之风，可行于当年，有引救敝之规，宜流于长世。稽之笃论，将为敝矣。——《后汉书·仲长统传》

有人想总结前代的经验，行之于当下；也有人想总结当下的经验，垂范于将来。这不对。"稽之笃论，将为敝矣！"所有成功的经验，一旦想把它固定下来，就会变成坏的。

如以舟无推陆之分，瑟非常调之音，不限局以疑远，不拘玄以妨素，则化枢各管其极，理略可得而言与？——《后汉书·仲长统传》

大意是，没有一劳永逸的治理模式，没有终极结论，历史永远在不断探索中前进！

四十六、皇甫规毛遂自荐

汉灵帝在位二十二年，于中平六年（189）四月驾崩。在此五年前，张角领导的黄巾起义席卷八州，已然天下大乱；在此一年后，董卓迁都长安，东汉名存实亡。因此，汉灵帝是名副其实的东汉亡国之君。

东汉之亡说到底是亡于吏治。党锢之祸中，把那么多优秀的人才杀掉或禁锢，实质是对赖以执政的官僚体系的严重削弱，是劣币淘汰良币。汉灵帝西园卖官则造成官僚体系的整体腐败。皇帝都卖官了，各级的官僚当然也卖官，不然他给皇帝的买官钱从何来？官吏们都如此不堪，在他们手中的维持社会公平正义的法治系统自然也完了。所以，崔寔《政论》强调：

凡为天下者，自非上德，严之则治，宽之则乱。——《资治通鉴·汉纪四十五》

严，表示整个法治系统是有效的；宽，其实常常意味着法治系统的失效。汉灵帝时期的"宽"，正是如此。《后汉书·灵帝纪》记载了数几次大赦，并写道：

令天下系囚罪未决入缣赎。——《后汉书·孝灵帝纪》

意思是，犯了罪，杀了人，只要交上钱，就可不受惩罚。

这能不天下大乱吗？老百姓没有王法可依靠，就只能依靠暴力。他会乐意臣服于有暴力背景的人物，或加入有暴力能力的组织，以赢得生存的保障。如果这个组织还能给人一些精神层面的慰藉，那就更完美了。因此，张角太平道和张脩的五斗米道很快便吸引了数以万计的人加入。

当然了，这些问题不能只怪汉灵帝。冰冻三尺，非一日之寒。汉灵帝即位时只有十二岁，此前，他只是一个近乎落魄的小贵族，没有受过帝王储君的教育，也谈不上什么见识。后来，突然被弄到了皇宫大内，坐上了皇帝的宝座，这时，他的身边仍然没有真正德高望重的硕学鸿儒和社稷重臣，围在他身边的只有一群穷奢极欲不学无术的坏太监！这帮太监从汉和帝时就已基本掌控皇权，在此前数次权力斗争中都轻而易举地胜出，积累了丰富的权力斗争经验，极其善于处理与皇帝及内朝、外朝关系。总之，他们完全可以把小汉灵帝玩弄于股掌之间。

史书记载，有一次，汉灵帝在皇宫里转着玩，转到一个大院里，看到大院里修了一座类似瞭望塔的候台，便兴冲冲地想登上去往皇宫外面看看。跟在后面的一群大太监立马紧张起来，都怕灵帝看到他们各家的豪宅，有的比皇宫都气派。有个大太监急中生智，急忙上前劝止：且慢，您千万别上去。古人有个说法：

天子不当登高，登高则百姓虚散。——《后汉书·张让传》

皇帝要是登高，老百姓们就会散掉，就要乱套。

汉灵帝赶紧不登了：哦，这是哪部经典所记？

太监答：回去我给您找找看吧。反正，咱千万别上去。

汉灵帝真就乖乖听话，没上去。

自是不敢复升台榭。——《后汉书·张让传》

从此，他再也不敢往高的亭台楼榭上站了。

按《后汉书注》，当时可能真有本古书上有类似说法。

春秋潜潭巴曰：天子无高台榭，高台榭，则下畔之。——《后汉书注》

这应当是部纬书，话的原义是讲，皇帝不宜大兴土木建设亭台楼榭，这样会劳民伤财，让老百姓不满。太监们生生给解释成了不能登高，汉灵帝则深信不疑。这也说明，汉灵帝平日对太监们有多么信任，可以说是情同家人一般。汉灵帝甚至亲口讲过：

张常侍是我公，赵常侍是我母。——《后汉书·张让传》

中常侍张让是我爹，中常侍赵忠是我妈。

他说这话时，已不是十二三岁刚即位时的小孩子，那时领头的大太监是曹节和王甫，还轮不到张让和赵忠。

太监集团也是江山代有才人出，各领风骚十几年，长江后浪推前浪，一浪更比一浪高。张让、赵忠等所谓十常侍，比前面那些太监更厉害，作得也厉害，各种贪腐，最终，簇拥着汉灵帝把东汉王朝断送。《后汉书·宦者列传》总结：

自古丧大业绝宗祀者，其所渐有由矣。三代以嬖色取祸，嬴氏以奢虐致灾，西京自外戚失祚，东都缘阉尹倾国。——《后汉书·张让传》

意思是，自古以来，王朝灭亡都有个由头。夏商周三代都是因为"嬖色"，帝王沉迷女色，夏朝的妹喜，商朝的妲己，西周的褒姒。然后，秦朝灭亡是因为"奢虐"，修长城、建陵墓，钱穆所谓"役使民力之逾量"，而且严刑峻法压得人民不能喘息。西汉灭亡是因为外戚做大，王莽篡汉。最后，"东都缘阉尹倾国"，东汉灭亡是因为太监。太监也是一种吏，也可归为吏治问题。

一般讲通史的，至此东汉就讲完了。我是"二般"讲通史的，还得把《后汉书》里有意思的人物和故事都讲完，如此才能对东汉的风貌有更形象的呈现。书接上回，汉桓帝时童谣讲：

城上乌，尾毕逋，公为吏，子为徒，一徒死，百乘车。车班班，入河间。河间姹女工数钱，以钱为室金为堂，石上慊慊舂黄粱。梁下有悬鼓，我欲击之丞卿怒。——《后汉书·五行一》

"城上乌，尾毕逋"，大致是预言汉灵帝和董太后高高在上疯狂敛财，不管下面人的死活。

"公为吏，子为徒，一徒死，百乘车"，大致是讲战争，父子都得上战场，死伤无数，车辚辚，马萧萧，西风胡树，大漠狼烟。

"梁下有悬鼓，我欲击之丞卿怒"，意思是，老百姓生活在水深火热之中，有那么多的黑暗、不公，还没地方说理儿去——我想跟父母官说道说道，他不但不让我说，还朝我发怒，要治我的罪！

于是，官逼民反，帝国内部的战争一点点在各地起来。同时，外部跟羌人、鲜卑、乌桓的战争几乎从未消停过。尤其跟羌人的战争，一直打得比较被动，主要原因可能是没有名将。而之所以不出名将，可能还是因为高层腐败，不能任人唯贤。不过，到汉桓帝时期，终于出了三位将领，其表现可圈可点，分别是皇甫规、张奂和段颎，因他们都是凉州人，并且名字中都带个"明"字——皇甫规字威明，张奂字然明，段颎字纪明，故史称"凉州三明"。

先说皇甫规。他是将门之后，祖父皇甫棱做过度辽将军，父亲皇甫旗做过扶风都尉，他自己的故事，从三十七岁开始。那是永和六年（141），羌人反叛，大举进攻凉州各郡和三辅地区，皇甫规的家乡安定郡一度被围困。当时，汉顺帝派征西将军马贤带兵前来平定。皇甫规作为当地精英跟马贤等将领有所接触，发现他们不是那么回事儿，肯定得败，赶紧上书朝廷提醒，却不被理会。不久，马贤和两个儿子一起战死，大败，羌人甚至打到了长安。皇甫规则被郡守任命为功曹，带领吏民击退了进攻安定的羌人。整体战局仍很糟糕。

规乃上疏求乞自效。——《后汉书·皇甫规传》

皇甫规再次上书朝廷，毛遂自荐，请求带兵。他分析了羌人反叛及做大的原因：

羌戎溃叛，不由承平，皆由边将失于绥御。乘常守安，则加侵暴；苟竞小利，则致大害。微胜则虚张首级，军败则隐匿不言。——《后汉书·皇甫规传》

意思是，羌人反叛，都是咱给逼的。咱边地的将领、官员老是欺负人家，出了事也不能通过协商解决，所以就打起来了。然而，打个小胜仗就上报成大胜仗，吃了败仗就隐瞒不报，致使朝廷不能及时应对，以致难以收拾。怎么办呢？看我的吧！

土地山谷，臣所晓习；兵势巧便，臣已更之。——《后汉书·皇甫规传》

我就是这边土生土长的，地形地势、风土人情、羌人各方面的情况，等等，我都太熟悉了，又有击退羌人的实战经验，恳请朝廷拨给我五千兵马，我保证能搞定他们！

朝廷还是没理他。

过了几年，建康元年（144），汉冲帝即位后诏举贤良方正，四十岁的皇甫规被安定郡举荐上来。中间须对策，皇甫规在策论中直言进谏：

夫君者，舟也；人者，水也。群臣，乘舟者也；将军兄弟，操楫者也。——《后汉书·皇甫规传》

水可载舟，亦可覆舟。最早说这话的应是孔子，《孔子家语》载：

孔子曰：夫君者，舟也；人者，水也。水可载舟，亦以覆舟。——《后汉书注》

皇甫规说：现在驾驶这条舟的人正是梁太后和大将军梁冀，你们兄妹拿着桨，掌着舵，可得千万小心，别翻了船！

皇甫规就怎样别翻船，直言不讳地提了一大通意见，最后说：

臣诚知阿谀有福，深言近祸，岂敢隐心以避诛责乎！——《后汉书·皇甫规传》

意思是，我知道提意见的都没有好下场，拍马屁才有好前程，可我不能昧良心，希望太后、大将军体谅。

梁冀很恼火。

以规为下第，拜郎中。——《后汉书·皇甫规传》

勉强给皇甫规在朝中安排了个闲职，然后就要找机会弄死皇甫规。皇甫规赶紧称病辞官，逃回老家。

凉州和安定郡的官员都知道拍马屁才有好前程，也都要整死皇甫规，以讨梁冀的欢心。

州郡承冀旨，几陷死者再三。——《后汉书·皇甫规传》

皇甫规在当地有些根基，勉强保住了命。不过，随后的梁冀掌权时期，他空有一腔报国热血，在家里坐了十几年冷板凳。

遂以诗、易教授，门徒三百余人，积十四年。——《后汉书·皇甫规传》

他有学问，教了十四年书。

直到梁冀倒台后的第二年，泰山郡有造反的，朝廷派去一员大将制不住，于是汉桓帝直接征拜已经五十六岁的皇甫规为泰山太守。正所谓："老将出马，一个顶俩。"皇甫规终于可以为国带兵，到任之后，立马搞定。

转过年来，已经五十七岁的皇甫规再次上书朝廷，毛遂自荐，希望能回凉州带兵，平定羌人之乱。他说：

臣穷居孤危之中，坐观郡将，已数十年矣。——《后汉书·皇甫规传》

我在凉州待了多半辈子，位卑未敢忘忧国，数十年来时时刻刻都在想为国效力，冷眼旁观咱的官和将，他们哪里做得好、有成效，哪里做得不好、胡来，我都清清楚楚；羌人那边的情况，我也了然于心。我早已准备好了，请您快点用我吧，让我发挥才能，为国为民做出贡献吧！

读史至此，不禁掩书长叹。拙著《人生四书》里有一篇《可爱的孔子》。有一次，有个叫公山弗扰的家伙盘踞在一座城池，要对抗的是鲁国执政官季桓子，他派人来请孔子入伙。孔子竟然打算答应，大徒弟子路立马烦了：老师，您这脑袋是不是让驴踢了？公山弗扰是个什么玩意儿，您竟然要去辅佐他？

孔子弄了个大红脸，叹口气：唉！好吧，我不去了。唉！

如有用我者，吾其为东周乎？——《论语·阳货》

我空有一身学问、才能，可没人用我啊。谁要是给我机会，让我施展出来，就像当年周文王用姜子牙似的，我保证也给他一个周王朝。

又有一次，有个叫佛肸（xī）的家伙邀请孔子辅佐自己，孔子又想去，又被子路给拦下了。孔子又发一通感慨：

吾岂匏瓜也哉？焉能系而不食？——《论语·阳货》

我不是个只能看、不能吃的葫芦，我一辈子的学问不是用来扯淡的，而是要治国平天下的啊。唉，谁用我？

还有一次，子贡来找孔子。

子贡曰：有美玉于斯，韫椟而藏诸？求善贾而沽诸？子曰：沽之哉！沽之哉！我待贾者也。——《论语·子罕》

子贡说：老师，我这有一颗美玉。您说，我是弄个漂亮盒子把它收藏起来，还是找一位懂行的商人，把它沽出去？

沽就是卖的意思。

孔子说：当然是卖出去，要让人们都能一起来欣赏这块美玉。沽之哉！沽之哉！卖美玉喽，卖美玉喽，我这块美玉谁来买？

皇甫规这篇自荐书的最后，还有一句话说得挺好：

力求猛敌，不如清平；勤明吴、孙，未若奉法。——《后汉书·皇甫规传》

意思是，要想彻底解决羌人问题，靠什么？靠像吴起、孙武那样的名将精兵来武力镇压吗？不是，名将精兵只能管得了一时，管不了一世。最终，要靠政治清平，依法办事，互相尊重，要靠和平的方式才能实现和平。

汉桓帝不愧汉之中主，立即批准：升皇甫规为中郎将，持节监关西兵，将全部应对羌人的军队交给他。

皇甫规终于大展才能。到任之后，先猛打，打了一个大胜仗，随后展开政治手段。

诸种羌慕规威信，相劝降者十余万。——《后汉书·皇甫规传》

他很快便把羌乱搞定。随后，他继续坐镇凉州，当地的百姓生活终于重上正轨，逐渐恢复了安宁。然而，汉桓帝却不满意了。

天子玺书诮让相属。——《后汉书·皇甫规传》

经常发来诏书，把皇甫规批评、质问一通。为啥呢？因为太监。皇甫规大力整顿凉州吏治，举奏查处贪官污吏；同时，坚决不给太监送礼。于是，凉州贪官联合太监向汉桓帝进谗言，说皇甫规收服羌人全靠砸钱收买，羌人只是"文降"，是奔着钱来做做样子，不是真投降。汉桓帝质问皇甫规。皇甫规解释：我拿什么钱去收买羌人？我自己穷得叮当响，公家的钱都有账，您可以派人查。退一万步讲，即便像他们说的，我是拿钱收买了羌人，这也不算罪过吧。

前世尚遗匈奴以宫姬，镇乌孙以公主。——《后汉书·皇甫规传》

西汉朝不还把公主嫁给匈奴、乌孙吗？是不是还不如拿钱收买体面？这些年，咱打羌人花的开销把国库花光了。我要是花个一两千万就把这个事儿了结了，有问题吗？

汉桓帝词穷：好吧，你也算大功告成了，回朝吧。

皇甫规回到朝中，本可以平羌之功封侯。当时的两个大太监徐璜和左悺第一时间派人来道喜：恭喜皇甫将军，您这封侯在即，我们公公最近花销大，您看能不能给贴补贴补？什么？没钱？等您封了侯,有食邑、封地，要多少钱没有啊。当然，我们公公要是不高兴，您这个侯也未必封得了。

皇甫规断然拒绝。结果，他非但没被封侯，还被安了个罪名，被关进大牢。

诸公及太学生张凤等三百余人诣阙讼之。会赦，归家。——《后汉书·皇甫规传》

多可悲。幸亏当时的几个忠臣领着三百多个太学生给他求情，而且正赶上一次大赦，皇甫规才被释放，回到家中。

过了不到一年，已经六十岁的皇甫规被再次征召，做度辽将军，继续到北方边塞带兵。后历任使匈奴中郎将、护羌校尉等军职，直到七十一岁去世。其间，第一次党锢之祸时，他未被列为党人，深以为耻：党人都是名士贤良，我怎么能不被列为党人呢？

于是，他平生第三次上书朝廷毛遂自荐，请求把他作为党人抓起来。朝廷没理会。由此似乎也可见，汉桓帝搞的第一次党锢之祸并不严重，在时人的预期里就知道汉桓帝不会杀掉党人，不然，皇甫规应不敢这么玩。第二次党锢之祸时，皇甫规仍没有被列入党人，他就不敢自荐了。另外，他到死也没跟太监妥协，而太监也没再拿他怎样，甚至他想辞官都不行。有一段时间，皇甫规连辞了好几次，朝廷也不批准。他便故意擅离军营，同时授意一人去跟并州刺史打小报告：皇甫规竟敢擅离军营，您得上报朝廷，罢他的官，治他的罪。

刺史一拨拉脑袋，哈哈大笑：别，你们蒙不了我，想辞官，也不至于这样啊。

吾当为朝廷爱才，何能申此子计邪？——《后汉书·皇甫规传》

我得帮着朝廷爱护这个难得的将才，才不会上报这件事儿呢。

在那么腐败黑暗的政治环境里，一个真正的国之爪牙照样能有他稳固的地位！所以，你若怀才不遇也不必怨天尤人，功到自然成，是金子早晚会发光。

四十七、凉州三明

皇甫规还有一件令人称道的事，那就是举荐了"凉州三明"中的然明张奂。

张奂跟皇甫规同岁，永元十六年（104）出生于凉州敦煌郡渊泉县，其父曾任汉阳太守，他从小就胸怀大志，曾跟朋友豪言：

大丈夫处世，当为国家立功边境。——《后汉书·张奂传》

男人就该去战斗，要成为国之爪牙，效力于沙场。

然而，直到四十多岁，他还只是一介文人，后因精研《尚书》颇负时名，而获大将军梁冀辟举入仕，永寿元年（155）始任安定属国都尉，到西部边郡带兵，终于实现少年梦想。这一年，他已经五十二岁。随后，他有勇有谋，屡立战功，又任使匈奴中郎将。

延熹二年（159），梁冀被灭，张奂受牵累，被免官禁锢。当时，没人敢为他说话，没人敢再举荐他，只有新晋名将皇甫规前后七次上书汉桓帝：张奂虽为梁冀所辟举，而平素并无瓜葛，将才难得，应予重用。

汉桓帝同意，重新起用张奂任凉州武威太守。

于是，在家里赋闲了四年后，张奂赴任武威。当地有个坏风俗：

其俗多妖忌，凡二月、五月产子及与父母同月生者，悉杀之。——《后汉书·张奂传》

凡是在二月、五月及父母出生月份出生的孩子，都被看作大不祥，必须弄死！

对如此野蛮、残忍的风俗，张奂深恶痛绝。

奂示以义方，严加赏罚，风俗遂改。——《后汉书·张奂传》

他主要做了两方面的工作：一是"示以义方"，即大力宣传正确理念来引导；二是"严加赏罚"，即靠法律的硬手段来控制。如此两手抓，将其禁绝。

前述任延兴婚礼、贾彪禁杀婴、周举改寒食皆与此类似，古代政治对移风易俗始终非常重视，朱熹之所以注解《四书》，他自称这样做有补于"国家化民成俗之意"，曾国藩讲官员最重要的三项工作是致贤、养民、正风气。

延熹九年（166），已经升任大司农的张奂再次以九卿身份被派到边郡，统率整个北部边防军，防御入侵的鲜卑及乘势而起的南匈奴、乌桓、东羌、先零等。

匈奴、乌桓闻奂至，因相率还降，凡二十万口。奂但诛其首恶，余皆慰纳之。——《后汉书·张奂传》

南匈奴和乌桓一听张奂来了，立马归降。张奂没为难他们，只是杀掉几个特别坏的头领，别的都"慰纳之"，奖励了不少东西。这体现了张奂以招抚为主的战略思想，用政治怀柔手段来解决跟少数民族之间的矛盾。他在带兵早期就有一个这方面的著名故事，叫作酹酒还金。有一次他招抚羌人，一律赦过宥罪。羌人很感激，几个首领给张奂送来了二十匹好马和八块大金饼。张奂设宴款待。

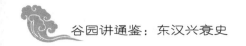

以酒酹地曰：使马如羊，不以入厩；使金如粟，不以入怀。——《后汉书·张奂传》

他把酒洒在地上，立誓：各位羌人兄弟，我张奂绝不是贪财之辈。我手下经管的好马多的是，跟羊群似的，可从未有一匹牵回自己家里。我手下经管的金钱也多得是，跟粮食似的，论麻袋装，可从未有一个铜板揣到自己兜儿里。我们大汉朝更是如此！我们怎么会要你们的马和金子呢？一会儿你们都带回，什么也不如咱们和平、和睦更值钱。

奂正身絜己，威化大行。——《后汉书·张奂传》

张奂以自身的人格魅力来感化羌人，效果很好。

当然，也不是谁都能被感化、招抚，鲜卑就不吃这套，因为他们已经做大了，太强大了！

鲜卑最早本是被匈奴冒顿打败的东胡，跟乌桓同为东胡残余。

鲜卑者，亦东胡之支也，别依鲜卑山，故因号焉。——《后汉书·鲜卑传》

当年，乌桓那一支逃到了乌桓山，因山为号，故称乌桓。鲜卑这支人逃到了鲜卑山，故称鲜卑。此前，他们要么依附匈奴，要么依附汉朝，一直相对弱小。到了张奂生活的年代，鲜卑已壮大崛起，因为他们出了一位了不起的首领檀石槐。檀石槐跟冒顿一样，有雄才大略，带领鲜卑近乎达到了原来匈奴最强盛的状态。不过，他们对张奂也是敬畏三分，起码在张奂手里讨不着什么便宜，所以这一次，一看张奂来了，他们也撤了。

而东羌和先零羌则不肯善罢甘休，因为羌人部落众多，有的好招抚，有的则不易招抚，而且招抚也并非一劳永逸，赶上出个什么问题就又起来了。这一次的东羌和先零羌闹得凶，寇掠关中。张奂见招抚不行，便改硬打。

奂遣司马尹端、董卓并击，大破之，斩其酋豪，首虏万余人，三州清定。——《后汉书·张奂传》

注意，董卓登场了！张奂派董卓和另一位大将一起大破羌人，斩杀上万，将羌乱平定。

有此军功，张奂本可封侯，却也因为不肯摧眉折腰事太监，而错失。因此，他是恨太监的。然而，如前所述，他刚刚凯旋回到洛阳，就稀里糊涂地站到了太监一边，致使窦武败死。然后，以护驾有功，小汉灵帝又要给他封侯，他坚辞不受：我竟然被太监当刀使了，残害忠良，我要再接受封侯，那不得背万世骂名。

他随即上书，请求朝廷给窦武、陈蕃平反，重用李膺等党人。

不久，第二次党锢之祸起，已经六十六岁的张奂被列为党人免官禁锢。随后，直到七十八岁去世，一直在家乡闭门教书、著书，回归到文人学者状态，一如曾国藩所谓："千秋邈矣独留我，百战归来再读书。"

本是读书人，还是读书人。张奂的两个儿子也都是了不起的读书人。

长子芝，字伯英，最知名。芝及弟昶，字文舒，并善草书，至今称传之。——《后汉书·张奂传》

两个儿子都是大书法家，尤其大儿子张芝被称为"草圣"，千古一人。

张奂在罢官回家时，曾有人想乘机整死他，此人就是"凉州三明"中的纪明段颎。

段颎是个传奇。如果说"凉州三明"中张奂的学问最高，段颎则绝对是打仗最厉害的，是真正身经百战的战克之将。皇甫规、张奂都是儒将，是在后面指挥的，段颎则是身先士卒的。他是将门之后，曾祖父段会宗是做过西域都护的一代名将。

颎少便习弓马，尚游侠，轻财贿，长乃折节好古学。——《后汉书·段颎传》

他也不是大老粗，虽然从小骑马射箭，豪侠做派，但没少读书。举孝廉，入仕，做过小文官，干得也不错。不久，升任辽东属国都尉，开始在北部边塞带兵。

有一次，一支鲜卑骑兵南下来侵扰。段颎立即率军迎战。离鲜卑军还有一段距离时，探子回报：打探清楚了，这次鲜卑来的人不多，咱一上去，他们就得吓跑喽。

段颎拨拉拨拉脑袋：不行！吓跑了哪行，得全歼他们！

乃使驿骑诈赍玺书诏颎。——《后汉书·段颎传》

于是，段颎用计。他让人伪装成皇帝派来的驿骑，带着伪造的玺书，召他火速回朝。鲜卑中计，追击佯装撤退的段颎，进了埋伏圈，被一举全歼。

结果，朝廷非但没封赏他，还差点儿砍了段颎的脑袋，因为他伪造玺书是重罪。只是，看在有战胜之功的分上，才将他从轻发落。

刑竟，征拜议郎。——《后汉书·段颎传》

汉朝干部管理制度非常灵活、人性化，官员能上能下。段颎结束刑期不久，永寿二年（156），再度被汉桓帝任命为中郎将，带兵平定了泰山郡和琅邪郡的一场叛乱，斩首万余，获封列侯。太监们应当没有阻挠，从后来的情况看，段颎跟太监的关系一直很好。

延熹二年（159），段颎出任护羌校尉，到西部边塞带兵，镇压、打击反叛的羌人部落。到任当年，便打了两场大胜仗。次年初春，又开打了一场大仗，打得非常激烈，史书的记载让人看着热血沸腾。

颎下马大战，至日中，刀折矢尽，虏亦引退。颎追之，且斗且行，昼夜相攻，割肉食雪，四十余日，遂至河首积石山，出塞二千余里，斩烧何大帅，首虏五千余人。——《后汉书·段颎传》

在西部初春的冰天雪地里，段颎带着汉朝军队与羌人进行着殊死战斗。段颎身先士卒，亲自冲在最前面，抡大刀，近身肉搏。他们不分昼夜连续作战，克服战场上的一切困难，没有粮草了，就"割肉食雪"，割战马的肉，割战俘的肉，对羌人穷追猛打，一直追到了当时所认为的黄河源头积石山，出塞二千多里，终于把这支烧何羌消灭掉，击毙其首领，斩首五千多人。转回头，又打石城羌、烧当羌、勒姐羌、零吾羌等，各个击破，斩首数千。

段颎任护羌校尉的第三年，因手下归服的义羌叛乱，被再次治罪，押回洛阳。羌人各部顿时失控，就在这时，如前述，时任泰山太守皇甫规毛遂自荐，接掌凉州军务，恩威并用，重新平定羌人各部。然因太监谗言，两年后，皇甫规又被调回朝廷，羌人又起来了，声势更大了。

凉州几亡。——《后汉书·段颎传》

整个凉州眼看都要成羌人的了。

于是，段颎再任护羌校尉，他连战四年。

凡破西羌，斩首二万三千级，获生口数万人，马牛羊八百万头，降者万余落。——《后汉书·段颎传》

西羌于此弭定。——《后汉书·段颎传》

段颎不讲究招抚怀柔等政治手段，一味生打，四年下来，西羌所有部落全被打服，凉州战事基本结束。

段颎获都乡侯，邑五百户。

不过，跟羌人的战争还没完。因为平了西羌，还没平东羌。东羌大致是生活在凉州东部和并州、关中地区的一些羌人部落，时常“寇扰三辅”，威胁关中地区。皇甫规、张奂采用招抚手段，效果并不理想，东羌总是“既降又叛”，反反复复。汉桓帝召问段颎：你把西羌平了，东羌你看怎么弄？

段颎答：

臣以为狼子野心，难以恩纳，势穷虽服，兵去复动。唯当长矛挟胁，白刃加颈耳。——《后汉书·段颎传》

臣以为，皇甫规和张奂的策略不好使，要想彻底平定东羌，还得靠我平西羌的办法，就得“长矛挟胁，白刃加颈”，把他们彻底打服，每天拿刀架在他们脖子上才行。要还不行，那就杀光！

伏计永初中，诸羌反叛，十有四年，用二百四十亿；永和之末，复经七年，用八十余亿。费耗若此，犹不诛尽，余孽复起，于兹作害。——《后汉书·段颎传》

汉安帝时期跟羌人打了十四年，花了二百四十亿军费；汉顺帝时又跟羌人打了七年，花了八十多亿军费，都只能暂时平定，不久羌人就又起来了。臣愿为国家彻底解决这个大难题！

汉安帝大悦：好，东羌也交给你了。

于是，建宁元年（168），段颎率一万多军兵进剿东羌各部，打得又是非常惨烈，段颎仍然身先士卒。《后汉书》称：

颎行军仁爱，士卒疾病者，亲自瞻省，手为裹创。在边十余年，未尝一日蓐寝。与将士同苦，故皆乐为死战。——《后汉书·段颎传》

前后打了十多年仗，段颎从来都是跟将士们同甘共苦，他从未在床上铺着盖着暖乎乎地睡过一次觉，都是跟普通士卒一样，天天打地铺，睡在阵地上，平时对士卒们也非常关心爱护，如春风一样温暖，因此士卒们乐为其死战。对与之作战的羌人，他则如寒风一样冷酷。

凡百八十战，斩三万八千六百余级。——《后汉书·段颎传》

一味杀伐，毫不留情，近乎想把羌人杀光灭绝。

对此，张奂很不认同，曾上书说：皇上，不能让段颎这么搞。

羌一气所生，不可诛尽；山谷广大，不可空静；血流污野，伤和致灾。——《后汉书·段颎传》

羌人也是人，也是性命，怎么能一味杀戮呢？仍宜恩威并举。

宜且以恩降，可无后悔。——《后汉书·段颎传》

该招抚还是得招抚。等等。

汉灵帝把这篇上书批给段颎：你看看吧，张奂批评得是不是也有道理？

段颎气坏了：他这是胡说。他那哪是招抚？那纯粹是放纵羌人，羌人就是这么不断做大，以至于难以收拾的。

今傍郡户口单少，数为羌所创毒，而欲令降徒与之杂居，是犹种枳棘于良田，养虺蛇于室内也。——《后汉书·段颎传》

从赵充国那会儿就不断地招抚羌人，安置在凉州一些郡县跟汉人杂居。在臣看来，这是相当不明智的，这就像往良田里种荆棘，在家里养毒蛇！依臣之见，对付羌人，只有四个字：

势必殄灭！——《后汉书·段颎传》

灭绝他们！

对此，司马光坚决反对：

夫蛮夷戎狄，气类虽殊，其就利避害，乐生恶死，亦与人同耳。御之得其道则附顺服从，失其道则离叛侵扰，固其宜也。是以，先王之政，叛则讨之，服则怀之，处之四裔，不使乱礼义之邦而已。若乃视之如草木禽兽，不分臧否，不辨去来，悉艾杀之，岂作民父母之意哉！——《资治通鉴·汉纪四十八》

大意是，羌胡等所谓异族蛮夷也都是人，不是禽兽，控制驾驭他们要讲究方法，不能这么野蛮粗暴，这不是我们礼义之邦的做事方式。

岂得专以多杀为快邪？！——《资治通鉴·汉纪四十八》

段纪明之为将，虽克捷有功，君子所不与也。——《资治通鉴·汉纪四十八》

《后汉书》作者范晔则举双手赞同段颎，大骂张奂糊涂。他在《后汉书·西羌传》最后评论：

张奂盛称"戎狄一气所生，不宜诛尽，流血污野，伤和致妖"，是何言之迂乎？——《后汉书·湟中月氏胡传》

怎么就不能把他们杀光呢？张奂这种想法太迂腐！

贪其暂安之势，信其驯服之情，计日用之权宜，忘经世之远略。——《后汉书·湟中月氏胡传》

这种想法是只贪求一时之安定，而没有长远之眼光。

我看到范晔这段话，感觉很诧异，在旁边批注：范蔚宗有局限，外敌是杀不尽的，不可能一劳永逸。其要在自强不息，和而不同也！

而，转念一想，就想到了那句名言：

一切历史都是当代史。——［意大利］克罗齐

范晔身处南北朝，正是所谓"五胡乱华"民族冲突最激烈之时，当然反对张奂的怀柔政策，赞成段颎的冷血政策。

段颎最终以他的方式又平定了东羌。

建宁三年（170）班师回朝，脱去战袍，改做文官，历任执金吾、河南尹、司隶校尉。司隶校尉管纠察官员，他就想趁张奂因党锢被免将其整死。

张奂认怂、服软，在回老家的路上，给段颎写了一封磕头谢罪的信，说：

小人不明，得过州将。——《后汉书·张奂传》

以前都是我的错，还请您大人不计小人过，千万恕罪，千万饶命！

父母朽骨，孤魂相托，若蒙矜怜，壹惠咳唾，则泽流黄泉，施及冥寞，非奂生死所能报塞。——《后汉书·张奂传》

您要能高抬贵手，放我一条生路，我那已经去世的父母双亲在黄泉之下也会感念您的恩德。等等。

张奂的措辞用句都太到位了，把那种绝望无助乞求哀怜的感觉写到了极致。

段颎那么刚猛的性格，那样一个杀人如麻的冷血将军，看完这封信立即悲从中来，心就软了，毕竟都是名将，矛盾归矛盾，也会惺惺相惜。好吧，立汉不打坐汉，散了，翻篇儿吧。

四十八、《后汉书·酷吏列传》

冷血战神段颎之所以被任命为司隶校尉，是因为出了一桩大案。当时是熹平元年（172）六七月间，太后窦妙病逝，大太监曹节、王甫因为痛恨窦武，想只给她弄个贵人规格的葬礼，甚至不让她合葬于汉桓帝的宣陵。幸有忠臣争取，才没那么弄。不过，此事在社会上的影响已然很坏。一天早上，人们发现在皇宫大门朱雀阙下面竟赫然写着一行大字：

天下大乱！曹节、王甫幽杀太后！公卿皆尸禄，无忠言者！——《资治通鉴·汉纪四十九》

这还了得！什么人这么大胆？严查！

此案交由司隶校尉查办。当时的司隶校尉很正直，心说：查什么查，人家写得有错吗？说句真话怎么了？

因此，一个多月过去，案子毫无进展，既没查出什么来，也没逮什么人。

曹节大怒，奏请汉灵帝把司隶校尉免掉，治罪，换上了段颎。段颖本是"战克之将，国之爪牙"。这个"爪牙"本是褒义，爪是抓敌人，牙是咬敌人。而接下来，他成了大太监的爪牙，抓好人，咬好人，一上任就不分青红皂白，不管三七二十一，一下子抓了一千多个太学生。

四出逐捕，及太学游生系者千余人。——《资治通鉴·汉纪四十九》

太监满意了。

随后，又有一桩大案——渤海王刘悝案。

刘悝是汉桓帝同父同母的亲弟弟，汉桓帝继承皇位之后，他继承了蠡吾侯。随后，汉桓帝又把他过继给了汉质帝的父亲渤海王刘鸿。当时刘鸿已死，刘悝直接成为渤海王，从侯成了王，且渤海国颇肥饶，这得说汉桓帝对他很照顾。可刘悝似乎对哥哥并不感激，总搞事情。

素行险辟，僭傲多不法。——《后汉书·史弼传》

"僭傲"，即不守君臣之礼，此谓大忌讳，汉桓帝勉强容忍，一个叫史弼的小官却看不下去了，写了一封密奏提醒汉桓帝务必严肃对待，得教训一下刘悝，这样对刘悝也有好处，省得以后出了大问题就没法儿弄了。于是，汉桓帝把刘悝贬为瘿陶王，食邑只剩一个小县。

史弼则得到赏识，从一个不起眼儿的小官升为尚书，又历任平原、河间太守。党锢之祸时，上面要求各郡国都得揪出一定数量的党人，别的郡国都恨不得超额完成，唯独史弼管的平原郡一个党人也没上报。上面下来追责，要治他的罪。

会党禁中解，弼以俸赎罪得免，济活者千余人。——《后汉书·史弼传》

所幸的是，政策有点松动，史弼花了不少钱，得以免罪，受益于他的保护而活命的有上千人。

任河东太守期间，史弼坚决抵制权贵的各种请托。有一次，有个人拿着大太监侯览写的条子牛哄哄地来找他办事，被他定罪杀头。不久，他即被侯览陷以罪名，被装进木笼囚车，押回洛阳。只有一个叫裴瑜的人敢给他送行，送了一程又一程，分别时，裴瑜在车后挥手大喊：您是为国尽忠，没有做错！

如其获罪，足以垂名竹帛，愿不忧不惧。——《后汉书·史弼传》

您千万别害怕，历史会记住您的！

史弼也挥手：老弟放心吧！

谁谓荼苦，其甘如荠。——《后汉书·史弼传》

《诗经》不是说嘛，谁说苦菜苦，我嚼在嘴里怎么跟荠菜一样甜！我要是死了，那正是为信仰而死，死得其所，无怨无悔！

史弼到了洛阳，真的被定为死罪，幸得朋友全力救助，才幸免于难。

还说刘悝。他被贬为瘿陶王之后，想翻身做回渤海王，找大太监王甫帮忙说情，许诺事成之后愿送五千万。过了不长时间，汉桓帝死了，留下遗诏，恢复刘悝为渤海王。

刘悝大喜：我哥哥太好了。哎，这不能算王甫给我帮忙吧？不能算！

然后，他再没跟王甫提这五千万的事儿。而王甫可能是尽了心了，却没得到回报，愤恨之，于是向汉灵帝告状：刘悝不服您，以为自己该当皇帝，暗中联络宫中太监图谋不轨。

汉灵帝大怒：查！

段颎又是不管三七二十一，不问是非黑白，立马抓了一堆人。办案的还有宗正、廷尉等，也都承风希旨。最终，刘悝自杀。

妃妾十一人，子女七十人，伎女二十四人，皆死狱中。傅、相以下，以辅导王不忠，悉伏诛。——《后汉书·千乘贞王伉传》

制造了一个很大的冤案。

段颎还办过一桩奇案。若干年前，郡督邮苏谦查办县令李暠。李暠暂时获罪，后又高升，官至司隶校尉，反手报复已经成为太守的苏谦，将其投入大牢，活活打死。苏谦之子苏不韦，只有十八岁，血气方刚，仰天长叹：

伍子胥独何人也！——《后汉书·苏不韦传》

当年伍子胥的父亲被楚平王冤杀，伍子胥逃到吴国，随后率吴军攻入楚国国都，把楚平王从坟里挖出来，鞭尸三百，为父报仇。我苏不韦也发誓要为父报仇！

苏不韦把母亲安置到秘密的地方，变卖全部家产，招募刺客，刺杀李暠。结果，几次都没成功，反而让李暠更加注意防备。再者，李暠已经高升为大司农，位列九卿，很有权势，有很多保卫人员，难以再下手。

最后，苏不韦想了一个笨办法——挖地道。他从一个避人的地方开始挖，挖了好长时间，终于挖到了李暠的寝室下面。

一天夜里，苏不韦破土而出，却正赶上李暠出去上厕所，便把床上李暠的妾和一个孩子杀死，并在墙上写下：杀人者苏不韦！

李暠吓坏了，此后每天睡觉都换地方，家人夜里都找不着他。同时，他也派出很多人搜捕苏不韦，可说什么也找不着。一天，手下来报：今天有人发现，苏不韦父亲的坟前挂着一个骷髅，上面还写着字……

李暠问：什么字？

手下人吞吞吐吐：这个……

李暠急了：快说，到底是什么字？

手下答：李暠父头。

李暠的脑袋"嗡"地一下。很快，老家人来报，头天夜里他父亲的坟被人挖开，人头不见了。李暠又气又恼又伤心，"哇"地一口血吐出。一年后，忧愤而死。

随即，大赦。苏不韦现身，回到老家扶风郡。

对苏不韦的报仇方式，时论起初颇有争议，很多人认为他挖坟太过分。而郭泰对他评价很高：一介布衣平民敢于单挑九卿级的高官，为父报仇，比伍子胥也差不到哪儿去。伍子胥还靠吴王帮助，苏不韦全靠自己，了不起！

郭泰的影响力很大，舆论渐转，苏不韦逐渐成为公认的英雄。

段颎不受这个影响，他对苏不韦很有看法，因为他跟李暠关系不错，而苏家跟张奂关系好。段颎本想弄死张奂，只因张奂认怂，一通哀求，他才没下手，可这口气还得撒。于是，他派人去请苏不韦到司隶校尉府当差，想寻机法办之。

苏不韦明白此意，婉拒。

段颎的气更大了，很快就派人给苏不韦及苏家罗织了一大通罪名，然后，他叫来手下张贤：你去扶风办苏不韦，要办彻底！明白吗？

张贤满头大汗，说话哆嗦：明、明白，卑职保证把苏家杀无赦！

张贤如此紧张，是因为什么呢？因为此前段颎担心走漏消息，苏不韦因此逃脱。于是，头天晚上先去找了张贤的父亲，给捎去一杯毒酒，威胁：

若贤不得不韦，便可饮此。——《后汉书·苏不韦传》

你儿子要是逮不着苏不韦，你就把它喝了！

就这样，张贤一丝一毫不敢怠慢，做足了准备，一到扶风，就把苏不韦拿下。

并其一门六十余人尽诛灭之。——《后汉书·苏不韦传》

可见，东汉酷吏比西汉酷吏毫不逊色，太狠了。

苏家作为三百年的大家族，就此衰败。三百年前是元朔二年（前127），那一年，他们家的老祖宗苏建追随于卫青左右，以军功获封平陵侯。随后，苏建的二儿子苏武牧羊，流芳百世。苏不韦曾叔祖苏章，字孺文，《后汉书》也有传，曾任冀州刺史，监察冀州各郡县大小官员，查到故人清河太守贪污。当时，苏章派人去请这个太守，太守很紧张，硬着头皮来了。苏章非常热情：咱们多少年没见了，可得好好喝喝，好好唠唠，一醉方休！

太守一开始还有点犯嘀咕，不过唠着唠着就放松了。

陈平生之好甚欢。——《后汉书·苏章传》

到最后，太守就以为没事了。

太守喜曰：人皆有一天，我独有二天。——《后汉书·苏章传》

他高兴地说：人都说，地无私载，天无私覆。我干的那点破事儿，现在能有兄弟这层天罩着，总算踏实了。来，兄弟，我敬你一杯！

他举杯，跟苏章四目对视，不禁打了一个冷战。

苏章变脸了：

今夕苏孺文与故人饮者，私恩也；明日冀州刺史案事者，公法也！——
《后汉书·苏章传》

今天喝酒，我是你的故人旧友苏孺文，只论私人的交情；明天我查办你，我就是冀州刺史，可就论公法了，别怪我手下无情！

熹平二年（173），段颎由司隶校尉升为太尉，位列三公，六年后被逼自杀。

谁能逼死这么厉害的段颎呢？正所谓，强中自有强中手，此人叫阳球。

阳球的传载于《后汉书·酷吏列传》，是真正的大酷吏。《后汉书·酷吏列传》里有五个酷吏的故事让人印象深刻。头一位是光武帝时的"强项令"董宣，前已述。第二位是汉章帝时的周纡，前亦提及，当时周纡任洛阳令。在此之前，他还做过渤海太守，那时已是典型的酷吏做派。

每赦令到郡，辄隐闭不出，先遣使属县尽决刑罪，乃出诏书。——
《后汉书·周纡传》

每次朝廷搞大赦，正式文件已经到了渤海郡，他都先压几天，把牢里的死刑犯都先处决掉，才公开那个文件。有当事人家属告到朝廷，他被罢免回家。

他是个清官，家里没钱，便找了一个力气活儿养家糊口。

常筑墼以自给。——《后汉书·周纡传》

到工地搬砖、垒墙，挣点儿血汗钱。

汉章帝听说后，重新起用他做召陵侯相。上任没两天，一大清早，在府衙门口躺着一具死尸，手足被砍。周纡在现场仔仔细细查看一番后，蹲在尸体的脑袋旁边，冲着耳朵小声说了几句话。然后，他吩咐手下看好现场，独自转悠到了城门口，问城门官：从昨天到现在，有没有人拉着一车麦秸进城来？

城门官答：昨天下午，衙门里的刘二拉着一车麦秸打这儿过。

周纡点头：好了，不要跟人说我来问过这个。

然后，周纡回到衙门，已是下午。他问一个贴身的手下：我上午跟死人说话，有人是不是挺好奇我说了些什么？

手下答：刘二问了我两三回。

周纡把桌案一拍：大胆刘二，来人，把他给我抓来！

随后，刘二招供。这个刘二平日是个刺儿头，听说周纡是酷吏，就想给他出出难题，杀杀他的威风，于是，就从城外捡了一具死尸。应是个犯急病死在道边的人，那个时代这种情况不稀奇。然后，他把死尸放在车上，上面盖上麦秸，拉进城，夜里扔到衙门口，又给砍了几刀，弄得像凶杀案似的。

周纡是怎么看出来的呢？史书没有细讲，只说他在查看现场时，发现尸体的嘴里和眼角上有两根很小的麦芒。

第三位酷吏叫黄昌。辖区内有家姓彭的豪强住在临街面的高楼里，每次黄昌出来办案，彭家女人们就从楼上居高临下观看说笑。黄昌不爽，便把彭家杀的杀、判的判。这个没什么故事性，有故事性的是他遭遇的一出悲喜剧。

早年黄昌还只是会稽郡余姚县的书佐。有一天，他妻子回娘家，竟一去不回。他去岳父家找，岳父家说，根本没见着人。随后，四处找也找不到，妻子生死不明，失踪了。很多年后，黄昌平步青云，高升至二千石，任蜀郡太守。有一天，他审一个案子，下面跪着娘儿俩，他审一句，这娘儿俩答一句。他听这个母亲的口音不像当地人，便问妇人是不是蜀地人。

妇人立即大哭起来：俺本是会稽余姚县人，俺的夫君在县里做书佐。有一次俺回娘家，正好遇到一群强盗，把俺抢了，辗转千里，把俺卖到了这里，又生了这个孽子。青天大老爷，就看在俺这个苦命的分上，您可千万从轻发落我儿啊。

黄昌的脑袋"嗡"的一声，他不敢相信：我且问你，你那做书佐的夫君叫什么名字？

妇人答：他叫黄昌。

黄昌浑身打战，站起身来，来到妇人跟前：要是本官把黄昌找来，你还认得他不？

妇人答：这么多年了，我不知道还认不认得。不过，他身上有记印儿。

昌左足心有黑子，常自言当为二千石。——《后汉书·黄昌传》

他的左脚心正中有颗黑痣，他说这老好了，老跟俺吹牛，说他命里能做二千石。

此时的黄昌已泪流满面，他脱下左脚的鞋袜：你快看看吧，我找你找得好苦！

因相持悲泣，还为夫妇。——《后汉书·黄昌传》

第四个酷吏是个坏酷吏，叫王吉，是大太监王甫的养子，二十岁出头就做到了二千石，任沛相。

性残忍。——《后汉书·酷吏列传》

凡杀人皆磔尸车上，随其罪目，宣示属县。夏月腐烂，则以绳连其骨，周遍一郡乃止，见者骇惧。视事五年，凡杀万余人。其余惨毒刺刻，不可胜数。——《后汉书·王吉传》

他干了五年沛相，竟然处决杀死了上万人。杀死不算完，还要把死尸扔在车上，绕着整个郡国示众。有时，大夏天里尸体腐烂，骨架也都散了，就拿个绳子把骨头串起来，固定一下，继续示众。太恐怖了！还用各种酷刑，兹不细说。反正，这小子绝对是个恶魔，他养父王甫则是更大的大魔头，权倾朝野，为所欲为。朝野上下都敢怒不敢言，没办法。

某人：你不服，你动动人家试试？

阳球把胸脯一拍：好，试试就试试！哪天要是让我做了司隶校尉，这帮坏太监，还有他们的坏崽子，老子一个不留，都给收拾了！

这位阳球是何许人呢？

阳球字方正，渔阳泉州人也。——《后汉书·阳球传》

他家是渔阳郡的地方豪强，作为边郡，当地民风彪悍，他从小就有尚武精神，能骑马射箭。

能击剑，习弓马。性严厉，好申韩之学。——《后汉书·阳球传》

他读书也很好，喜欢韩非子，正好符合他这种刚猛的性格。他的成名是因为辱母杀人案。

郡吏有辱其母者，球结少年数十人，杀吏，灭其家，由是知名。——《后汉书·阳球传》

大致在阳球十几岁时，他母亲曾被一个官吏欺辱，阳球大怒，叫上一帮小弟兄，冲到这个官吏家，将其全家杀光。

从史书的记载看，阳球似乎未承担任何法律责任，也没有影响他以后举孝廉、入仕从政。

他最早做尚书侍郎。

闲达故事，其章奏处议，常为台阁所崇信。——《后汉书·阳球传》

他写的材料老是被当作范文。

随后，他到下面任高唐县县令，因为执法过严被免官。不久，又被辟举。正赶上九江郡有山贼造反，声势很大，当地官员镇压不住。

三府上球有理奸才，拜九江太守。——《后汉书·阳球传》

于是，太尉、司徒、司空联名推荐阳球任九江太守。阳球到任，三下五除二就全搞定了。

随后，他又调任平原太守，再次因为执法过严被问责，将被免官。

这一次有一个大人物出面保他，那就是汉灵帝。

灵帝以球九江时有功，拜议郎。——《后汉书·阳球传》

汉灵帝很欣赏他，直接把他调回了朝廷。

迁将作大匠，坐事论。顷之，拜尚书令。——《后汉书·阳球传》

阳球又做了掌管宫室修建的将作大匠，又犯了事儿，却一点也不影响他继续被重用为尚书令，相当于汉灵帝的内朝秘书长，论实权，几乎不在三公之下。可见，汉灵帝对他格外器重。

他还跟大太监也有特殊关系。

球即中常侍程璜女夫也。——《后汉书·蔡邕列传》

阳球的宠妾是老牌大太监程璜的女儿。程璜从汉顺帝时就已是中常侍，跟汉灵帝的关系格外好。所谓："朝中有人好做官。"汉灵帝欣赏器重阳球，很可能是程璜给使劲儿了。

虽然阳球跟太监有这层关系，但不影响他痛恨太监。而太监集团内部也分派系，也斗得你死我活。此前，大太监侯览就在这种斗争中自杀。因此，阳球还是很有信心的，他在心中暗暗较劲，盼着自己哪天当上司隶校尉，能够为国除害。

求仁得仁，盼什么来什么。光和二年（179），阳球由尚书令转任司隶校尉。刚上任，就收到关中京兆尹杨彪的举报。杨彪是著名大清官杨震的重孙子，也是后来的大名士杨修之父，杨家跟太监有世仇，他举报大太监王甫派人在京兆界内侵占国有资产七千多万。

辜榷官财物七千余万。——《资治通鉴·汉纪四十九》

阳球很慎重，他知道办大太监可不容易，而且他还想把跟太监狼狈为奸的太尉段颎一块儿办了。这就更难了。因此，时机很重要。阳球一边积极准备，一边静待时机。等着等着，时机来了！

时甫休沐里舍，颎方以日食自劾。——《资治通鉴·汉纪四十九》

赶上这天王甫休假，不在宫里，段颎则因为日食灾异停职在家。阳球立即进宫，当面向汉灵帝呈上王甫等大太监和段颎的犯罪材料：您看看吧，他们的罪行十恶不赦！

汉灵帝这时已经二十多岁了，早已硬了起来：好，要不是你这么一说，朕还让他们糊弄着玩呢！杀！你放手干吧！

于是，一代名将段颎自杀。大太监王甫和他的酷吏养子王吉被投入大牢，被活活打死。

阳球这还不解气，又把王甫尸体肢解，扔在城门口示众，旁边插个牌子，上书血红的四个大字：贼臣王甫！

乃僵磔甫尸于夏城门，大署牓曰：贼臣王甫！——《后汉书·阳球传》

四十九、鸿都门学

司隶校尉阳球打死大太监王甫，逼死太尉段颎，把另外三个中常侍大太监也都办了。之所以如此顺利，很可能得益于太监集团的内部斗争，是曹节、程璜等太监的另一派借了阳球的刀来杀王甫等太监的这一派。之后，这种互相利用的关系没了，阳球想一鼓作气把曹节等太监也一起拿下，而曹节等也想除掉阳球这个威胁。正赶上汉顺帝的一个妃子去世，曹节和几个中常侍送丧，出城门时正好看见那个写着"贼臣王甫"的大牌子，旁边王甫的尸首惨不忍睹。曹节一下子悲从中来，虽然他跟王甫有矛盾，但毕竟共过患难。

慨然抆泪曰：我曹自可相食，何宜使犬舐其汁乎？——《后汉书·阳球传》

他抹着眼泪说：王甫啊王甫，咱俩斗得恨不得咬死对方、吃了对方，可咱犯不着让狗咬啊！让阳球那小子渔翁得利逞威风，何苦呢？老哥儿几个，一会儿回宫咱们一块儿找皇上去。

于是，曹节等大太监跟汉灵帝一通花言巧语，阳球的司隶校尉被免，改任卫尉。这可不算降级，卫尉掌管皇宫保卫，可见汉灵帝对阳球还是很器重，只是卫尉没有职权查办太监了。

阳球急了，急忙求见汉灵帝：我还得继续干司隶校尉抓奸贼啊，此前打掉的王甫、段颎只是狐狸小丑，还不算大功告成。

愿假臣一月，必令豺狼鸱枭各服其辜。——《资治通鉴·汉纪四十九》

只要再让我干一个月，什么老虎、苍蝇、豺狼、猫头鹰，我都能彻底扫除干净了。请您千万恩准！

阳球磕头磕得一脑门子血，而汉灵帝却不点头：大胆，你要抗旨不遵吗？

阳球没办法，只好赴任卫尉，但他仍不死心，当时还有几个忠臣，包括司徒刘郃、长乐少府陈球、尚书刘纳等也都恨不得阳球回任司隶校尉，灭太监。于是，这几个人就在一起串联商量。

正商量着，出事了。正所谓："成也萧何，败也萧何。"阳球能起来是因为他的宠妾是中常侍程璜的女儿。结果他们搞串联的事被这个宠妾泄露给了程璜（《后汉书》记为陈球宠妾泄密，可能有误）。

然后，曹节得知，立即告发阳球等"谋议不轨"。

汉灵帝震怒，将阳球等人处死。

曹节则又活了两年才寿终正寝。

阳球此前做尚书令时，曾给汉灵帝提过一个建议。

奏罢鸿都文学。——《后汉书·阳球传》

建议汉灵帝罢撤"鸿都文学"。

"鸿都文学"是怎么回事？这个问题，得从汉灵帝是个怎样的人说起。如前述，汉灵帝铁定是个亡国昏君，他贪财、卖官，把太监当爹、妈，赶驴车、扮商贾、给狗戴帽子，甚至野史（晋王嘉《拾遗记》）上说，他还发明了开裆裤让宫女穿，弄裸体游泳馆等，总之他就是个浑蛋。实际上，男人不止一面，汉灵帝的另一面是个文艺男。他既像汉武帝一样爱写诗，又像汉元帝一样爱音乐，对辞赋、书法也很痴迷，甚至二十多岁就写了一部书《皇羲篇》。《后汉书》记：

初，帝好学，自造《皇羲篇》五十章，因引诸生能为文赋者。本颇以经学相招，后诸为尺牍及工书鸟篆者，皆加引召，遂至数十人。——《后汉书·蔡邕传》

这段话的信息量很大。首先，"帝好学"，汉灵帝其实挺好学。《后汉书·刘宽传》记：

灵帝颇好学艺，每引见宽，常令讲经。——《后汉书·刘宽传》

汉灵帝很喜欢学习六艺经书，每次接见完刘宽，都把刘宽留下：刘太尉，你先别走了。最近读经，有几句话我不大理解，你讲讲吧。

刘宽本是通儒。

宽少学欧阳尚书、京氏易，尤明韩诗外传。星官、风角、算历，皆究极师法，称为通儒。——《后汉书注》

刘宽这时已官至太尉，手艺未丢，学问仍然了不得，于是讲了一通。

有一次，他讲着讲着，声音越来越小，逐渐没了动静。

汉灵帝撩眼皮一瞅，见刘宽竟然睡着了，他就咳嗽了一声。刘宽立马醒了。

帝问：太尉醉邪?——《后汉书·刘宽传》

刘太尉，是不是在刚才的宴会上喝醉了？

宽仰对曰：臣不敢醉，但任重责大，忧心如醉。——《后汉书·刘宽传》

刘宽赶紧坐好：老臣哪里敢喝醉？只是因为太尉这副担子太重，压得我老是头昏脑涨，跟喝醉了一般。

汉灵帝点头一笑：好吧，你早点回去休息，下次咱们继续学。

总之，汉灵帝挺爱读书、学习。

而刘宽确实爱喝酒恋醉乡。《后汉书》记：

宽简略嗜酒，不好盥浴，京师以为谚。——《后汉书·刘宽传》

他给皇帝讲经前都会喝醉，可见嗜酒如命，整个京城都知他好这个。人们还知道他不爱洗澡，是个老邋遢，还拿他编了段子："老邋遢，真啊真邋遢，邋遢大王就是他，他就是个老邋遢。"

不过，他最有名的还不是邋遢，而是好脾气。早年有一次，他驾牛车出行，被一个人拦下。那人愣说驾车的牛是他之前丢的。刘宽一点也不着急：好吧，你牵走吧。

他把牛解下来，自己拉着车回了家。随后，那人又把牛送回：对不起，我认错牛了，您看怎么发落我吧？

刘宽笑笑：没关系，牛都长得差不多，我也老是分不清，没事。

后来，他做过三个郡的太守。

典历三郡，温仁多恕，虽在仓卒，未尝疾言遽色。——《后汉书·刘宽传》

当太守，每天要处理好多事，一般人难免着急发脾气，他却从来没有，永远温和、仁厚、宽容。

有一次，家里来了客人，他派一个仆人去买酒。结果，这个仆人比他还嗜酒，竟然自己直接喝上了，一直喝到大醉而归。

刘宽看仆人醉醺醺地回来，仍然不着急：你可算回来了，我这光担心你呢！出去这么老半天，别再出点什么事儿。对了，酒打回来了吗？

仆人舌头打卷儿：什么酒……酒啊，我……我都给喝……喝上了……

旁边坐着的客人实在气坏了，不顾刘宽的面子，破口大骂：你这是什么野奴才，简直就是个畜生……

仆人一下子被骂醒了，当然不敢还嘴，乖乖听客人辱骂。

刘宽一摆手，仆人赶紧退出。刘宽赶紧又叫来一人：你快去看看，他被骂这一通，心里肯定难受，又喝了这么多酒，别再想不开。

还有一次，刘宽刚刚穿好朝服，要赶着去上朝。一回身，旁边一个婢女端着一碗热羹，"哗"一下子失手倒在了他身上。这个朝服就得脱，就得换，上朝就得被耽误了。刘宽着急不着急呢？还是不着急。

宽神色不异，乃徐言曰：羹烂汝手？——《后汉书·刘宽传》

不但没着急，还关心婢女：小姑娘，没烫坏你的手吧？

其性度如此，海内称为长者。——《后汉书·刘宽传》

这真叫长者之风！

接着说文艺青年汉灵帝。他让刘宽讲经书大致是熹平五年（176）的事情，这一年他正好二十岁，由此足见他对儒家六经的喜爱与推崇。在此前一年，他还做过一件事，更能说明这一点。《资治通鉴》记：

春三月，诏诸儒正五经文字，命议郎蔡邕为古文、篆、隶三体书之，刻石，立于太学门外。使后儒晚学咸取正焉。——《资治通鉴·汉纪四十九》

就是说，十九岁的汉灵帝召集了一帮大儒，把儒家"五经"《诗》《书》《礼》《易》《春秋》全部重新校订一遍，形成一套权威版本。然后，派议郎蔡邕用古文、篆书、隶书三种字体，在石碑上书丹，由匠人刻出。据史料称，五部经书的全部内容被刻成四十六块大石碑，立于太学门口，宣示天下："五经"内容以此为准。蔡邕的书法太好了，这不单是经文的展示，也近乎一场大型书法展。当时喜欢书法的人也很多，包括汉灵帝。因此，轰动一时。

碑始立，其观视及摹写者，车乘日千余两，填塞街陌。——《后汉书·蔡邕传》

人们争相来看，有的看经文，有的看书法，不但看，还拿着纸、笔临摹。每天太学门口都被围得水泄不通。好多人专程从外地驾车而来，车多得都没地儿停。

据说古代文青有四大标配：起它一个号，坐它一顶轿，讨它一个小，刻它一部稿。汉灵帝未能免俗，随着学问越来越好，便弄出一部《皇羲篇》，有五十章，内容不少，可惜未能传世。到底写的什么，不得而知，大致是辞赋之类。书写出来，自然希望被人看、被人赞美。可是，太监们文化低，光会拍马屁，没意思；大臣们都太严肃，而且只重经史，不重辞赋。给谁看呢？到哪里能找一帮志同道合的文艺青年，一起切磋唱和呢？太学生最合适！

因引诸生能为文赋者。——《后汉书·蔡邕传》

于是，汉灵帝就召了几个辞赋写得好的太学生进宫，一见如故，恨不得天天在一块儿聊，他干脆把这几个太学生安排到皇宫鸿都门下的两间屋，以便随叫随到。

凡事就怕开头儿，这个头儿一开，被召到鸿都门下的文艺青年便越来越多，也不局限于太学生了，也不局限于辞赋了，什么背景的人都有了。

后诸为尺牍及工书鸟篆者，皆加引召，遂至数十人。——《后汉书·蔡邕传》

他还召了一帮书法家，有擅长写草书尺牍的，有擅长写隶书的，也有擅长写鸟虫篆的，再加上擅长诗文辞赋的，长驻鸿都门的这帮人很快便增至数十人之多。进而，他们形成了一个比较稳定的部门，被称"鸿都文学"或"鸿都门学"。按《后汉书·灵帝纪》，当时为光和元年（178），汉灵帝二十二岁。

始置鸿都门学生。——《后汉书·孝灵帝纪》

《后汉书注》称：

鸿都，门名也，于内置学。时其中诸生，皆敕州郡、三公举召能为尺牍辞赋及工书鸟篆者相课试，至千人焉。——《后汉书注》

按此注释，鸿都门学类似太学，由全国各地推荐生源，有上千人的规模，都是来学习辞赋、书法的。这样的话，鸿都门学可以说是史上最早的文化艺术专科大学。此注释未必可信，《资治通鉴》未采用，而只是提了《后汉书·蔡邕传》"遂至数十人"的说法，即鸿都门学的规模大致百八十人，它不是文艺院校，而更像一个文化团体，类似今天的文联、作协、书协、艺术研究院等。不同的是，鸿都门学这个文艺团体的政治待遇太高了，每天皇帝跟他们泡在一起。除了聊辞赋、聊书法之外，汉灵帝还特别喜欢聊各种民间乱七八糟的逸闻趣事。

憙陈方俗闾里小事。——《后汉书·蔡邕传》

这让常年居于深宫大内的汉灵帝耳目一新，太有意思了！平常大臣们、太监们哪说过这么有意思的事。

帝甚悦之，待以不次之位。——《后汉书·蔡邕传》

汉灵帝被哄得非常开心，相应地，这帮鸿都门学生便得到各种封赏、各种加官晋爵。

或出为刺史、太守，入为尚书、侍中，乃有封侯赐爵者。——《后汉书·蔡邕传》

弄得大臣们都羡慕嫉妒恨了。以前羡慕嫉妒恨太监，现在又开始羡慕嫉妒恨鸿都门学生。有一次，汉灵帝竟然又要给三十多个鸿都门学生画像。

诏敕中尚方为鸿都文学乐松、江览等三十二人图象立赞，以劝学者。——《后汉书·阳球传》

大臣们受不了了：这还了得！当年，汉宣帝在麒麟阁给霍光、张安世、魏相、丙吉、赵充国、萧望之、苏武等十一大功臣画像。随后，汉明帝给云台二十八将邓禹、吴汉、耿弇、寇恂、冯异、岑彭等东汉开国功臣们画像。他们都是多么了不起的人物，才能有此待遇。咱皇上竟然要给一帮舞文弄墨的小文艺青年画像，这还了得！

于是，时任尚书令阳球"奏罢鸿都文学"，上书说：皇上，我忍不了了，您要给画像的乐松、江览等都是什么人？

皆出于微蔑，斗筲小人。——《后汉书·阳球传》

都是社会底层的小人物。

或献赋一篇，或鸟篆盈简，而位升郎中。——《后汉书·阳球传》

就凭写了一篇辞赋或写了幅书法作品，就当了郎中。据说，有的人还是请枪手代写的。

亦有笔不点牍，辞不辩心，假手请字，妖伪百品，莫不被蒙殊恩。——《后汉书·阳球传》

这种小人得志，怎么还能给他们画像呢？

未闻竖子小人，诈作文颂，而可妄窃天官，垂象图素者也。今太学、东观足以宣明圣化。愿罢鸿都之选，以消天下之谤。——《后汉书·阳球传》

从文化教育来讲，咱有太学和东观就足够了，这个鸿都门学实在没必要存在，请快把它撤掉吧。

汉灵帝没搭理。

此前，鸿都门学还未正式挂牌，就已经有一个大臣上书极力反对，他就是蔡邕。

蔡邕字伯喈，陈留人。

少博学，师事太傅胡广，好辞章、数术、天文，妙操音律。——《后汉书·蔡邕传》

他是老太傅胡广的门生，博学多才，文章写得好，天文数术都精通，尤其琴弹得好。早年，"五侯"大太监徐璜、左悺听说他琴艺精绝，便把他推荐给了汉桓帝。汉桓帝也是个文艺青年，尤好音乐。

桓帝好音乐，善琴笙。——《后汉书·孝桓帝纪》

于是，汉桓帝派陈留太守找蔡邕，征召其立即进京。

蔡邕不想去，一方面他有处士情怀，不想跟太监为伍；另一方面也感觉因弹琴而被征，没意思。因此，他表面答应太守起程，中途又称疾而归。然后，一直待在家里。

闲居玩古，不交当世。——《后汉书·蔡邕传》

每天只是读书、写字、弹琴、赏花，好像无所事事。有长者不理解，教诲蔡邕：大丈夫怎么能总待在家里呢？得出去建功立业……

蔡邕点头，笑而不语，随即写了一篇赋《释诲》作为回应。大致讲，孔子所谓"用之则行，舍之则藏"，孟子所谓"居易以俟命"，我只愿听天由命，得我幸、不得我命，一切顺其自然。别人爱建功立业就怎么建功立业，与我无关，我只想静静做自己喜欢的事。

抱璞而优游。——《后汉书·蔡邕传》

我"躺平"，怎么了？

快四十岁时，蔡邕终于"用之则行"。

辟司徒桥玄府，玄甚敬待之。——《后汉书·蔡邕传》

他得到司徒桥玄的辟举，入仕。

出补河平长，召拜郎中，校书东观。——《后汉书·蔡邕传》

他做过很短时间的河平县长，随后被召回，在东观校订经书。就是在这期间，他和几个大臣建议汉灵帝刊刻石经，被采纳。

然后，他又向汉灵帝提出一项法律方面的建议，取消"三互法"。这是一种官员任职回避制度，现代政府仍然有类似要求，比如为了避免本地家族利益，县长正职一般不能用本地人。"三互法"要复杂得多，各种回避，各种禁忌。

禁忌转密，选用艰难。幽冀二州，久缺不补。——《后汉书·蔡邕传》

弄得一些州的一把手位置空置很长时间——张三不行，他得回避；李四不行，不符合"三互法"，也得回避；赵五也不行……这太耽误事儿了，建议取消。

汉灵帝没答应。

对此，司马光引用《左传》的一句话评价：

国将亡，必多制。——《资治通鉴·汉纪四十九》

越是要衰亡的国家，越是有各种各样的法令。看似重视法制，实则增加很多麻烦。东汉王朝实际都已经乱成那样了，还抱着这种所谓维护官员廉洁的法令不放，真是可笑。

以今视之，岂不适足为笑而深可为戒哉！——《资治通鉴·汉纪四十九》

蔡邕在向汉灵帝提第三个建议的上疏中，包含了对鸿都门学的反对，他说：

夫书画辞赋，才之小者；匡国理政，未有其能。——《后汉书·蔡邕传》

写字画画及诗文辞赋，都属于雕虫小技，没什么了不起，只是小聪明、小才能而已，它们跟治国理政完全是两码事。治国理政得吃透经书、史书里的思想智慧，要有丰富的实践经验，更重要的是官员自身要有很高的道德修养，足以行为世范。这样的，才是有益于天下、有益于百姓的大才。舞文弄墨的人多数中看不中用。

小能小善，虽有可观，孔子以为致远则泥，君子故当志其大者。——《后汉书·蔡邕传》

真要让这样的人去独当一面，肯定会出问题。把他们当个弄臣，陪您玩玩还行，千万不能重用。

不可复使理人及仕州郡。——《后汉书·蔡邕传》

五十、中国书法史的高峰

蔡邕反对汉灵帝搞鸿都门学，说：

书画辞赋，才之小者。——《后汉书·蔡邕传》

他能这样讲，很大程度上是因为他自己在书画辞赋方面太厉害了，堪称一代宗师。

辞赋方面，除了《释诲》，给我印象深刻的还有他的《青衣赋》和《协和婚赋》。《青衣赋》里描写了一个美女：

盼倩淑丽，皓齿蛾眉。玄发光润，领如蝤蛴。纵横接发，叶如低葵。修长冉冉，硕人其颀。——《青衣赋》

大意是：你水汪汪的大眼睛，顾盼生姿，哦，你的眼神，你的笑容，你的小白牙，你弯弯的眉毛，你乌黑的长发，你柔滑的脖颈的曲线，你修长的身体，哦，像一朵水莲花，不胜凉风的娇羞。

还有一篇著名的汉乐府《饮马长城窟行》，据说也出自蔡邕之手。

青青河畔草，绵绵思远道。

远道不可思，夙昔梦见之。

梦见在我傍，忽觉在他乡。

他乡各异县，展转不相见。

枯桑知天风，海水知天寒。

入门各自媚，谁肯相为言？

客从远方来，遗我双鲤鱼。

呼儿烹鲤鱼，中有尺素书。

长跪读素书，书中竟何如？

上言加餐食，下言长相忆。

画画儿方面，张彦远《历代名画记》历数上古至唐代著名画家共有三百七十一人，东汉六人，蔡邕名列其中。该书还记载：

灵帝诏邕画赤泉侯五代将相于省……兼命为赞及书。邕书、画与赞，皆擅名于代，时称三美……有《讲学图》《小列女图》传于代。——《历代名画记》

意思是，汉灵帝曾让蔡邕给杨震祖孙五代名臣画像并题写赞文。完成之后，其画、书法、赞文被人称为"三美"，三绝！他还有《讲学图》《小列女图》等画作传世。可惜现在看不到了。

他的书法还能看到，他书丹的五经石碑仍有残碑传世，写得非常端庄，庙堂气十足。如果说最标准的小篆是李斯所写，那么，最标准的隶书就是蔡邕所写。蔡邕写过很多碑，前述他给郭泰写碑时说：

吾为碑铭多矣。——《后汉书·郭太传》

可惜，除石经残碑外多无传世，后世学者深为遗憾。从石经的书法风格看，蔡邕书法较方整，于是，有些水平甚高的方整风格的隶书碑刻，如《鲁峻碑》《张寿碑》《华山碑》等，便被人们认定为他的手笔。其实，《华山碑》碑文里明确写着：

遣书佐新丰郭香察书文。——《华山庙碑》

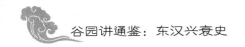

是弘农郡太守派他的书佐新丰县郭香察写的。然而，前世学者，包括大名鼎鼎的顾炎武都认为，所谓"郭香察书"的句读应为"郭香，察书"，就是说，这个书佐叫郭香，只是负责察书校对的，真正的书写者应是蔡邕。他们准是想，华山碑写得这么好，怎么可能是个普通书佐写的呢？事实上，以现在的研究看，绝大多数的东汉碑刻都是书佐、小吏所写。再比如，我临过很多遍的《西狭颂》署名：

从史位下辨仇靖字汉德书文。——《西狭颂》

作者仇靖是任"从史位"的小吏。

郭香察和仇靖名不见经传，可他们写的《华山碑》和《西狭颂》论艺术水平，论在书法史上的地位，较之蔡邕所写石经，都有过之而无不及。蔡邕写得太规矩、太重法度，这些小人物写得更加自由，也就更具艺术性。这一时期的其他碑刻书法，绝大多数的艺术水平都相当高，精彩纷呈，千碑千面。可以说，东汉晚期汉桓帝、汉灵帝在位的四十多年间，绝对是中国书法史上一个空前绝后的高峰。既是碑学的高峰，也是帖学的高峰。

碑学以汉碑成就最高，汉碑主要是隶书，现在公认的汉隶十大名碑，包括《石门颂》〔建合二年（148）刻〕、《乙瑛碑》〔永兴元年（153）刻〕、《礼器碑》〔永寿二年（156）刻〕、《鲜于璜碑》〔延熹八年（165）刻〕、《华山碑》〔延熹八年（165）刻〕、《衡方碑》〔建宁六年（168）刻〕、《史晨碑》〔建宁二年（169）刻〕、《西狭颂》〔建宁四年（171）刻〕、《曹全碑》〔中平二年（185）刻〕、《张迁碑》〔中平三年（186）刻〕，全部是这四十年间的作品。整个碑学书法艺术主要靠这些经典碑刻作品来滋养。

帖学，一般认为以"二王"为首的东晋书法成就最高。"二王"即王羲之、王献之父子。王羲之被后世誉为"书圣"。照理说，没人比书圣写得更好，可唐代孙过庭《书谱》引王羲之自言：

吾书比之钟张，钟当抗行，或谓过之。张草犹当雁行。然张精熟，池水尽墨，假令寡人耽之若此，未必谢之。——《书谱》

意思是，如果拿我王羲之的字跟东汉钟繇、张芝比，我可以跟钟繇分庭抗礼，不相上下，没准儿我还能高出一点点；张芝的草书尤其好，我跟他算是"雁行"，比他稍微落后一个翅膀，主要是因为他练字太勤奋，他每天写完字涮毛笔，把整个池塘都给染黑了，我要是也像他下那么大的功夫，未必比他差。

这意思很明确，王羲之的水平能赶上钟繇，但比不了张芝。张芝是名将张奂的长子，也是汉桓帝、汉灵帝时期的人物，他代表了帖学的高峰。今天，我们仍然能看到他的草书作品，虽不是真迹，只是刻本，仍然动人心魄。尤其他的《冠军帖》真正是空前绝后的佳作，龙飞凤舞，不愧"草圣"之称。那么，他的"草圣"到底是怎样练成的呢？史书称：

芝少持高操，以名臣子勤学，文为儒宗，武为将表。——《后汉书注》

就是说，作为一代名将张奂的儿子，张芝从小就有很高的自我期许，学文就争取做"儒宗"，习武就争取做"将表"，干什么都得出类拔萃，不负先人。

可人生在世，别说文、武两大途，即便细分三百六十行，哪一行想做到拔尖儿都不容易。一辈子能把一样事做到极致就了不得了。

一个人有可能把哪样事做到极致呢？必定是他特别喜好的事，正所谓，知之不如好之。张芝尤好草书。

学崔、杜之法，家之衣帛，必书而后练。临池学书，水为之黑。——《后汉书注》

学书法讲究师法古人，张芝师法崔瑗和杜度。所谓，不疯魔不成活，他逮哪儿写哪儿，家里织出来的布帛半成品，他都在上面先写一通，才拿去进行下一道漂白或染色的工序。他"临池学书，水为之黑"，"临池"成为后来练习书法的雅称。具体他是怎样写草书的呢？史书如是记：

下笔则为楷则，号匆匆不暇草书。——《后汉书注》

意思是，别看他的草书龙飞凤舞，有疾风骤雨之感，似乎写得很快，其实写得很慢，一笔一画，比较费时间，有时"匆匆不暇草书"，时间太紧张就不能写草书。

总之，张芝有大志向、大热情，取法高，下手稳，最终把草书写到了极致。

为世所宝，寸纸不遗，韦仲将谓之"草圣"也。——《后汉书注》

时人尊之为"草圣"，他随便写个小纸条都成为世人争相收藏和学习的宝贝。

当时有一个叫赵壹的名士写了一篇《非草书》，描述人们对张芝的崇拜：

余郡士有梁孔达、姜孟颖，皆当世之彦哲也，然慕张生之草书，过于希孔、颜焉。孔达写书以示孟颖，皆口诵其文，手楷其篇，无怠倦焉。——《非草书》

意思是，我同郡的梁孔达和姜孟颖都是道德智慧不同凡响的大名士，他们对张芝的崇拜程度竟然大大超过了对圣人孔子和颜回的敬意。梁孔达给姜孟颖写信经常大段引用张芝的话，书法更是极力模仿张芝，如痴如醉，乐在其中。

于是，后学之徒竞慕二贤，守令作篇，人撰一卷，以为秘玩。——《非草书》

他们两位又有无数崇拜者，好多人都来向他们求字，拿回家里当作一个非常珍贵的宝贝，天天欣赏、临摹。临啊临，练啊练！

钻坚仰高，忘其疲劳；夕惕不息，仄不暇食。十日一笔，月数丸墨。领袖如皂，唇齿常黑。虽处众座，不遑谈戏，展指画地，以草刿壁，臂穿皮刮，指爪摧折，见腮出血，犹不休辍。——《非草书》

都像着了魔一样，废寝忘食，写到天黑也不想吃饭，写到半夜也不想睡觉。十天写秃一支笔，一月用完十块墨，身上到处都是墨点子，袖子都黢黑，手上、脸上也都是黑的。有时单位开会，别人只听听，只有他低着头记笔记，其实是背临字帖。有时出来跟朋友们吃个饭，别人有说有笑，他不由自主地用手指蘸水在桌子上划拉字。哈哈，这是说我。东汉人比我痴狂多了，手指都划拉出血来了，还写！这真没夸张，我深有体会，写字一旦写进去真就不想出来，舒服。

前述王羲之提到的钟繇生于汉桓帝时期，后来追随过汉献帝，又得到曹操的重用，他写书法更痴狂！据说，有一次，他跟曹操等几个人一起讨论怎么写书法，聊着聊着就发现其中一个叫韦诞的人讲得格外高明，再一瞅，韦诞手中正好拿着一本书。

繇忽见蔡伯喈笔法于韦诞坐上。——《用笔法》

韦诞拿着一本蔡邕讲授书法笔法的书。

钟繇的眼睛立马亮了，这正是自己梦寐以求的秘籍：韦兄，可否借与小弟一阅？

韦诞字仲将，是当时有名的书法家，心说：你要学会了这个秘籍，还怎么显出我来？

他把脑袋晃得跟拨浪鼓似的：不借！

繇苦求不与。——《用笔法》

钟繇怎么央求，人家也不借。

自捶胸三日，其胸尽青，因呕血。——《用笔法》

急得他好几天捶胸顿足，竟然把内脏捶坏了，一口鲜血喷出，不省人事。幸亏曹操有一种神药五灵丹，把药灌到钟繇肚子里，才把他救活。

钟繇对书法就这么痴狂。这还不算完，在随后的漫长岁月里，钟繇对蔡邕这本书念念不忘。最终，等到韦诞死。韦诞也是太珍爱这本书了，死后竟然带到了坟里陪葬。于是，钟繇盗墓，从坟里把书弄了出来，终于如愿以偿。然后，他从中学到了什么呢？

故知多力丰筋者圣，无力无筋者病，从其消息而用之，由是更妙。——《用笔法》

不懂书法或对书法还没有经过王国维"三重境界"的人，可能还理解不了这句话。王国维的"三重境界"即：

古今之成大事业、大学问者，必经过三种之境界："昨夜西风凋碧树。独上高楼，望尽天涯路。"此第一境也。"衣带渐宽终不悔，为伊消得人憔悴。"此第二境也。"众里寻他千百度，回头蓦见，那人正在，灯火阑珊处。"此第三境也。——《人间词话》

这真是道尽了做学问的辛苦酸甜！"昨夜西风凋碧树。独上高楼，望尽天涯路。"唉，路在何方？怎么走？怎么写？怎么读？如何下手？眼前一黑，苦闷彷徨，摸着石头过河，一点一点地去找门道。这是做学问、做事情必须经历的第一重境界。然后，逐渐找到一点门道，感觉自己上了道了，这时就像着了魔，"衣带渐宽终不悔，为伊消得人憔悴"。当然了，仍有着无尽的苦闷和挫败感，孤独。没有办法，只能坚持，路漫漫其修远兮，上下求索。这是第二重境界。"众里寻他千百度"，终于有一天，"回头蓦见，那人正在，灯火阑珊处"。哦，原来你就在这儿啊！原来书法就是么回事，这么简单！无非就是"筋力"二字，"多力丰筋者圣，无力无筋者病"，有筋、有力、多力、丰筋才是好书法，没筋、没力就是坏书法。把握住这个关键，参透这个秘密，别的结构、风格、神采等便都不是问题。

那么，蔡邕这本书具体都写了什么？从传世文献看，很可能包含了四篇书论，分别是：《篆势》《隶势》《九势》《笔论》。其中，《笔论》和《九势》堪称史上最著名的书论，代表了中国书法理论的高峰。比如《笔论》讲：

书者，散也。欲书先散怀抱，任情恣性，然后书之。若迫于事，虽中山兔豪，不能佳也。——《笔论》

意思是，写书法首先要心理放松，要"散怀抱"，不计工拙，心手双忘，才能发挥出最高水平。

当然，前提是得有功夫，得掌握笔法。《九势》主要讲笔法。关于笔法，近代大书法家白蕉认为，《九势》所讲的八个字"藏头护尾，力在其中"足矣！他说：

后世各家卖弄新名词、创新比喻、造新故事，其实都不出老蔡的这八个字。——《书法十讲》

我说过，不论大政治家，还是大艺术家，必定先是大思想家。仅从这一句话，足见白蕉的思想认识水平之高。大道至简，对怎样把字写好，从古至今的理论汗牛充栋，实际蔡邕这八个字足够了。甚至像钟繇进一步总结的，两个字足够了——筋、力。我也总结了两个字，一"横"一"竖"而已。不过，其中的运用之妙，其中的甘苦又何止千言万语。

总之，东汉桓灵时期，不但是碑学、帖学书法创作的高峰，也是书法理论的高峰。

今天讲中国书法，主要包括五种字体：真、草、隶、篆、行，即楷书、草书、隶书、篆书、行书。进一步细分，篆书又分小篆、大篆，前面还有甲骨文，草书又分今草和章草，隶书又分古隶与八分，还有飞白等，这些书体至东汉桓灵时期，也大致齐备。比如今草，一般说是张芝从章草的基础上创出来的；行书，一般说是刘德升所创，他也是这个时期的人。

飞白书，据说是蔡邕首创的。蔡邕有次去鸿都门见汉灵帝，"见役人以垩帚成字"，看到工人正在维修鸿都门，拿着大笤帚在墙上刷大白，忽然灵感乍现：字不也可以这样写吗？

回家之后，他也拿了把笤帚，蘸了墨写大字，便有了所谓的飞白书。

总之，蔡邕的书法成就很高。他的那本书论秘籍又成就了钟繇。钟繇临死时，把这本书又传给了儿子，并且嘱咐：你一定要好好研究这本

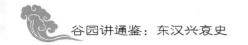

书，好好练书法，你爹我是怎么练的，你应当知道。

若与人居，画地广数步；卧，画被穿过表；如厕，至于忘归。见万类，皆画像之。——《用笔法》

每次我跟人在外面待着，都会不由自主地拿根树枝在地上写字，一写就写一大片。每晚睡前躺在被窝里，也总会以手指为笔，以被子为纸，练习书法，写烂了好几床被子。有时蹲在茅坑上琢磨写字，恍若出世，一蹲蹲一天，我这个痔疮就是这么得的。每天在生活的劳碌奔波之间，我看着日月星辰、风雨雷电、地上长的、天上飞的，万事万物在我眼前都有书法的影子，我体悟的各种思想智慧也都成为写好书法的思想智慧，一切是书法，书法是一切。

这个，真不算夸张。我认为，如果说中华文化是古代文人的信仰，那么书法就是古代文人的礼拜仪式。曾国藩连续十几年的日记，每篇开头都是一句雷打不动的话："习字一纸，围棋二局。"林散之讲他练字，六个字："定时、定量、定帖。"日复一日，年复一年，天天写，对古代文人，书法不是一种类似琴、棋、画的雅好，它是必需的。曾国藩教育子弟，"习字宜有恒，不善写则如身之无衣、山之无木"。书法写不好，就好比人没穿衣服，山没有树林。《颜氏家训》讲：

尺牍书疏，千里面目。——《颜氏家训》

千里之外的人收到你的信，一看你的书法，那就相当于看了你的脸面。

书法几乎是一种阶层的标签，就像《周易》小畜卦所讲：

小畜，君子以懿文德。——《周易》

人只要有了点钱，有了点身份，字绝不能差。拿近代来讲，且不说鲁迅、胡适等文人的字多好，就说张作霖、杜月笙等草莽出身的人，也都写一手好字。

那么，是不是中国历史上对书法一直都这么重视呢？应该不是。虽然，最早的甲骨文写得也很好，青铜器上的金文艺术水平也非常高，但是，那种美，一如《书谱》所谓：

同自然之妙有，非力运之能成。——《书谱》

它们是无意识的。

真正形成书法的审美意识，一般认为萌芽于秦朝的李斯，至桓帝、灵帝时期才成熟，而蔡邕著《笔论》《九势》对书法艺术做出深刻的理论总结，正是书法审美成熟的标志。随后，书法逐渐成为文人的衣服、脸面。

以上所讲的这些对我们理解汉灵帝创立鸿都门学的意义，应当有所启发。单从当时的政治看，创立鸿都门学是被蔡邕、阳球等名臣批评的一项劣政。而从文化艺术史的角度看，鸿都门学的创立应是东汉后期书法等艺术活动在民间蓬勃发展的一种结果，它使一大批身处社会底层却有着高超艺术水平的人得到社会的尊重，进一步推进了整个社会对艺术的崇尚和对美的追求，使中华文化更具温婉动人的魅力，使我们的文明更加高级。

五十一、蔡邕琴操

对蔡邕反对鸿都门学，汉灵帝不以为然，不过，他对蔡邕的学问很认可，遇到问题常向其征询意见，尤其灾异问题。

时妖异数见，人相惊扰。——《后汉书·蔡邕传》

当时皇宫内外出了一些很奇怪的事，比如，大白天在皇座上竟然盘着一条大蛇；一场大风竟把皇宫里一百多棵大树连根拔起；皇宫里出现彩虹；母鸡变公鸡；等等。还有一次更吓人：

有黑气堕北宫温明殿东庭中，黑如车盖，起奋讯，身五色，有头，体长十余丈，形貌似龙。——《后汉书·五行五》

一团黑气仿佛一条大黑龙，龙身好像还有五色花纹，在北宫的院子里扑腾了好一会儿才散去。

汉灵帝吓坏了：蔡邕，你快说说，这是什么龙，有什么说法？

蔡邕回答：

所谓天投蜺者也。不见足尾，不得称龙。——《后汉书·五行五》

这不是龙，龙有足、有尾，这个没有，它叫蜺。这种灾异在纬书中称为"天投蜺"。什么意思呢？

《演孔图》曰：天子外苦兵，威内夺，臣无忠，则天投蜺。——《后汉书·五行五》

这预示要有大战乱！内部有人要夺您的威权，外面大臣也对您不忠心。

汉灵帝更吓坏了：这玩意儿准吗？

蔡邕叹口气：

变不空生，占不空言。——《后汉书·五行五》

灾异不会平白无故出现，纬书上的话也不会平白无故写。您得想想办法了。

汉灵帝：好吧，你先回吧，朕想想。

然后，汉灵帝一天一宿魂不守舍。次日天刚亮，便派太监给蔡邕送去一封密诏：你说得没错，这帮大臣都不忠心。

各存括囊，莫肯尽心。——《后汉书·蔡邕传》

他们跟我说话都是说一半留一半，只有你最忠心，你给朕说说真话，到底现在有什么问题，该怎么办？

蔡邕很感动：皇上这么信任我，我就是死也得把真话讲出来！

于是，他奋笔疾书，谁是忠臣，谁是奸臣，谁是坏太监，都指名道姓地写了一大篇。最后，提醒汉灵帝说：

君臣不密，上有漏言之戒，下有失身之祸。——《后汉书·蔡邕传》

君不密则失臣，臣不密则失身，臣的这封密奏您千万别让别人看见，最好阅后即焚。

结果，不靠谱的汉灵帝当然保不了密，蔡邕因此得罪了很多人，其中就包括被他点名的坏太监程璜。前述，程璜的女儿是大酷吏阳球的宠妾，时任将作大匠的阳球正好跟蔡邕的叔叔蔡质有过节。

蔡质时任卫尉，是位列九卿的高官，且很有学问。

质字子文，著《汉职仪》。——《后汉书注》

蔡邕的六世祖蔡勋在汉平帝时期做过县令，因不满王莽篡汉，弃官归隐。蔡邕的祖父蔡携在汉顺帝时期也做过县令。蔡邕的父亲蔡棱没有做官，不过，也很受时人尊重。

亦有清白行，谥曰贞定公。——《后汉书·蔡邕传》

蔡棱是五十三岁死的，亲友、乡党、门人们赠其私谥为"贞定公"。帝王将相的谥号为官谥，布衣平民的叫私谥。

谥法曰：清白守节曰贞，纯行不差曰定。——《后汉书注》

贞定，就是表彰他德行高尚。

蔡邕的叔叔蔡质仕途顺遂，官至九卿之位，远超前人。

蔡邕早年"性笃孝"，母亲卧病在床三年，他衣不解带地伺候。母亲去世后，他在坟墓边盖了一间小草房住进去，安安静静地给母亲守孝。

有菟驯扰其室傍，又木生连理，远近奇之，多往观焉。——《后汉书·蔡邕传》

当时，仿佛有一种天人感应，在蔡邕守孝的小草房周围的动植物都逐渐呈现出一种祥和之象，小兔子们在旁边嬉戏，树木枝叶参差交织，童话般的感觉。人们都很惊奇，好多人过来看。

《后汉书》还提到，蔡邕跟叔叔蔡质这边一直没有分家，非常和睦，此谓"友悌"。

与叔父从弟同居，三世不分财，乡党高其义。——《后汉书·蔡邕传》

总之，蔡邕出身于标准的士大夫阶层，他的家族世代为官，虽然早期官不大，但后期已然跻身高层，所以，他才能拜太傅胡广为师。他们家族严格奉行儒家士大夫的道德规范，是孝悌忠信的楷模。蔡邕对鸿都门学那些出身底层的文艺人士的批评，其实在一定程度上体现了阶层的对立，这种阶层意识在随后的魏晋时代会更加鲜明。

蔡邕的批评还可以从"艺术观"方面来理解，孔子所谓：

骥不称其力，称其德也。——《论语·宪问》

以儒家的价值评判，凡事皆以道德为先，人品为先，做事先做人。一个人书法写得再好，文章辞赋写得再好，如果人品不好，也是不足论的。

蔡邕叔侄得罪大太监程璜和酷吏阳球，自然没有好果子吃，很快就被罗织了很多罪名，被投入大牢，定为死罪。幸亏好太监中常侍吕强求情，加之汉灵帝惜蔡邕之才，才没杀头。

减死一等，与家属髡钳徙朔方，不得以赦令除。——《后汉书·蔡邕传》

都被剃了光头，发配到朔方，即便以后遇大赦，他们也不被赦免。这仍是很重的刑罚。可阳球还不解气，非要置之死地而后快，要雇用刺客在发配的路上刺杀蔡邕。

客感其义，皆莫为用。——《后汉书·蔡邕传》

结果，刺客们佩服蔡邕，根本没人接这个活儿。接了这个活儿的，到了跟前一看，也撤了。

阳球不死心，他又想收买押送蔡邕的官吏下毒，这个官吏则主动向蔡邕坦白：您小心点吧，他们让我给您下毒。

就这样，蔡邕总算平安到达了发配地。安顿下来后，他就给汉灵帝写信：这几年我在东观校书的同时，一直在编纂咱们东汉历史。

撰补《后汉记》。——《后汉书·蔡邕传》

请您赦免我，让我回去继续完成它吧。现在已经整理好的《十意》，类似《汉书》"十志"，先寄给您，请过目。

汉灵帝本是文艺青年，对蔡邕的才情学问近乎仰慕，正好又要大赦，当即同意，召回蔡邕继续修史。

于是，蔡邕在朔方熬了九个月，终于可以返回洛阳。临行前，当地太守为他饯行，酒席间却话不投机，恼了。太守立即派人火速回洛阳，找他哥哥大太监王甫，告蔡邕的黑状。

蔡邕忧虑：完了！我本是戴罪之身，程璜、阳球一直想弄死我，现在又来了一个王甫，这一关肯定过不去了。怎么办呢？得了，三十六计，走为上！

乃亡命江海，远迹吴会。往来依太山羊氏，积十二年，在吴。——《后汉书·蔡邕传》

蔡邕这一跑就是十二年，藏身于江南吴地。

万人如海一身藏。有一天，蔡邕在吴地街头闲逛，忽听"火烈之声"，就是木头被烧着了，里面的油脂、水分遇火会有炸裂之声。蔡邕感觉这个声音不一般，这不是一般的木头。他扭头一看，旁边临街的一家人正在烧火做饭，正在灶膛里烧一块桐木。蔡邕冲上去，一把拽出了这块桐木：哎，给我来点水。

一瓢水浇灭了火。蔡邕向人家施礼：对不起，吓着您了吧。能把这块桐木头给我吗？我想把它制成一张琴。

那时人淳朴，痛快答应：好啊，您拿走吧。

蔡邕如获至宝，大喜而回，立马开工干，很快，琴就制成了。

果有美音，而其尾犹焦，故时人名曰"焦尾琴"。——《后汉书·蔡邕传》

这张琴的音质太好了，绝了！因为木料有限，琴尾还留着此前烧焦的痕迹，故时人称此琴为"焦尾"，也成为史上四大名琴之一。

齐桓公有鸣琴曰"号钟"，楚庄有鸣琴曰"绕梁"，司马相如有"绿绮"，蔡邕有"焦尾"。——《后汉书注》

这就是四大名琴。之所以选它们为"四大名琴"，是因为它们背后都有好故事。

首先，这张"号钟"琴据说是伯牙弹过的。伯牙遇子期，千古传知音。这段妇孺皆知的故事在《列子》和《吕氏春秋》里都有记载。

伯牙鼓琴，钟子期听之。方鼓琴而志在太山，钟子期曰："善哉乎鼓琴！巍巍乎若太山。"少选之间而志在流水。钟子期又曰："善哉鼓琴，

汤汤乎若流水。"——《吕氏春秋·本味》

伯牙弹琴，他心里想表现太山（本作"大山"，即高山，非泰山）的巍峨意境。钟子期立即听了出来，感叹：啊，巍巍乎若太山。

不一会儿，伯牙曲风一变，钟子期又立即听了出来，感叹：汤汤乎若流水。

两人相视而笑，莫逆于心，高山流水遇知音。

钟子期死后，伯牙再无知音，很痛苦，把琴砸毁，再也不弹了。这张"号钟"可能没舍得砸，传到了古琴收藏家齐桓公手里。

再说，这张"绕梁"琴，其名源于《列子》记载的一个故事。春秋时，有一个叫韩娥的女子到齐国都城，走到城门口没钱了，带的干粮也都没了。怎么办呢？

鬻歌假食。——《列子·汤问》

她只好当街头艺人卖唱。这一唱，不得了了！她唱得太好听了，旁边听歌的人们都被陶醉了。

既去，而余音绕梁，三日不绝，左右以其人弗去。——《列子·汤问》

韩娥唱了几首歌，收了点钱，便进城走了，可在城门听歌的人们还陶醉在歌声里，都感觉"余音绕梁，三日不绝"，仿佛韩娥还一直在原地继续唱。

韩娥进城后，住进一家客栈，住了两天，又没钱了。客栈老板催她续房费，她续不了，老板就烦了：没钱还待这干吗？赶紧滚蛋！

韩娥被轰了出来，委屈得放声大哭。这一哭，不得了了！她哭得太悲伤，太感人了。

一里老幼悲愁，垂泪相对，三日不食。——《列子·汤问》

整个街区的男女老幼听了都伤心坏了，都跟着哭啊哭……

韩娥都走了三天了，这帮人还在哭，也不吃饭。可把这个客栈老板吓坏了：人们要都这么哭死，我这罪过大了。怎么办呢？

他赶紧驾上马又去追韩娥，追上后又把韩娥请了回来：您快跟我回去吧，到我那儿愿住多久住多久，不要钱，只要您再给我们唱首欢乐的歌就行了。这是救命。

于是，韩娥回来就给人们唱了一首歌。

整个街区的人立马都不哭了。

后来，楚国有人制了一张好琴，便由此故事，而将琴命名为"绕梁"，进献给了楚庄王。"绕梁"琴音质绝美，楚庄王一听就陶醉了，从此君王不早朝，一连七天不理政务。他的爱妃很贤良，见此情景，进谏：当年夏桀和商纣王都因沉湎于靡靡之音而亡国，您也要步他们的后尘吗？

楚庄王幡然醒悟，就把这张"绕梁"琴砸了。

再说，这张"绿绮"琴，就是司马相如琴挑卓文君的那张琴。前面西汉史中讲过这段故事，标题为"史上最著名的私奔"，很有意思。这里再补充一点。据说当时司马相如一边弹琴，一边还唱着《琴歌》：

凤兮凤兮归故乡，

遨游四海求其凰。

时未遇兮无所将，

何悟今兮升斯堂！

有艳淑女在闺房，

室迩人遐毒我肠。

何缘交颈为鸳鸯，

胡颉颃兮共翱翔。

凰兮凰兮从我栖，

得托孳尾永为妃。

交情通体心和谐，

中夜相从知者谁？

双翼俱起翻高飞，

无感我思使余悲。

    ——《琴歌》二首

  这张焦尾琴再无可说，不过，蔡邕与琴之间还有一个最精彩的故事。当时，蔡邕拒绝汉桓帝征辟，半道称病返回，然后心里颇为忐忑，担心官府找自己的麻烦，所以平日做事非常谨慎。有一天，他应朋友之约，到人家去喝酒，走到这家门口时，就听屋里面有人在弹琴。蔡邕心想：哦，我来晚了，人家音乐都开始了，准是已经喝上了。

  他抬脚正要往门口里面走，忽然心里"咯噔"一下：

嘻！以乐召我而有杀心，何也？——《后汉书·蔡邕传》

  呀，不对！这琴声里面怎么有杀机？怎么回事？

  他扭头就走。正好身后有人看见，跟主人家讲：蔡伯喈怎么到了门口又走了呢？

  主人奇怪，赶紧追出来：哎，伯喈兄，你怎么又回去啦？

  蔡邕扭头一看，人家一脸真诚，不可能是要杀自己：哎呀，这个……他挺不好意思：这个……实不相瞒，是这么这么回事……

  主人很了解蔡邕，知道他不是说着玩的：这可老奇怪了，你一会儿看看吧，今天来的都是老朋友，弹琴的你也认识，怎么会有杀机呢？不可能啊。

  主人拉着蔡邕进了屋，把情况一说，弹琴的人立马站了起来：伯喈兄，你看会不会是这么回事？刚才我弹着琴的时候，正好看见旁边树上一只螳螂要捕杀一只蝉，那只蝉将飞未飞，螳螂举着它那大钩子正晃悠着，我正想它能否得手，杀得了，还是杀不了这只蝉？

此岂为杀心而形于声者乎？——《后汉书·蔡邕传》

  蔡邕终于松了口气。

莞然而笑曰：此足以当之矣。——《后汉书·蔡邕传》

笑道：你这个杀心可老大了，吓死我了。

人们一下子都服了，这比钟子期听出伯牙的高山流水可厉害多了。

前面战国史讲过《韩非子》里师延、师旷弹琴的故事，那个场面更大，也非常精彩，当时还提到了孔子也是音乐发烧友。

在齐闻《韶》，三月不知肉味。——《论语·述而》

他听音乐也是听得太入迷，吃饭都不知道什么味儿了。孔子演奏水平应当不低，琴肯定也弹得很好。这方面也有一个好故事。孔子周游列国期间，跟卫国老乐官师襄子学琴。师襄子教孔子弹一首琴曲，一连弹了十天。

师襄子点头：好了，弹得不错了，我再教你弹曲新的吧。

孔子摇头：

丘已习其曲矣，未得其数也。——《史记·孔子世家》

这首琴曲我确实会弹了，但它里面一些关键性技巧还没掌握。

师襄子点头：好吧，继续练吧。

又练了几天，师襄子挺高兴：好了，这些关键性技巧你已经掌握了，我再教你弹曲新的吧。

孔子摇头：

丘未得其志也。——《史记·孔子世家》

我还不能深入体会这首琴曲所表达的意境，也弹不出这意境来。

师襄子点头：好吧，继续弹吧。

又弹了几天，师襄子大悦：这首琴曲的意境太好了，你已经弹得非常好了，我再教你弹曲新的吧。

孔子仍然摇头：

丘未得其为人也。——《史记·孔子世家》

我还是不能真切地感受到这首琴曲的作者，他该是一个怎样的人呢？

师襄子点头：这首琴曲的作者，我的老师好像跟我说过，可是岁月久远，我早已忘记，曲名也想不起来了。你继续弹吧，过几天我再来。

孔子继续弹。几天后，师襄子过来，发现孔子仿佛变了一个人，完全沉浸在琴声里，表情时而严肃，时而喜悦，时而忧郁，时而激昂。一曲终了，孔子才缓缓抬起头来说：

丘得其为人，黯然而黑，几然而长，眼如望羊，如王四国，非文王其谁能为此也？——《史记·孔子世家》

我猜想，那个人该是周文王吧？

师襄子大惊！

辟席再拜，曰：师盖云《文王操》也。——《史记·孔子世家》

师襄赶紧给孔子施礼：我想起来了，这首琴曲叫《文王操》，作者正是周文王。

五十二、《后汉书·独行列传》

按《资治通鉴》的记载，汉灵帝设鸿都门学，于熹平六年（177）始筹备，熹平七年（178）正式成立。其间，他还做了一件事，也被很多大臣反对，那就是北伐鲜卑。

如前述，鲜卑出了一位了不起的首领檀石槐。此人天赋异禀。话说从前有个鲜卑男人到匈奴那边当兵，一去三年，中间一次家也没回。这年回家一看，奇怪，老婆生儿子了。顿时，他的脸就绿了，抱起这孩子就要把他摔死。老婆拦着：别，我没做对不起你的事儿！

男人说：当我傻啊。

妻言尝昼行闻雷震，仰天视而雹入其口，因吞之，遂妊身。——《后汉书·鲜卑传》

老婆说：这还真没准儿。那天我在外面走，忽然乌云密布，雷声大作，我仰头看天，正好一个雹子砸进嘴里，咽进肚子，然后就怀了。你说，是不是很神奇？咱养几年看看呗。

男人怒发冲冠：你拉倒吧！快把他给我扔了！

老婆没办法，把孩子送到一个亲戚家养着，说已经扔了。后来，这个孩子长大成人。

年十四五，勇健有智略。——《后汉书·鲜卑传》

他很快便崛起，一统鲜卑各部，然后东征西讨。

北拒丁零，东却夫馀，西击乌孙，尽据匈奴故地，东西万四千余里，南北七千余里。——《后汉书·鲜卑传》

这实在太厉害了，他就是檀石槐。他这么厉害，自然成为汉帝国一大威胁，从汉桓帝中期，鲜卑就不断南下侵扰。

灵帝立，幽、并、凉三州缘边诸郡无岁不被鲜卑寇抄，杀略不可胜数。——《后汉书·鲜卑传》

到汉灵帝即位后，鲜卑更是猖獗，年年闹。

于是，熹平六年（177），边塞将领上书请求出兵讨伐鲜卑。蔡邕等大臣反对，认为没有必胜的把握。鲜卑的实力在羌人之上，打羌人打了那么多年都搞不定，对付鲜卑最好以防御为主，维持现状。汉灵帝不听，派出三员大将各领一万骑兵，出塞北伐。檀石槐也派出三路大军，将三路汉军全部击溃。三员汉将各自只带着几十人逃回。

汉灵帝没脾气：好吧，咱还是以防御为主吧。

鲜卑则乘势入塞。其中一万骑进攻辽西郡。辽西太守赵苞急忙调集两万骑兵迎战，本以为势在必胜，结果两军对垒，冲到阵前一看，傻眼了。他的老母亲、妻儿正被鲜卑押在阵前，刀都架在脖子上。怎么回事呢？赵苞这是刚刚上任，刚刚派人回老家接老母亲和妻儿来。这一家老小刚刚进了辽西郡地界，正好撞上鲜卑大军，就被劫了。这可怎么办？

鲜卑在那头喊：赵太守，你只要乖乖交出两万斛粮食，把我们送走，保你家人团聚。敢说半个不字，立马砍了他们！

赵苞急得放声大哭！忠孝不能两全，怎么办？

老母亲在那头大声喊：儿啊，别哭！不要为难！

人各有命，何得相顾，以亏忠义！——《后汉书·赵苞传》

我们娘儿几个就是这个命，你不能为救我们有损忠义！还记得史书上讲的吗？大汉开国时王陵母亲的故事还记得吗？娘也要做这样的母亲！你要灭了他们，为娘报仇！

赵苞钢牙咬断：众将听令，进军！杀！

汉军将士早已红了眼，无不拼命冲杀，将鲜卑大军击溃。

可怜赵苞的母亲、妻儿都被杀害了。

赵苞强忍悲痛，将母亲的灵柩运回老家安葬。一切料理完毕，他放声大哭：都怪我啊，都怪我！

食禄而避难，非忠也；杀母以全义，非孝也。如是，有何面目立于天下。——《后汉书·赵苞传》

竟然当天"呕血而死"。

前述陆续的故事也讲到了母亲，也非常感人。赵苞和陆续都载于《后汉书·独行列传》，该传开篇讲：

孔子曰：与其不得中庸，必也狂狷乎！又云：狂者进取，狷者有所不为也。——《后汉书·独行列传》

大意是，孔子最推崇的是能做到中庸的人，这种人走正道，凡事都做得恰到好处，不显山，不露水，就像蔡邕的字，恪守法度、礼节，规整、规矩。这是做人的最高境界。

做不到中庸的话，狂狷也行，也被孔子所欣赏，这种人也走正道，只是比较张扬，比较扎眼。所谓，"狂者进取"，别人不敢做的，他做；"狷者有所不为"，别人不敢不做的，他敢不做。总之，特立独行，超出常人。《后汉书·独行列传》的传主大致都是这样的人，除了赵苞、陆续外，给我印象比较深的还有以下几位。

一位叫李业，西汉末年做郎官，看王莽篡位，忠臣不事二主，辞官回老家蜀地广汉郡闭门隐居。

太守刘咸听说后，派使者请李业到郡府做事。李业当然不干，那样的话，辞官还有何意义，称病拒绝。

刘咸不罢休：有病不要紧，可以带病上岗，又不给他累活。再去请！

李业还是拒绝：不行，我的病最近加重了，要去了病死，家人怎么办？

使者没办法，回禀刘咸，刘咸大怒：

贤者不避害，譬犹彀弩射市，薄命者先死。——《后汉书·李业传》

人活人死，那都是命。就像有歹徒朝人员密集的集市里射冷箭，谁会被射死？谁薄命谁就被射死。我请他来做事，他就病死了？在家养着就病不死吗？这是不给我面子！

于是，刘咸派人把李业抓来，想杀之。幸亏有个幕僚劝阻：使不得，千万别杀李业。

赵杀鸣犊，孔子临河而逝。——《后汉书·李业传》

这个典故，您忘了吗？当年，孔子周游列国，他在黄河南边的卫国待不下去了，想去北边的赵国发展。刚到黄河边，孔子正要坐船渡河北上，就听说赵国刚刚杀死了贤者窦鸣犊。孔子的心里"咯噔"一下：停，下船，赵国咱不去了。

弟子们不解，孔子解释：

丘闻之也，刳胎杀夭则麒麟不至郊，竭泽涸渔则蛟龙不合阴阳，覆巢毁卵则凤皇不翔。何则？君子讳伤其类也。——《史记·孔子世家》

就是说，哪里要是有人在捕猎虎、熊、鹿等兽类时，连怀胎的雌兽与特别幼小的幼兽都不放过，那么，麒麟这种祥瑞就再也不会在那里出现。哪里要是有人在打鱼时把水都抽干，水里的鱼不论大小全部逮光，那么，龙这种祥瑞就再也会不在那里出现了。哪里要是有人在捕杀鸟类时，把鸟巢都毁掉，把鸟蛋都掏干净，那么，凤凰这种祥瑞就再也不会在那里出现了。为什么呢？这就叫"讳伤其类"，不管什么动物看到同

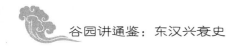

类被伤害,都会难受。动物都这样,咱们作为人当然更是如此。明白了吗?

太守大人啊,您要是杀了李业,以后像这样的贤人还不都得躲得您远远的。

刘咸点头:好吧,有道理,好一个"赵杀鸣犊,孔子临河而逝",好一个"君子讳伤其类",快放李业回去吧。

新莽朝结束后,公孙述在蜀地称帝,又要征辟李业,李业还是拒绝,请了好几次,也不出山。公孙述也急了:好小子,敬酒不吃吃罚酒!来人,带上这杯毒酒去,他要还敢不来,就让他喝了!

李业威武不能屈:好吧,我喝。

使者劝说:您这是何苦呢?放着荣华富贵不要,非要喝这杯毒酒。要不,您跟家人商量一下,听听他们的意见。您死了,他们怎么办?

李业摇头:

丈夫断之于心久矣,何妻子之为。——《后汉书·李业传》

我早就想好了,公孙述真要以死相逼,那我就以死尽汉臣之节。不用再跟家人商量。

然后,饮之而死。这就是"狷者有所不为"。

还有两位蜀地名士王皓和王嘉,也跟李业一样,因王莽篡位而辞官,又宁死也不屈于公孙述,遗言:

犬马犹识主,况于人乎!——《后汉书·李业传》

由此可见民心向背,刘秀能重得天下正是靠此。

还有两位蜀地名士——任永和冯信——装瞎以拒绝公孙述。

皆托青盲以避世难。——《后汉书·李业传》

这两人准是韩非子的信徒,连老婆孩子都不信任,都瞒着,家人都以为他们是真瞎了。然后,戏剧性的事情发生了。

永妻淫于前,匿情无言;见子入井,忍而不救。信侍婢亦对信奸通。——《后汉书·李业传》

任永的老婆当着他的面就跟情人缠绵，任永忍了，假装看不见。有天孩子掉井里了，他还假装看不见。冯信的小妾也当着他的面与人通奸，冯信也忍着。忍常人所不能忍，正突显出他们对汉室的忠心。

忠，不只是对皇帝、对国家，前述陆续之忠就是对太守，他作为郡吏宁被打死，也不诬陷太守。类似的，《后汉书·独行列传》里还讲了两个人，一个叫索卢放，他给将被问斩的太守上书求情：

使功者不如使过，愿以身代太守之命。——《后汉书·索卢放传》

意思是，国家应当任用戴罪立功的人，这样的人更懂珍惜，干工作会更尽力。请不要处死我们的太守，我愿代他受死。

另一个人叫戴就，是管郡府仓库物资的，太守被指控贪污物资，他也被抓进大牢严刑拷打：说，你们太守私自挪用了多少物资？

戴就坚决否认：绝对没这事，你们怎么打我，我也不会诬陷太守。

狱吏：嘴硬是吧？烙铁伺候！

大红烙铁朝着戴就的胳肢窝就烙了上去。"刺啦"一声！

狱吏：怎么样？要不要再来一下。

戴就咬咬牙，竟然笑了：

可熟烧斧，勿令冷。——《后汉书·戴就传》

你这个烙铁不热啊，没感觉。

狱吏大怒，一通猛烙，戴就身上的肉都被烙熟了。

肉焦毁堕地者，掇而食之。——《后汉书·戴就传》

肉掉地上，捡起来就能吃了。

又复烧地，以大针刺指爪中，使以把地，爪悉堕落。——《后汉书·戴就传》

又用马粪熏等各种酷刑，实在惨无人道。戴就是宁死不屈。

最终，审案的人都被他折服了。

深奇其壮节，即解械。——《后汉书·戴就传》

太守也没事了。

《后汉书·独行列传》还讲了奴仆对主人的忠。东汉初期有一次大瘟疫，淯阳县富绅李元全家染病而死，只留下了一个不到百日的婴儿。家里的几个奴仆就想把婴儿弄死，瓜分其千万家财。其中一个奴仆叫李善，心地善良，想反对又不敢，便偷偷抱走婴儿，逃到外县藏了起来，亲自哺育抚养孩子，备尝艰辛。他跟这孩子之间还一直恪守着主仆关系。

虽在孩抱，奉之不异长君，有事辄长跪请白，然后行之。——《后汉书·李善传》

李善平时对这个小主人仍然跪拜行礼，凡事请示。

十多年后，李善带小主人返回本县，告到县衙，将那几个奴仆绳之以法，夺回了财产。

随后，李善的事迹被上报朝廷，光武帝很受感动，召李善做太子舍人，以表彰忠义。

李善后又升任日南太守，赴任途经淯阳，又专门给旧主李元上坟祭拜。

除了君臣关系强调的忠，《后汉书·独行列传》还讲了朋友关系强调的信。山阳郡有个人叫范式，字巨卿，年轻时在洛阳做太学生，跟汝南郡的张劭是共过患难的好朋友。这年，他们结束学业，各自回家，分别时依依不舍。张劭落泪：巨卿兄，此一别不知何日才能再见。

范式拍拍张劭的肩膀：这好说，咱们约个日子，两年后的今天，我去汝南看你，好不好？

张劭很高兴：好，一言为定。到那天，我一定预备好酒好菜等着你。

范式：一言为定！

一晃两年过去，眼看着再过一天就是两人约定的日子了，张劭赶忙催促母亲：您赶快准备吧，鸡鸭鱼肉是不是得提前炖出来？

母亲笑了：我的傻儿，你怎么这么实在，两年前说的话，谁还记得。再说啦，你那个朋友远在山阳郡，到咱这儿将近一千里地，起码得走三四天。明天他肯定来不了。

张劭一噘嘴：巨卿肯定不会食言的！

果然，转过天来，还没到中午，范式就到了。一对好朋友怎样把酒言欢，又再次洒泪而别，兹不细说。

又过了几年，张劭得了重病，生命垂危，当地两个朋友一直守在身边照顾。这两人瞅着张劭的眼神，感觉好像还有事儿：哥哥，你还有什么话要说吗？

张劭叹口气：唉，我有遗憾。

恨不见吾死友！——《后汉书·范式传》

朋友很奇怪："死友"是啥意思？我们不是吗？

张劭说：你们不是我的死友，你们是我的生友。

山阳范巨卿，所谓死友也。——《后汉书·范式传》

说完，他就咽气了。

当天夜里，远在山阳郡的范式刚刚睡下，就梦见张劭突然来找他，满脸憔悴，弱不禁风，颤巍巍地讲：巨卿兄，我刚刚死去，将于三日后下葬，可惜不能与兄生离，特来死别。

范式惊醒，这个梦太真切了：哎呀，可疼死我了！不行，我得去送我友最后一程。

第二天，作为郡功曹的范式找太守请假。太守感觉不可思议，又不好拦着：好吧，去吧。

于是，范式快马加鞭往汝南赶。

这头，张劭的葬礼举行完，人们抬着棺材往坟上走，到了要往坟穴里下葬时，这口棺材生生调弄不顺溜了，怎么也放不进去。邪了！怎么回事呢？母亲抱着棺材哭：儿啊，你这是怎么了，是不是还有什么没了的事？

就在这时，远处马蹄声急。

乃见有素车白马，号哭而来。——《后汉书·范式传》

范式来了。他伏棺大哭：兄弟啊，我到了，让你久等了，走吧。

死生路异，永从此辞。——《后汉书·范式传》

人们把范式搀起，继续抬棺下葬，棺材自动就调直了，顺顺溜溜被安放到了坟穴里。

范式后来又去太学进修。同学陈平子病重将死，而家乡远在两千里外的长沙，身后怎样才能叫落归根呢？他身边只有妻子带着年幼的孩子，弄不了。谁能给我帮这个忙呢？想来想去，想到了范式，就写了一封信交给妻子，说：我死之后，你就把我卷个草席，埋到范巨卿房前，把这封信交给他。虽然我跟他没什么交往，但我知道，他一定会帮咱。

范巨卿，烈士也，可以托死。——《后汉书·范式传》

说完就死了。

妻子照办。

范式果然不负死托。

省书见瘗，怆然感之，向坟揖哭，以为死友。——《后汉书·范式传》

范式真就把这位生前不熟的"死友"陈平子送回了长沙，落叶归根。他还丝毫不求回报，离着陈平子老家还有四五里地，他扭头返回。陈家人想谢他都没追上。

后来，范式举茂才，官至荆州刺史。有一次，他到所辖新野县视察，当地有"导骑"骑着马在前开道。他就发现有个导骑很面熟：

子非孔仲山邪？——《后汉书·范式传》

您不是孔仲山兄吗？老同学，你怎么混成这样了？

处于卒伍，不亦惜乎？——《后汉书·范式传》

咱堂堂的太学生，即便不能封侯拜相，也不至于干这个啊，这不都是街卒干的吗？平时扫大街，赶上有来视察的，就干导骑，对吧？太可惜了，太屈才了。

这个导骑的脸微微一红，不过很快又镇定下来：哈哈，巨卿兄，刺史大人，没想到从这遇到你。这个说来话长，没混好，没办法，只好来干街卒。不过，咱都是读书人，你也知道那些古之贤者的事。

侯嬴长守于贱业，晨门肆志于抱关。子欲居九夷，不患其陋。贫者士之宜，岂为鄙哉？——《后汉书·范式传》

侯嬴只是个看大门的，却能教给信陵君窃符救赵；晨门也是个看大门的，却能指出孔子"知其不可为而为之"，他们都是抱关击柝的吏隐之士。孔子也曾乘田委吏多能鄙事，还曾想隐居于九夷之地，而不嫌其简陋，说：

君子居之，何陋之有？——《论语·子罕》

巨卿兄，我做街卒也算是跟圣贤们学习学习，不屈才，没什么可惜。

范式哈哈大笑，挑大拇指称赞：好，了不起！县令呢，这就是我的老同学孔仲山，这个水平，你服不服？

县令赶紧点头作揖：仲山先生，得罪了，我有眼不识泰山，您快下马上我的车。

孔仲山一摆手：别，这是我的工作，我必须干好，有什么话回头再说。

后来，这位孔仲山渐成大名，被三公辟举，官至南海太守。

范式则官至庐江太守，卒于官。他的墓碑拓片也流传后世，就是汉隶书法的杰作《范式碑》。

五十三、鬼神故事

《后汉书·独行列传》还有一位叫王忳的传主，他是蜀地新都县人。有一次，王忳到洛阳办事，途中遇雨，躲进路旁的一间破草房里。他一进去，吓了一跳，里面躺着个人。

王忳定睛一看，此人双目紧闭、脸色苍白、嘴唇干裂，奄奄一息，再看装束、相貌像是个书生。王忳急忙拿出水来，送到这人的唇边，拿出毯子给他盖上。这人已经动不了了，眼角流泪，用极微弱的声音道了声谢：谢谢，好心人，我是要到京师求学，病了，要死了，身上带着十斤金子，您拿去，请把我安葬好……

王忳赶紧问：先生尊姓大名，家住何方？我去告诉您家人……

再看这人，已经咽气了。王忳长叹一声：唉，人命无常啊，他的家人也没法儿找，唉……

再一看，这人身后真有十斤金子。王忳没有见利忘义，他只从中拿出一斤，买了棺椁寿衣墓地之类，把这人安葬好，另外九斤金子全部放进棺中陪葬了。

几年后，王忳做了新都县大度亭长，到任之日，发生了一件奇怪的事。就在他办公的院里，突然跑进了一匹马。这是谁家的马？问谁，谁都不知道。随后，又起了一阵大风，一床大被子从天而降，也掉在院里，被罩上还绣着花，很漂亮。这是谁家的？问谁，谁都不知道。王忳向县令汇报，县令也挺奇怪：既然找不到主家，那你就先用着吧。

王忳挺高兴：好嘞！我怎么这么好的运气啊，这比天上掉馅饼可强多了，有这匹马骑着，再办什么案子就方便多了。

一晃半年过去了，一天，王忳骑马到旁边的洛县办案，一进县城就被一个老头给拦住了：站住！下来，这是我的马！

王忳赶忙下马，雒县的官差也来了，两边一对接：哎呀，王亭长，这个马还真就是我们这位老先生的，我们都见过，丢了半年了，怎么到您手上了？

王忳解释了一番，是这么这么回事，而且那天还白捡了一床绣花大被呢。

老头苦笑：那个被子肯定也是我家的。那天起了一阵大旋风，马就跑了，院子里正晒着的被子也被旋上了天。哎，小老弟，你这个运气怎么这么好呢？怎么就偏偏都跑到你院子里了呢？你是不是做过什么好事，积了阴德。

王忳也笑了：哈，我还真做过积阴德的事，那年我上洛阳，半道上……他就把那个书生的事儿说了一通。这个老头的眼睛瞪得老大：王先生，您再说说，那个书生长什么样？他是不是戴着顶这样的帽子，穿了件这样的衣服，脸上有颗痣，身上还带着十斤金子……

王忳大惊：正是，一点儿不差，您怎么知道的？

老头"哎呀"一声：那是我儿啊！

随后，这家人在王忳的带领下来到书生坟前，棺椁打开，果然那九斤金子还在，一两不少。

人们都服了：王忳，了不起！真是轻财好义！

王忳由是成名，举茂才，升任郏西郿县县令，赴任时又遇上一桩神奇之事。那天，他刚到郿县境，天刚擦黑，正好旁边有个驿亭，他便招呼亭长，要住下。

亭长劝止：

亭有鬼，数杀过客，不可宿也。——《后汉书·王忳传》

这地方闹鬼，要不是听说您来，卑职早就回家了。您先歇会儿，趁着天还没黑，咱赶紧走，千万别住在这儿，此前这个鬼已经杀了好多人了。

王忳把脸一沉：你什么意思？看我初来乍到，要给我个下马威吗？

仁胜凶邪，德除不祥，何鬼之避！——《后汉书·王忳传》

本官怀仁修德，心里没鬼，何惧于鬼？来，帮我把房间收拾一下。快！

亭长一撇嘴，心想：好良言难劝该死鬼，你爱怎么着就怎么着吧。

他帮着收拾好，说：大人，卑职可不敢在这儿陪您。

王忳说：好，你走吧，我自己在这儿住就行。

等天大黑了，王忳也有点害怕，翻来覆去睡不着。刚睡着就听见门外有女子的哭声：冤枉……冤枉……呜呜……

王忳激灵爬起来：嚯，真来了。什么？冤枉？你有何冤，进来说话！

王忳也豁出去了。

女子曰：无衣，不敢进。——《后汉书·王忳传》

这个女鬼说她没穿衣服。王忳一听，抄起两件自己的衣服，扔到屋外。

忳便投衣与之。——《后汉书·王忳传》

女鬼穿上衣服进来，跪到王忳跟前，说：大人，我冤啊。两年前，我随丈夫到蜀地涪县，陪我丈夫上任去做县令，中途住在这个驿亭。亭长见财起意，纠集了一帮贼人夜半闯入，将我们全家十余口全都杀死，埋在这地下。至今他们都还逍遥法外，我们死不瞑目！

王忳大惊：可是白天接待我的亭长吗？

女鬼：是他的前任，现已改做游徼。

王忳把眼一瞪：既然如此，冤有头债有主，你此前为何要杀住在这里的过客？

女鬼：谁让他们不听我诉冤，一见我来，要么想跑，要么想跟我打。所以，我就杀了他们。

王忳：好吧，稍后我调查一下，你说的若属实，本官定然为你申冤。以后，可不许再害人。

女鬼叩头。

因解衣于地，忽然不见。——《后汉书·王忳传》

忽然不见，地上只留下王忳的衣服。

随后，王忳调查，果真如此。于是，将那个游徼及其同伙全部处死，将那被害的一大家子的尸骨挖出，归葬故里。从此，这个驿亭再也不闹鬼了。

有鬼就得有神。司马迁写《史记·封禅书》，历记秦始皇、汉武帝等帝王终生寻找神仙，可什么也没找到，于是总结：

自古以来，用事于鬼神者，具见其表里。后有君子，得以览焉。——《史记·封禅书》

明白告诉世人，世上根本没有神仙！

班固写《汉书》，也没讲神仙之事，更没讲鬼故事。到范晔写《后汉书》则大不一样，既有上述张劭、王忳这样的鬼故事，也有不少神仙故事。前述《后汉书·方术列传》中樊英吐水灭成都大火，即是一例。《后汉书·方术列传》里还记载了一位更神的王乔，他是汉明帝时的叶县县令。

每月朔望，常自县诣台朝。——《后汉书·王乔传》

每到初一、十五，按当时礼制，朝中百官都要朝见皇帝，京畿近郊的官员能赶来的也都尽量参加。叶县离着洛阳三百多里，王乔竟然每次都来，而且好像都是步行，看不见他的车马。

汉明帝听说后很奇怪：他要是走着来，来回一趟起码五六天，半月来一回，不可能吧？肯定得有车马。来人，你去盯着他，看他是不是把车马放在城外了。

派去盯梢的人一看，更奇怪了，每次在后面跟着王乔，一出城门就不见了。每次王乔是从哪条道来的也不清楚，看到人时就已经到跟前了。奇怪，怎么回事呢？继续观察。盯了几趟下来，发现一个问题，就是每次盯着王乔，他忽然消失时总会有两只凫飞起来，不知从哪儿来的，扑棱扑棱地飞走了；王乔每次来时，也是先有两只凫从叶县方向飞来。

于是，盯梢人在每次王乔来的地方提前张下罗网，真就逮着了一只，可到跟前一看，却变成了一只鞋。

汉明帝接过这只鞋端详一番：哎，怎么看着眼熟呢？是不是咱宫里尚方做的。把尚方的人叫来看看。

尚方的人过来一鉴定，真是尚方出品，是此前汉明帝赐给王乔的鞋。

汉明帝大惊：看来我这位县令准是神仙！快去把他请来。

几天后，请王乔的太监回禀：请不来了，王乔县令已经仙去。就在头几天，天上突然掉下一口玉质的大棺材，正堵在叶县县衙门口。一大帮人上去又是推又是抬，棺材却纹丝不动。王乔大笑：

天帝独召我邪？——《后汉书·王乔传》

这是天帝要接我走！

于是，他沐浴更衣，走到这口棺材前。棺材盖自动打开，他躺进里面，两眼一闭，就没气了。棺材盖又自动盖好。当天傍晚，人们遵照王乔的嘱咐，将其葬于城东。棺材刚放进坟穴，人们忽觉地动，惊人的一幕出现了，眼瞅着这个坟上的土越来越多，不过半个时辰，便堆起了一座高大的坟山。怎么回事呢？有明眼人发现，那天傍晚，叶县人家养的牛们都无缘无故地气喘吁吁汗流浃背，估计跟"土自成坟"有关系。

汉明帝听着，若有所思：王乔、王乔，哎呀！他该不会就是《列仙传》里的仙人王子乔吧？

《列仙传》传为西汉刘向著，里面写了七十一个所谓神仙的故事，其实多数都是方士，只不过因为年代更久远，传得神乎其神。

《后汉书·方术列传》里还有一个方士叫段翳。

段翳字元章，广汉新都人也。习《易经》，明风角。——《后汉书·段翳传》

《易经》是方士的必读书，段翳的专长是风角，每次有人来向他求学，他都能提前算到。有一次，他经过村边渡口，遇上一个船夫，他就跟人家打招呼：老哥，明天下午有两个挑着扁担的书生打这儿过，他们会跟您打听我家住哪里，到时麻烦您给指指路。

船夫知道他是位高人：好嘞，那您知道他们都叫什么吗？

段翳掐指一算：一个叫张三三，另一个叫李四四。

随后，果然，张三三和李四四来了。两人听船夫一说，都非常惊讶。当地人听说了，也都更加服气。

有个学生学了一年多，自我感觉翅膀硬了可以出师，向段翳辞行。

段翳一笑：好吧，你稍等，这个你拿着，道上遇到紧急情况时，再打开。

学生接过一看，是一个小竹筒，口封着，他谢过段翳，带上小书童起程离开。半道上，渡河，船到河中间，出事了。小书童跟另一个坐船的人发生口角，被打破了头，血哗哗流。这可怎么办？前不着村后不着店，得赶紧找药止血，不然小命不保。情急之下，他打开了小竹筒，里面有一包药膏，还有一张小纸条：此止血药也，可亟敷之。

他赶紧给小书童把药膏敷上，血立马止住了。这个学生一琢磨：我老师太厉害了，神机妙算，我这才学得哪儿到哪儿啊，还得回去接着学。

再说一个方士，此人叫公沙穆。

习《韩诗》《公羊春秋》，尤锐思河洛推步之术。——《后汉书·公沙穆传》

他儒家经典也学，方术也学，早年很贫穷，光棍儿一人住在大山里一间小茅草屋，每日读经研术。有天夜里，暴风骤雨，雷电交加。公沙穆在屋里读经，忽听外面有人喊他，声音很恐怖：公沙穆……快开门……公沙穆心想：大山里，大半夜，这种天气，哪儿来的人？肯定是个妖怪！

他只当没听见，继续读经。突然，"哗啦"一道闪电，窗户开了。

呼者自牖而入，音状甚怪。——《后汉书·公沙穆传》

那东西从窗户爬了进来。公沙穆不敢看，也不敢动，强作镇定，继续读经。那东西不知是喜欢读书人，还是嫌读书没劲，转了一圈，走了。

随后，这个故事传出去，公沙穆便出了名。有个富人主动送来一百万钱：您这么大的学问得当官啊，学而优则仕嘛。

方今之世，以货自通。吾奉百万与子为资，何如？——《后汉书·公沙穆传》

我知道，现如今这世道，办什么事都少不了钱。想当官，光有学问还不行。没问题，钱我有，这一百万您拿着用去，不够再给。

公沙穆把手一摆：别，感谢您的厚爱。

夫富贵在天，得之有命。以货求位，吾不忍也。——《后汉书·公沙穆传》

花钱跑官、要官、买官，我干不了这事。听天由命，顺其自然吧。要是我有当官的命，不用花钱，也能当。

几年之后，公沙穆举孝廉，真当了官，而且颇有作为。有一年，他当弘农县县令，当地闹虫灾，"螟虫食稼"，老百姓们无可奈何，眼看着这一年的收成悬了：公沙县县令，父母官，咱们怎么办？

穆乃设坛谢曰：百姓有过，罪穆之由，请以身祷。——《后汉书·公沙穆传》

公沙穆登坛设法，口中念念有词，比画了一通。天上突然乌云密布，狂风大作，暴雨倾盆。

既霁而螟虫自销，百姓称曰神明。——《后汉书·公沙穆传》

大雨过后，螟虫没了。

再说一个更神奇的，此人叫费长房。

费长房者，汝南人也。曾为市掾。——《后汉书·费长房传》

市掾就是管理市场的小官吏，每天开市、闭市，维护市场秩序，因此，对市场里卖东西的人们，他都很熟悉。有一天，他发现一个卖药的老头儿有问题：

市中有老翁卖药，悬一壶于肆头。乃市罢，辄跳入壶中。——《后汉书·费长房传》

这个卖药老头儿在店铺的墙角上悬挂着一个酒壶，每天药店打烊，他把东西都收拾好，把门一关，人就没了。平日也没人注意，都以为他要么在店里，要么回家了。只有费长房眼尖，他偶然间发现，老头儿把药店收拾好之后，瞅瞅四下没人注意，便一拨拉脑袋，"噌"，飞身而起，身形迅速缩小，跳到那个酒壶上，钻进去了！

费长房大惊：哎呀，真是活见鬼了！嗯，不是鬼，这准是个神仙！我得会会他。

于是，第二天一开市，费长房就来找这个卖药老头儿。还没等他说话，老头儿先说了：费长官，这会儿我陪不了您，等闭市的时候您再来。

费长房：好嘞。

到闭市时，他又来了。老头儿一笑，拉着他的手：请闭上眼睛，深呼吸，走你！

费长房顿觉身子发软，轻飘飘的好似一缕清风，"呼"地起来，跟老头儿钻进了那个酒壶。嚯！真是壶里乾坤大，杯中日月长，这酒壶里面别有一番天地，琼楼玉宇，美酒佳肴。老头儿陪费长房开怀畅饮。酒足饭饱之后，老头儿又把费长房送出，嘱咐：此事你知我知，不足为外人道也。

费长房：好嘞。

就这样，费长房跟卖药老头儿交往了一段时间。有一天，老头儿在一个酒楼跟费长房道别：人间的事情我已完成，得走了，咱们今天再好好喝一顿吧。哎，我捎的酒呢？准是落在楼下了。

费长房赶忙叫仆人去楼下拿。可是，老头儿落在楼下的那个小酒壶就像长在地上似的，仆人拎了三拎没拎动，叫来六七个人抬，还是纹丝不动。老头儿笑嘻嘻下楼，小手指头一勾，就起来了。酒壶里看上去不过一升酒，俩人喝到了天黑也没喝完。费长房打定了主意：老神仙，您带上我吧，我要追随您学仙，只怕家人阻拦，不肯放我，如之奈何？

老神仙一笑：这有何难？咱们下楼吧。

到了楼下，老神仙从道边折下一段青竹竿，一比量，跟费长房身高差不多：拿着，回家后找个歪脖子树挂上它就行了。

费长房回家后，拿了根绳子，把这根竹竿往后院的歪脖子树上一挂。很快，费家人便哭声大作：大官人，你干吗想不开，怎么要上吊自杀呢？

他的家人都抱着那根竹竿哭。

费长房站在旁边，反而没人看见，于是顺利脱身，追随老神仙而去。他们腾着云，驾着雾，也不知道走了多长时间，走出了多远，到了一个地方。

费长房问：您现在可以教我怎么做神仙了吗？

老神仙一笑：没问题，不过人性本贱，若为容易得，便做等闲看，我得先考验考验你。

费长房：好，我接受考验。

于是，老神仙把费长房扔到了老虎群里；随后，又把他扔进了毒蛇堆里，上面还悬着块巨石，眼看要砸下来。费长房表现得都很好，不动心，经受了考验。老神仙挺满意：好，孺子可教。这里还有点东西，你把它们吃了吧。

什么东西呢？费长房低头一看，差点儿没吐了——竟然是一大坨屎。

老神仙摇了摇头：唉，可惜了。

子几得道，恨于此不成，如何！——《后汉书·费长房传》

只差这一步，你就能通过考验得道修仙了。没办法，你从哪儿来还回哪儿去吧。你也别太难过，我不能让你白来，这里有两样东西你拿着。

老神仙递过一根竹杖和一道符，说：这根竹杖，你骑上，它会送你回家。回去之后，把它投到你家附近的葛陂湖就行了。这道符，你看见上面的字了吗？

以此主地上鬼神。——《后汉书·费长房传》

你拿着这道符，地上的所有鬼魅都听你的。

费长房谢过，骑上竹杖，乘风而回。家人一见面都吓坏了：呀，您是人是鬼？您不是已经死了十多年了吗？

费长房也是一惊：我怎么感觉才出去了十多天呢？看来真是天上一日，地上一年。可不是，家人明显都老了不少。

他便解释了一番。家人把棺材挖出来看里面真是一根竹竿，这才相认。

他又来到葛陂湖边，把竹杖往里一扔，竟然掀起滔天巨浪。再一看，竹杖已化作一条巨龙。巨龙把头探出水面，向费长房点头施礼，说：费大人，我本是葛陂君，也就是这个湖里的龙王，奉老神仙之命，随时听候您的调遣。

然后，费长房又拿出那道"主地上鬼神"的符来，成为汝南郡鬼神的长官。

遂能医疗众病，鞭笞百鬼，及驱使社公。——《后汉书·费长房传》

他开始给很多人治病。病当时多被认为是鬼魅作祟，他把鬼魅驱走，病就好了。他还能驱使社公，社公就是土地神，即大圣所谓的"土地老儿"。

有时，人们看他独自坐在一边骂骂咧咧，问他：您跟谁这么大火气？

他摆摆手：您先等会儿，我正跟这个小鬼着急，它又出来祸害人，我要弄死它。你看，它正光磕头求饶呢。哦，你们看不见，行了，咱等会儿再聊。

人问：您不能让它现个形吗？

费长房摇摇头：不行，人鬼殊途，阴阳两隔，这大白天的，它没法儿现形。以后要是逮着个什么妖魅，我让它现行，你们看看。

说妖魅，妖魅就来了。有段时间，汝南郡府门口的大鼓总是无缘无故地响，每次都看不见敲鼓的人，或者见个人影，一晃就没了。一天，鼓又响了，费长房去郡府办事，正给撞上，大喝一声：大胆妖魅！

他话音刚落，只见有个人一溜小跑来到费长房跟前，扑通跪倒磕头。

长房呵之云：便于中庭正汝故形！——《后汉书·费长房传》

费长房呵斥：马上现原形！

即成老鳖，大如车轮，颈长一丈。——《后汉书·费长房传》

只见它解去衣冠，竟然是一个车轮一般大的老鳖，脖子伸出来，竟有一丈长。

费长房当即修书一札：你给葛陂君拿去，看他怎么发落你。

老鳖接过札，奔葛陂湖而去。

随后，人们在湖边发现了这只老鳖的尸体。

持札植于陂边，以颈绕之而死。——《后汉书·费长房传》

那个小札插在湖边，变成一根大木桩，老鳖那一丈长的脖子绕着木桩缠了几圈，自缢而死。估计是葛陂君判了它的死罪。

随后，葛陂君自己也摊上了事，被戴了绿帽子。谁敢给龙王戴绿帽子呢？也是个龙王——东海君。

东海君来见葛陂君，因淫其夫人。——《后汉书·费长房传》

东海君来看望葛陂君，葛陂君很高兴，好酒好菜，一通大喝。东海君酒后乱性，竟然把葛陂君的夫人睡了。这还了得，朋友妻不可欺。费长房听了葛陂君的哭诉，勃然大怒，立即把东海君扣押，关进小黑屋，一关就是三年。

东海郡的老百姓可倒了霉，大旱三年。龙王不在家，没人给下雨了。当地方士怎么求雨都求不下来。有人出主意：听说汝南郡的费长房道行老深了，咱把他请来求雨吧。

于是，东海郡的人来请费长房，见面把情况一说，费长房一拍大腿：哎呀，对不住了，我把这个方面忽略了。这样吧，我马上放它。睡这一下，关这三年，也可以了。今天我放它，明天你们那肯定就能下雨了。

转过天来，东海郡果然大雨倾盆。那都是东海君悔恨的泪啊。

《后汉书》对费长房的神鬼故事写得不厌其详，最后还说，费长房的那道符后来丢了。

后失其符，为众鬼所杀。——《后汉书·费长房传》

类似的，还有一个叫刘根的：

颇能令人见鬼。——《后汉书·刘根传》

还有一个叫寿光侯的：

能劾百鬼众魅，令自缚见形。——《后汉书·解奴辜传》

能降伏妖魔鬼怪，把它们捆绑起来，让它们现出原形。

堂堂正史怎么写成鬼神小说了呢？

春秋之义，信以传信，疑以传疑。——《春秋谷梁传》

《后汉书》如此写，自有其用意。拙著《历史的精髓》亦略有论述，兹不赘言。

五十四、巫医故事

《后汉书·方术列传》里还有一个很神的方士叫徐登。

徐登者，闽中人也。本女子，化为丈夫。善为巫术。——《后汉书·徐登传》

他本是女子，修炼变成了男儿身，会各种巫术。有一次，他路见一人气质不凡，便上前施礼：敢问尊姓大名，我看出您有绝艺在身，能否交个朋友？

对方也眼前一亮，急忙还礼：在下赵炳，确有一点小道术，我看兄台才是高人。

两人一见如故，聊开了。

时遭兵乱，疾疫大起。——《后汉书·徐登传》

当时正是汉灵帝后期，各地战乱不断，瘟疫横行，很多老百姓都被传染。

遂结言约，共以其术疗病。——《后汉书·徐登传》

两人相约用所习道术，行医治病，救百姓于水火。

赵炳：能不能把您的道术给小弟露一手？

徐登：没问题。您也露一手吧，咱们互相学习。

登乃禁溪水，水为不流；炳复次禁枯树，树即生荑。——《后汉书·徐登传》

就是说，他二人各自表演了一种"禁术"。徐登朝着旁边的小溪念了一通咒语，"呼"，吹出一口气，一下子把溪水定住，不流了。赵炳则朝着旁边一棵枯树念了一通咒语，"呼"，吹出一口气，一下子枯树发新芽。

对这种禁术，《后汉书注》还援引了东晋葛洪《抱朴子》一段记载：

道士赵炳，以气禁人，人不能起。禁虎，虎伏地，低头闭目，便可执缚。以大钉钉柱，入尺许，以气吹之，钉即跃出射去，如弩箭之发。——《后汉书注》

还有一部南朝时期的书——《异苑》中记：

赵侯以盆盛水，吹气作禁，鱼龙立见。——《后汉书注》

那么，他们到底怎样给人治病呢？《后汉书》写得很简略：

贵尚清俭，礼神唯以东流水为酌，削桑皮为脯。但行禁架，所疗皆除。——《后汉书·徐登传》

意思是，他们治病方式很简单，既不用医疗设备，也不用针灸草药，"但行禁架"，只用禁术，念段咒语，吹口气就行。中间有一个重要环节是"礼神"，得拜神。拜神得有仪式，得有供品献祭。这个供品也很简单，仅以水当酒、以桑树皮当肉即可。

桑树皮是东汉造纸的主要原料，我猜想，如果没有桑树皮，拿纸也行，纸上画几道有点树皮的样子就行，或者干脆在上面写几句祝祷词给神看看。神看完了，这纸就有了神意，烧成纸灰和着拜神的水一起喝下，便可驱除病鬼。后世所谓"符水"，大概如此逻辑。

就这样，徐登和赵炳"行禁架，所疗皆除"，治好了很多人的病。

后徐登先死，赵炳来到会稽郡章安县。初来乍到，当地没人理他。于是，他到茅草屋顶上支锅做饭。饭做熟了，草屋竟未被引燃。还有一次，他在船中插一把伞，喊一声"起"，顿时大风起，吹送小船渡到对岸。于是，百姓神服，从者如归。章安县县令大怒，以其装神弄鬼，蛊惑人心，杀之。百姓们为之惋惜。

为立祠室于永康，至今蚊蚋不能入也。——《后汉书·徐登传》

人们给赵炳修了一座祠堂，到南北朝范晔写《后汉书》时，那个祠堂还在，而且蚊子苍蝇都进不到里面去。很神奇。

再讲一个《后汉书·方术列传》里正经医生的故事，他叫郭玉，是汉和帝时的太医。

郭玉的家乡蜀地广汉郡洛县有一条河叫涪水，涪水边总有一个钓鱼的老翁，没人知道他的名字，都管他叫"涪翁"。这是一位世外高人。

乞食人间，见有疾者，时下针石，辄应时而效，乃著《针经》《诊脉法》传于世。——《后汉书·郭玉传》

涪翁以乞讨为生，遇上生病的人，便掏出身上的"针石"，给他扎几下，病情便立即好转。"针石"也叫"针砭"，是用一种古老的石头磨成的针，后来又有骨针、金属针，而仍以"针石"统称。总之，涪翁医术高明，还写了两部医书《针经》和《诊脉法》传世。

有个叫程高的人追随涪翁多年，得了真传，后又传给郭玉。

郭玉作为太医，深得汉和帝的欣赏。有一次，汉和帝玩心大发。

试令嬖臣美手腕者与女子杂处帷中，使玉各诊一手。——《后汉书·郭玉传》

他找了一个弄臣，同几个妃子一块儿，让郭玉挨个儿号脉。中间隔着一道布帘，那个弄臣的手，跟女人的手几乎一样。汉和帝问：郭玉，你看这几个妃子，哪个怀上了？

郭玉回答：第一个怀上两个月了，是个男孩；第二个没怀上；第三个怀了，六个月了，女孩；第四个，这个……

汉和帝问：第四个怎样了？

郭玉赶紧磕头：这个……微臣不敢说……

汉和帝：有什么不敢说的，朕恕你无罪。

郭玉答：

脉有男女，状若异人。臣疑其故。——《后汉书·郭玉传》

这完全是个男人的脉象，皇妃娘娘怎么还有男儿身呢？臣百思不得其解。

汉和帝大笑：哈哈，好，重赏！哎，对了，朕再问问你，朕听说，你平日也给穷人接诊，都是一针起效。可是，给咱宫里的贵人妃子扎针，反而时行时不行，这是为何？我听说，有的妃子得病了，故意装扮成底层的小宫女让你治，也都是一针起效。你是不是有什么想法？

郭玉吓一跳，又赶紧跪下磕头：微臣不敢！微臣不敢！

汉和帝：那你说说，到底怎么回事？

郭玉答：

医之为言，意也。——《后汉书·郭玉传》

医，之所以称之为"医"，就是因为它强调一个"意"字。意，就是心志，就是心之所向，就是得把心定在病人的那个病上！这个过程是很微妙的。

腠理至微，随气用巧，针石之间，毫芒即乖。神存于心手之际，可得解而不可得言也。——《后汉书·郭玉传》

这一针扎下去，差一点儿——白瞪眼儿，心手之际的那种拿捏也是用言语难以描述的，它是既高度专注又极其放松才好，不能有一丝干扰。我在给穷人治病时，很容易进入这种状态，常常一针起效。而在给贵妃娘娘们治病时，我心里难免会紧张，下手就不准了。微臣还总结过，给娘娘们和达官贵人们治病有四难：

自用意而不任臣，一难也。——《后汉书·郭玉传》

这样的人都任性，自以为是，不听医生的，这就难治了。

将身不谨，二难也。——《后汉书·郭玉传》

这样的人都有的是钱，吃喝玩乐都没有节制，不善保养，这也很难治。

骨节不强，不能使药，三难也。——《后汉书·郭玉传》

这样的人都是"小姐身子"，是药三分毒，他们扛不住这三分毒，当然也没法儿治。

好逸恶劳，四难也。——《后汉书·郭玉传》

这样的人平时都不干体力活，不锻炼，身体不可能强健。

郭玉总结的"四难"，没掺杂一丁点鬼神的东西，完全是中医科学。类似的，《史记》记载了扁鹊总结的"六不治"：

病有六不治：骄恣不论于理，一不治也；轻身重财，二不治也；衣食不能适，三不治也；阴阳并，藏气不定，四不治也；形羸不能服药，五不治也；信巫不信医，六不治也。——《史记·扁鹊仓公列传》

第一条，跟李玉讲得差不多，病人自以为是，不听医生的，没法儿治；

第二条，病人爱财甚于爱命，舍不得买药，没法儿治；

第三条，病人不注意保养，穿衣要么薄了，要么厚了，要么凉了，要么热了，饮食要么太饱，要么太饿，都不行；

第四条，"阴阳并，藏气不定"，这个太专业，我解释不了；

第五条，病人太虚弱，已经吃不了药了，也很难了。

起初，一条是亮点，"信巫不信医"，只相信巫术鬼神，不信医学，也没法儿治。

起初，巫医不分家，人生了病，既求巫，也求医。孔子讲过：

人而无恒，不可以作巫、医。——《论语·子路》

汉武帝治病巫、医并重。

巫医无所不致。——《史记·孝武本纪》

不过，既然一个叫巫，一个叫医，说明两者的区分还是很明显的。

"巫"字的甲骨文很神秘，很像一种符号，好像是时空交叉贯通的感觉，表示巫是连通神与人的。演变到小篆字体，跟今天通用的楷书差不多，由一个"工"和两个"人"组成。"工"由甲骨文字形而来，仍表示神与人或天与地的连通。两个"人"，《说文解字》解为，"象人两袖舞形"，类似女巫舞动的两个袖子。那么，女巫为何跳舞呢？

巫，祝也，女能事无形，以舞降神者也。象人两袖舞形。——《说文解字》

她是为了让神灵降到她的身上。

"医"字在秦汉以前有两种字形。一种简单，跟现在的简体字差不多，字形由一条曲线半包着一个箭头。另一种繁杂，是小篆字体，跟现在的繁体字一致。《说文解字》把这两种字形解读为两个字，在我看来，这未必对。简单的就是早期字体，那个曲线表示诊脉，箭头表示针刺治疗。到小篆字体，右边增加了一只手拿着一个东西，表示艾灸或者刮痧、按摩，下面增加了"酉"，表示酒或者汤药。这种字形变化，反映出中医治疗的发展。

这是我一家之言，未必对。不过，很明显的，医的这些东西都与鬼神无关。《黄帝内经》所谓：

道无鬼神，独来独往。——《黄帝内经·素问·宝命全形论》

医道与鬼神无关。

《黄帝内经》还讲：

拘于鬼神者，不可与言至德。——《黄帝内经·素问·五脏别论》

脑子里总有鬼神思想的人，是不能理解高明的医道的。

这说明，我们的中医学很早就与巫分道扬镳，具备了科学理性的精神。

《黄帝内经》至少在西汉前就已成书，《汉书·艺文志》里就记载了它。与之并称"中医四大经典"的《难经》《神农本草经》《伤寒杂病论》，最晚到东汉后期也都齐备了。只可惜，史书没有记载《伤寒杂病论》的作者"医圣"张仲景，一般认为，他跟华佗是同时期的人物。

在名医郭玉传之后，《后汉书·方术列传》紧接着记载了华佗的传，称华佗：

精于方药，处齐不过数种，心识分铢，不假称量。针灸不过数处。——《后汉书·华佗传》

这么简单的一句话，一代名医圣手便跃然纸上。华佗常用的只有那么几服方剂，不管什么病，拿过方子稍做加减就能搞定。抓药时，他也不用称量，直接下手抓，要多少就能抓多少。扎针针数也不多，几个穴位下去就行了。

乃令先以酒服麻沸散，既醉无所觉，因刳破腹背，抽割积聚。若在肠胃，则断截湔洗，除去疾秽，既而缝合，傅以神膏，四五日创愈，一月之间皆平复。——《后汉书·华佗传》

这段文字是人类最早进行外科手术的记载，虽然略有夸张，但"以酒服麻沸散，既醉无所觉"这种术前麻醉，无疑是非常科学的。

《华佗传》的最后，记载华佗教给弟子吴普"五禽戏"，用来锻炼身体，以延年益寿，也是挺科学的。

佗语普曰：人体欲得劳动，但不当使极耳。动摇则谷气得销，血脉流通，病不得生，譬犹户枢，终不朽也。是以古之仙者为导引之事，熊经鸱顾，引挽腰体，动诸关节，以求难老。吾有一术，名五禽之戏：一曰虎，二曰鹿，三曰熊，四曰猿，五曰鸟。亦以除疾，兼利蹄足，以当导引。体有不快，起作一禽之戏，怡而汗出，因以著粉，身体轻便而欲食。——《后汉书·华佗传》

华佗说：人得做体力劳动，得运动，但也不能过度。人运动起来，脾胃才好，吃了东西才好消化，营养才好吸收，血脉流通才更通畅，这样就不容易生病。正所谓，流水不腐，户枢不蠹。由此，古人发明了"导引术"，通过类似"熊经鸱顾"的体操动作，把身体各部位、各关节都动起来。熊经就是像熊一样攀着树枝，往上拉引身体；鸱顾就是像鸟似的，身子不动，来回转脖子。在此基础上，我提炼总结出一套"五禽戏"，效法虎、鹿、熊、猿、鸟的动作练习。身体哪里不舒服时，便练对应的动作，就能出点儿汗，心情就会好一些，胃口就会好一些，身体自然也会变好。

吴普按华佗所教，练了一辈子五禽戏，效果很好。

年九十余，耳目聪明，齿牙完坚。——《后汉书·华佗传》

总之，到了东汉后期，中医学作为一门科学已经很成熟了，跟书法艺术一样，也达到了一个高峰。

但是，要让医与巫完全分开还很难。很多老百姓因为贫穷，看不起病，吃不起药，也会求助于巫。《黄帝内经》提到，黄帝问岐伯：

余闻古之治病，惟其移精变气，可祝由而已。今世治病，毒药治其内，针石治其外，或愈或不愈，何也？——《黄帝内经·素问·移精变气论》

《黄帝内经》的作者托名黄帝，实际大致是战国时期的人物，他听说，原古时候的人治病，只是"祝由而已"。

何谓"祝由"？祝由其实跟徐登、赵炳的禁术差不多，巫师念一通咒语，祝告鬼神，祈求让病人康复。

黄帝问岐伯：古时候的人仅以这样的"祝由"治病，就管用。而现在的人治病，又是汤药，又是针灸，怎么反而不那么管用呢？

岐伯解释了一通。

还有一段，也是黄帝问岐伯：有的病莫名其妙，既没有遇风邪于外，又没有情志不通于内。

卒然而病者，其故何也？唯有因鬼神之事乎？——《黄帝内经·灵枢·贼风》

按照医道医理，根本找不出病因，会不会是由于鬼神的原因呢？

岐伯摇头：找不出病因，只能说这个病因太微妙。

其所从来者微，视之不见，听而不闻，故似鬼神。——《黄帝内经·灵枢·贼风》

因为病因看不见，摸不着，因此有人会以为是鬼魅作祟。其实，不对。

黄帝继续追问：

其祝而已者，其故何也？——《黄帝内经·灵枢·贼风》

那为什么，有的病就是靠巫用祝由术治好的呢？

岐伯点头：

先巫者，因知百病之胜，先知其病之所从生者，可祝而已也。——《黄帝内经·灵枢·贼风》

大意是，原古的巫其实是通医理的，表面上他只用巫的方式，用祝由术，实际上正好谙合病理。所以，病人就好了。

总之，尽管《黄帝内经》标举中医学的科学理性精神，但限于时代发展的阶段，还难以完全撇清与巫的关系。

另外，在东汉已大为风行的古文经《春秋左氏传》里也有一个这方面的著名故事，即成语"病入膏肓"的出处。春秋时期，周简王五年（前581）四五月间的一天，晋景公梦到一个大鬼。

晋侯梦大厉。——《左传·成公十年》

大鬼披头散发，力大无比，撞烂了大门进来，又把卧室的门撞烂，一直追得晋景公无路可逃。

晋景公吓醒：吓死我了。还好是个梦。这个梦是什么意思呢？来人，去把桑田巫请来。

不一会儿，桑田巫来了。一见面，还没等晋景公开口，这个巫先说了：是不是叫我来给您解梦？

晋景公：对，你怎么知道的？

桑田巫：我当然知道，而且知道您梦到了一个大鬼追您，对不？

晋景公很惊讶：太对了。你说说，这是什么征兆？

桑田巫摇摇头：大事不好！

不食新矣！——《左传·成公十年》

再有一个多月，新的麦子就要熟了，可惜您吃不到了。

晋景公生气了：什么？你这不是咒我死吗？我怎么会吃不着今年的新麦子？

桑田巫态度坚定：我不会说错的。

晋景公：好，等我吃了新麦，看我不杀了你！

然后，晋景公真就病了，越来越重。晋国的医生都束手无策，只好向旁边秦国请求医疗援助。当时，秦国是出名医的。秦国派出一个叫缓的医生来到晋国。当天，晋景公又做了一个梦。

梦疾为二竖子，曰：彼良医也，惧伤我，焉逃之？其一曰：居肓之上、膏之下，若我何？——《左传·成公十年》

就是说，他梦见自己的病其实是两个小鬼。这两个小鬼一听说医缓来了，都很害怕：这个医生太厉害了，准得把咱们逮住弄死，怎么办呢？

其中一个小鬼琢磨了一通：有了，咱们再往深处钻钻，钻到病人"肓之上，膏之下"的位置，他就够不着咱了。

结果，医缓见到晋景公，望闻问切一番，把头一摇：完了，您已经病入膏肓，我也无能为力。

攻之不可，达之不及，药不至焉，不可为也。——《左传·成公十年》

晋景公很惊讶：竟然跟我梦见的一样。好吧，你请回吧。

接下来，晋景公的病只好挨着。所幸的是，病情未有明显加重。很快，到了麦收时节，晋景公一下子精神了许多：来人，快去给我弄点儿今年的新麦来，我要吃。

下面人赶紧办，把新麦子弄来，做熟了，端到了晋景公面前。

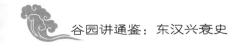

晋景公没有立即吃，而是先把桑田巫召来，笑道：你不是说我吃不到今年的新麦吗？现在服了吧！来人，把他拉出去砍了！

上来两个武士，把桑田巫拉出去砍了。

然后，晋景公伸手正要吃，忽觉肚子疼：不行，人有三急，我得上厕所。

如厕，陷而卒。——《左传·成公十年》

结果，他掉进茅坑，淹死了。真就没吃到新麦。

五十五、道教的开山巨著（上）

　　前述《后汉书》关于鬼、神、巫、医、方术等方面的记载，主要为了呈现东汉末年张角创立太平道的社会文化背景，这些鬼、神、巫、医、方术等都是推动道教起源的思想因素。

　　道教的"法宝"，即思想经典，很庞杂。道教的"僧宝"，即信众团体，一般认为最早的是在中原地区张角创立的太平道，和在西南汉中地区张脩、张鲁创立的五斗米道。而《太平经》正是张角太平道奉行的教典，《老子相尔注》则是张鲁给五斗米道信众讲解《道德经》的讲义。

　　也就是说，在东汉末年，张角、张脩、张鲁等人打着尊奉老子的旗号，拿着《太平经》和《老子相尔注》开始传教布道发展信众时，中国历史上的道教终于"三宝具足"，正式起源了。

　　《后汉书》这样描述张角当时的情况：

　　初，钜鹿张角自称"大贤良师"，奉事黄老道，畜养弟子，跪拜首过，符水咒说以疗病，病者颇愈，百姓信向之。角因遣弟子八人使于四方，

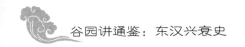

以善道教化天下，转相诳惑。十余年闲，众徒数十万。——《后汉书·皇甫嵩传》

这段话的信息量很大，特别是对照传世的《太平经》来看。一般认为，《太平经》最早的蓝本可能是西汉方士甘忠可所写。前面西汉史讲过，甘忠可曾进献给汉成帝一部书，叫作《天官历包元太平经》。

成帝时，齐人甘忠可诈造天官历包元太平经十二卷。——《汉书·李寻传》

当时，甘忠可自称：

天帝使真人赤精子下教我此道。——《汉书·李寻传》

这是天帝派了"真人"赤精子给我的这部书。

"真人"是标准的道教概念，传世《太平经》里大部分章节都是以"真人"跟"天师"问答的形式写的。

甘忠可说：按这部书中所言，汉朝得更受命。

汉家逢天地之大终，当更受命于天。——《汉书·李寻传》

汉成帝将信将疑，拿给大学者刘向看。

刘向奏忠可假鬼神罔上惑众。——《汉书·李寻传》

刘向看后上奏：甘忠可胡编乱造，书里打着神鬼的旗号说这说那，分明都是欺君罔上，妖言惑众！

结果，甘忠可下狱而死。

不过，这部《天官历包元太平经》仍在世间流传，甘忠可的几个学生夏贺良等人手上有副本。

到汉哀帝时，夏贺良再次献书。刘向的儿子大学者刘歆看了这部书，也认为：

不合五经，不可施行。——《汉书·李寻传》

可是，汉哀帝当时身体很差，而这部书里有很多关于祛病延年益寿的内容，可能勾起了他病急乱投医的心理。于是，他重用夏贺良等人，改元易号……折腾了一大通。

后月余，上疾自若。——《汉书·李寻传》

鼓捣了一个多月，汉哀帝的病一点也没见好。他知错就改，赶紧收手，把夏贺良杀掉了。

后来，这部《天官历包元太平经》仍在甘忠可的其他学生手里私相传授，并且不断增补完善，以至于从十二卷逐渐扩充到了一百七十卷，书名也被修改为《太平清领书》。《后汉书·襄楷传》记载：

顺帝时，琅邪宫崇诣阙，上其师干吉于曲阳泉水上所得神书百七十卷，皆缥白素朱介青首朱目，号《太平清领书》。——《后汉书·襄楷传》

就是说，到东汉时，琅邪人宫崇又来给汉顺帝进献这部书，号称是其师干吉意外得到的神书。这部书装帧得特别好，是写在青白的缣上的，都打着红色的条格，标题都是朱砂写的，赤红色，正文都是青色的。

青者，生仁而有心；赤者，太阳，天之正色也。——《太平经》

很讲究、很高大上的感觉。不过，汉顺帝对这部书也是不以为然。

其言以阴阳五行为家，而多巫觋杂语。有司奏崇所上，妖妄不经，乃收藏之。——《后汉书·襄楷传》

就是说，汉顺帝让有关部门看了这部书，书的内容是以阴阳五行为基础，掺杂了很多巫术的东西。有关部门认为妖妄、乱七八糟、不合经义，就把这部书给没收了。

不过，民间仍有副本。到汉桓帝时，方士襄楷再次献书，汉桓帝还是不以为然。襄楷随即诣阙上书，指出"宦官专朝，政刑暴滥，又比失皇子，灾异尤数"等问题并讲了自己的看法，最后说：

臣前上琅邪宫崇受干吉神书，不合明听。臣闻布谷鸣于孟夏，蟋蟀吟于始秋，物有微而志信，人有贱而言忠。臣虽至贱，诚愿赐清闲，极尽所言。——《后汉书·襄楷传》

意思是，他希望得到汉桓帝的召见，当面讲讲《太平清领书》治理天下的精义，从而彻底解决各种执政问题。

可是，上书了十多天，汉桓帝也没有回音。

襄楷急了，再次上书，说：

前者宫崇所献神书，专以奉天地顺五行为本，亦有兴国广嗣之术。其文易晓，参同经典，而顺帝不行，故国胤不兴，孝冲、孝质频世短祚。——《后汉书·襄楷传》

意思是，此前宫崇把《太平清领书》献给汉顺帝，书的文字浅易晓畅，跟六艺经典互相参照印证，既好懂，又易行，如果汉顺帝能够采纳遵行，定可以顺应天地五行之道，实现国家振兴，子孙昌盛。可惜，他不以为然。结果，国家不兴，子孙不旺，汉冲帝、汉质帝接连短祚。多可惜啊！

然后，在这篇上书里，襄楷再次批评了汉桓帝宠信太监，还批评了汉桓帝好色，他说：

又闻宫中立黄老、浮屠之祠。此道清虚，贵尚无为，好生恶杀，省欲去奢。今陛下嗜欲不去，杀罚过理，既乖其道，岂获其祚哉！或言《老子》入夷狄为浮屠。浮屠不三宿桑下，不欲久生恩爱，精之至也。天神遗以好女，浮屠曰："此但革囊盛血。"遂不眄之。其守一如此，乃能成道。今陛下淫女艳妇，极天下之丽，甘肥饮美，单天下之味，奈何欲如黄老乎？——《后汉书·襄楷传》

这段话，前曾引述，是研究佛教传入的重要历史文献。由此也可见，襄楷作为道教经典《太平经》的重要传承人，他对佛教有很深的研究，这反映出道教起源于佛教的关系。

汉桓帝看了这篇上书，有点动心，派了一个尚书接见襄楷。两人一聊，尚书就有数了：别的不说，就冲他反对太监这一条，皇上也不可能喜欢他。

于是，尚书回禀汉桓帝：这个襄楷不行，他献的那部书也不行。

违背经艺，假借星宿，伪托神灵，造合私意，诬上罔事。——《后汉书·襄楷传》

不符合六艺经典的教义，胡编了一通星宿、神灵之类来烘托其观点，完全是忽悠，得治他的罪！

结果，襄楷差点儿把命丢了，被关了两年才放回家。

至此，还没完，《襄楷传》的最后写道：

及灵帝即位，以楷书为然。——《后汉书·襄楷传》

不知是襄楷再次献书，还是汉灵帝看到了此前所献的书，他对襄楷是认可的。太傅陈蕃也很认可襄楷的为人，曾举其为"方正"。到了汉献帝时期，朝廷还征召他做博士，他都没接受，终老于家。这足以说明，襄楷所献的《太平清领书》到东汉末期已逐渐为主流社会接受。

而《后汉书·襄楷传》里还有一句很打眼的话，就是在讲完顺帝时宫崇献书被没收之后，又说：

后，张角颇有其书焉。——《后汉书·襄楷传》

就是说，这部最早出于西汉甘忠可的神奇之书，几经增改、流传，从《天官历包元太平经》成为《太平清领书》，最后又成了张角的《太平经》！

张角没再去找皇帝献书。前面这几位为什么非要冒死找皇帝献书呢？

一种可能是政治投机。皇上，这部书可以治国平天下，我把它献给您。皇上一高兴，荣华富贵都有了。

另一种可能是他们真正有着致君行道的理想。中国文人的最高理想是做帝王师，从甘忠可，到夏贺良，到宫崇，再到襄楷，他们可能真的是希望献书给皇帝，以推行自己的思想，来造福天下。

事实上，从传世的《太平经》来看，里面除去神道设教的那些鬼神方术的东西之外，确实颇有社会理想，它构建了一个宏大的政治神学的体系。用《太平经》的话讲就是：

上为皇天陈道德，下为山川别度数，中为帝王设法度……使帝王不复愁苦，人民相爱，万物各得其所。——《太平经·丁部》

这是一个多么美好的社会理想！这个体系多么宏大，上面的皇天，下面的山川大地，中间的帝王，还有人民、万物，都囊括进来。

这种"上中下""天地人"的表述，正好也体现了这个宏大体系的一大特点，用书中的话讲就是：

学士习用其书，寻得其根，根之本宗，三一为主。——《太平经·甲部》

就是说，《太平经》讲的所有东西，都是"三一为主"。上、中、下是三，同时又是一个整体，这就叫"三一"。天、地、人是三，同时也是一个整体。看待万事万物，都是既一分为三，又合三为一，这是一个思维的框架。其整个体系甚至也可以称为"三一"体系。这很明显源于《道德经》：

道生一，一生二，二生三，三生万物，万物负阴而抱阳，冲气以为和。——《道德经·第四十二章》

"三"生万物！

天、地、人，是"三"的直观的起点。据说，伏羲画八卦就是仰观天文，俯察地理，中间看人事，随手画三道，三爻一卦，象天地人。万事万物皆天生之、地养之、人成之，三下合一力才能成就。

天、地、人分别对应阳气、阴气、中和气，此谓"三气"。三气调和，才有太平气。

一气不通，百事乖错。——《太平经·乙部》

天、地、人又分别对应父、母、子，此谓家庭三元素。三者同心协力，家庭才能发展。

天、地、人又分别对应君、臣、民，此谓国家三元素，也必须协调好，国家才会好。

具体来说，对国家治理，《太平经》认为，首要在于用人。

人者，乃天地之神统也。——《太平经·乐生得天心法》

人禀天地之精神，是决定一切问题的关键。历代以来，天下国家治理的关键都在人。

得其人则理，不得其人则乱。——《太平经·诸乐古文是非诀》

《太平经》认为，东汉皇朝当下的问题在于：

今邪人多居位，共乱帝王之治。——《太平经·火气正神道诀》

太监都属于邪人，他们搞乱了政治。政治须用贤人。

上贤可以为国辅，中贤可为国小吏。——《太平经·作来善宅法》

具体怎么用贤人？《太平经》也讲了一番：

大圣人不责备于一人。——《太平经·兴善止恶法》

用人不能求全责备。

明刑不可轻妄用……伤一贤，众贤藏。——《太平经·案书明刑德法》

要爱护人才，不可滥用刑罚。给皇帝献书者都是出于忠心，却被杀头，这样，谁还敢进尽忠言？谁还敢说真话？言路要是堵死了，天上国家肯定治理不好。

这方面，《太平经》也讲了很多，它专门有一篇《来善集三道文书诀》，说：

今天下所畏，口闭为其不敢妄诞……民臣悉结舌杜口为暗，虽见愁冤，睹恶不敢上通，故今帝王聪明绝也。——《太平经·来善集三道文书诀》

大意是，现在老百姓和各级官僚都不敢讲真话，不能把真实的情况下情上达反馈给帝王，这样帝王不就成了瞎子、聋子了吗？

因此，畅通言路很重要，必须使向帝王反馈信息的"三道行书"发挥出正常作用来。

无敢闭绝者也，如是，则天地已悦矣，帝王承负之灾厄已大除去，天下太平矣，上皇气悉来到。——《太平经·来善集三道文书诀》

《太平经》还指出：

治乱者，由太多端。——《太平经·来善集三道文书诀》

这跟《左传》讲的"国将亡，必多制"的意思差不多。前述，汉灵帝时实行"三互法"等各种华而不实、凭空添乱的政策。

可见，《太平经》作为道教的开山经典，跟佛经很不一样。佛经极少直接对现实政治做出反应，全然出世。跟道家庄子一派的逍遥世外也不同，《太平经》这部道经是非常关心国家治理的，是非常关注现实问题的，它跟儒家很像，观念也接近。襄楷所谓"参同经典"，此言不虚。这反映了早期道教对两汉儒家思想的吸收。这一点，在它一段纲领式的话里体现得更加明显：

德、仁、义、礼、文、法、武七事各异治，俱善有不达，而各有可长，亦不可废，亦不可纯行。治身安国致太平，乃当深得其诀，御此者道也。合以守一，分而无极，上帝行之，乃深乎不可测，名为洞照之式。——《太平经·七事解迷法》

就是说，《太平经》把最高级的治理手段总结为德、仁、义、礼、文、法、武，对这"七事"要各取所长，各用其宜。很明显，这"七事"几乎都是儒家所强调的。

总之，《太平经》的重点是讲治国平天下之道，因此，此前的甘忠可、夏贺良、宫崇、襄楷等人都想尽办法要把它献给帝王，却都没走通。于是，到了张角这儿，他一拨拉脑袋，不再走高层路线，改走底层路线，直接在民间传教，传播《太平经》的思想。

具体他怎么做的呢？就是本节开头援引《后汉书·皇甫嵩传》里的那段记载。对照一下《太平经》，会发现张角完全是照着书里教的来做的。

首先，他自称"大贤良师"，为什么？《太平经·己部》有这么一段：

行而不数移其足，道何从得达乎？学而不得明师，知何从得发乎？治国欲乐安之，不得大贤事之，何从得一旦而理乎……金城九重，不如事一大贤也。是故古者圣贤皆事明师，以解忧患也。故圣贤悉有师法也。——《太平经·冤流灾求奇方诀》

大意是，你走路，脚不动行吗？能到得了吗？你学道，要是没有名师传授，能学得到吗？你治理国家，要是没有大贤指点，能一举搞定吗？你想坐稳江山，只靠你有多少城池，城池有多坚固，那是靠不住的，还不如好好尊崇一位大贤，请他给你指明方向、厘清思路。因此，自古以来的圣贤帝王头上都举着一位大贤良师。

　　据此，张角自称：我就是你们的大贤良师！咱们这部神书《太平经》里说了：

　　父母者，生之根也；君者，授荣尊之门也；师者，智之所出，不穷之业也。此三者，道德之门户也。——《太平经·戊部》

　　父母双亲是给你生命的，国君是给你地位的，师是给你智慧的。君、亲、师，是你求道修德过好这一生所必需的。

　　张角作为大贤良师，"奉事黄老道，畜养弟子"，他怎样奉事黄老道呢？

　　前述，汉桓帝曾两次派太监到老子故里去祭祀老子，在宫里他也亲自举行过大型的祭祀活动。可见，老子在当时已经被神化。具体怎样神化的？《太平经》讲得非常生动，奉老子为：

　　长生大主，号太平真正太一妙气、皇天上清金阙后圣九玄帝君，姓李，是高上太之胄，玉皇虚无之胤。——《太平经·甲部》

　　老子出生时，天上同时出了三个太阳。

　　既诞之旦，有三日出东方。——《太平经·甲部》

　　然后，三五岁便有神奇表现。

　　七岁，乃学吞光服霞、咀嚼日根。——《太平经·甲部》

　　七岁就能食气，吸风引露，不食人间烟火。

五十六、道教的开山巨著（下）

张角通过"跪拜首过，符水咒说"给人治病，具体方式当与前述方士徐登、赵炳"禁架"及《黄帝内经》所谓"祝由术"等类似。《太平经》对此有一番理论，它认为人的生命之关键是精、气、神。

气既是构成人体的基本物质，又是生命的能量。

精和神是什么？我们说，有的人很精神，有的人没精神。何谓精？何谓神？《太平经》认为，精就是一种精灵，神就是一种神。比如：

人不卧之时，行坐言语，分明白黑，正行住立，文辞以为法度，此人神在也。——《太平经·是神去留效道法》

就是说，人体本来只是一团气、一副血肉骨骼组成，为什么能说话？还说得那么有逻辑条理，能明辨黑白是非，能思考问题，为什么？对此，《太平经》认为：人有思维是因为人身体里有神。为什么人睡着后，便"身不能动，口不能言，耳不能闻……独气在"，没有了正常的思维？因为这时人身体里的神游离出去了。

故精神不可不常守之，守之即长寿，失之即命穷。——《太平经·是神去留效道法》

人能守住精神，少"走神"，少"出神"，少"愣神"，别让神"出去回不过神来"，这样就能健康长寿。反之，人身体里的神如果走了不回来，人就得生病，甚至病死。那么，人为什么会生不同的病呢？《太平经·乙部》记：

真人问曰：凡人何故数有病乎？神人答曰：故肝神去，出游不时还，目无明也；心神去不在，其唇青白也；肺神去不在，其鼻不通也；肾神去不在，其耳聋也；脾神去不在，令人口不知甘也；头神去不在，令人眴冥也；腹神去不在，令人腹中央甚不调，无所能化也；四肢神去，令人不能自移也。——《太平经·乙部》

大意是，神人讲，是因为人身体里对应肝、心、肺、肾、脾、头、腹、四肢的不同的神走了不回来，所以表现为不同的病。

总之，治病的关键就是把神请回来，还神、安神！

怎样把神请回来呢？

首先，要"跪拜首过"。病人要先反省自己到底做错了什么事，让神烦了、走了，不回来了。要向神承认错误，争取神的原谅。

首过自搏叩头，家无大小，相助求哀，积有日数，天复原之，假其日月，使得苏息。——《太平经·病归天有费诀》

要全家一起叩头、祈祷，要诚心诚意，日复一日，最终得到神的原谅，他就还会回来，病就慢慢好了。

整个祈祷的过程要尽量在一个清静整洁的环境中进行，病人要斋戒、要放松。因为神与精都喜欢这样的环境、状态。

神、精，其性常居空闲之处，不居污浊之处也。——《太平经·乙部》

同时，最好在室内悬挂神像，这叫"悬像还神法"。现在的道教仍时兴这种做法，有所谓的"五方五灵童"。五方对应五行，五行对应五脏。《太平经》也记载：

入为人五藏神，出为四时五行神精。——《太平经·斋戒思神救死诀》

人体内的神主要是对应五行的五脏之神。心神，为火；肝神，为木；肾神，为水；肺神，为金；脾神，为土。

"符水咒说"，也是为了还神、安神。

"咒说"，即前述"禁咒"，也就是咒语。咒语是怎么回事？《太平经》这样讲：

天上有常神圣，要语时下授人以言，用使神吏应气而往来也。人民得之，谓为神祝也。——《太平经·神祝文诀》

大意是，咒语是天神传授给人，用以与神灵沟通的语言，故又称"神祝"。

"祝"与"咒"本为一字，甲骨文无"咒"字，后分化，"祝"多指正面祝福，"咒"多指负面诅咒。不论是祝福，还是诅咒，在今天的日常生活中仍被经常使用，故所谓"咒说""禁咒"实不足为怪。

"符水"之符，在今天日常生活中也仍被经常使用。比如，平安符、避邪符、泰山石敢当、福字，甚至春联。古诗曰："千门万户曈曈日，总把新桃换旧符。"春联本身也是一种符。这首先反映了古人的一种文字崇拜心理。《淮南子》记：

昔者苍颉作书，而天雨粟，鬼夜哭。——《淮南子·本经训》

古人相信文字可以通鬼神。于是，《太平经》在一般文字的基础上，又设计整理出专门的符文字，或叫符箓秘文，准确的说法叫"复文"，就是把几个字重复拼合在一起，所谓"天书累积之字"。这样的字，《太平经》一共整理了两千一百三十二个，并分成"兴上除害复文""令尊者无忧复文""德行吉昌复文""神祐复文"等类别，各有不同的功能。这个现在也挺常见的，比如把"招财进宝"拼写在一起。

那么，东汉时，人们怎样使用这些复文呢？也贴到墙上、门上吗？有可能。不过，从《太平经》来看，主要是拿来"吃"的，所谓"丹书吞字"。对此，《太平经》多有描述，比如第八十七卷中讲：

天符还精以丹书，书以入腹，当见腹中之文大吉，百邪去矣……守之积之，天医自下，百病悉除，因得老寿。愚者捐去，贤者以为重宝，此可谓长存之道。——《太平经·长存符图》

第九十二卷讲得更详细：

以丹为字，以上第一次，下行将告人，必使沐浴端精，北面、西面、南面、东面告之，使其严以善酒，如清水已饮，随思其字，终古以为事身，且曰向正平，善气至，病为其除去，而目益润泽。或见其字，随病所居而思之，名为还精养形。或无病人为之，日益安静。或身有强邪鬼物，反目变争，虽忿争自若，力思勿惑也，久久且服去矣。——《太平经·洞极上平气无虫重复字诀》

大致是说，用丹砂写好符文，然后就着酒或水吃到肚子里——后世道教好像是把符文先烧了，以纸灰就着水喝到肚子里，《太平经》里没说烧，这应当也有个发展的过程——把丹书吃到肚子里，同时要向东、西、南、北四个方向祈祷神灵，并要冥想肚子里的符文，一直想，一直想，最终要像直接看到了那个符文一样，便可以"百病悉除，因得老寿"，有病治病，没病强身。

从一定程度讲，"丹书吞字"的过程，对当事人必然起到一定的安定心神的作用。所谓"心诚则灵"，如果病人绝对相信这样能治病，无疑会形成强大的心理暗示，从而对身体康复起到积极作用。要求病人斋戒、放松，实际就是清静休养，对身体康复当然也有积极意义。

除了丹书吞字，《太平经》里还有胎息、房中、刺喜、社谋、洋神、家先等方术，都被《太平经》作者视为正道推崇，兹不细说。

鲁迅先生1918年写给许寿裳的信里说：

前曾言，中国根柢全在道教，此说近颇广行。以此读史，有多种问题可以迎刃而解。——《致许寿裳》

而道教当然不只前面讲的这些，理解道教更重要、更核心的内涵，还要回到《后汉书》那段话：

初，钜鹿张角自称"大贤良师"，奉事黄老道，畜养弟子，跪拜首过，符水咒说以疗病，病者颇愈，百姓信向之。角因遣弟子八人使于四方，以善道教化天下，转相诳惑。十余年闲，众徒数十万。——《后汉书·皇甫嵩传》

这里讲的，"以善道教化天下"，正是道教最核心的内涵。

就此，《太平经》宣扬一种"承负"观念。《太平经》讲：

今帝王人民有承负，凡事亦皆自有承负。——《太平经·五事解承负法》

简单讲，承负的意思是，每个人都要为前人及他人所犯的错误不同程度地承担责任。

前人种树，后人乘凉，这是正向的关系；父债子还，这是反向的关系。承负主要指这种反向的关系，并在时间和空间上无限扩大，认为自天地开辟以来，这种反向关系不断循环积累，以至于当下的人们因为这种"罪"，而要承受各种苦难。

那么，怎样才能从不断的承负循环中解脱呢？行善！《太平经》讲得更玄乎一些：

欲解承负之责，莫如守一。守一久，天将怜之。——《太平经·五事解承负法》

守一，落实到人生实践中，就是行善。《道德经》所谓：

天道无亲，常与善人。——《道德经》

人坚持行善，即可谓得道，就能得天道之爱怜，从而解承负之责。

《太平经》开篇还讲：

大恶有四：兵、病、水、火。——《太平经·甲部》

人生可能面临四大灾难：兵乱、瘟疫、水灾、火灾。这些灾难自唐尧以来定期发生，尤其在大小甲申年会有大灾。"大小甲申年"是指特定的两个甲申年，并不是一甲子六十年周期就有一次的那个甲申年，它的周期更长。《太平经》说：

凡大小甲申之至也，除凶民，度善人，善人为种民，凶民为混蘦。——《太平经·甲部》

就是说，所谓"大小甲申年"，近乎基督教所谓"末日"。这时，恶人会被消灭，善人得以超度。

如果没赶上"大小甲申年"，善人与恶人将有何不同？行善与否区别何在？《太平经》说：

行之，司命注青录；不可，司录记黑文。黑文者死，青录者生。生死名簿，在天明堂。天道无亲，唯善是与。——《太平经·甲部》

大致是说，恶人都被上天记在了生死簿的黑名单上，早晚算账。

总之，《太平经》是劝人向善的，它的社会主张，多体现着这种善意。

比如，它提倡一夫二妻：

一男者当得二女，以象阴阳。阳数奇，阴数偶也。——《太平经·一男二女法》

天数一而地数二也，故当二女共事一男也。——《太平经·分别贫富法》

它认为，一夫配二妻，才符合天地阴阳之数。善意何在？它指出：

天下失道以来，多贱女子，而反贼杀之，令使女子少于男。——《太平经·分别贫富法》

或有一家乃杀十数女者，或有妊之未生出，反就伤之者。——《太平经·分别贫富法》

就是说，当时社会上存在大量杀害女婴的情况，有的人家甚至连杀十几个女婴。除了男尊女卑的封建思想之外，这在汉朝还有一个原因，就是"女性单身税"。汉惠帝执政时期曾颁布过一条法令：

女子年十五以上至三十不嫁，五算。——《汉书·惠帝纪》

就是说，十五岁到三十岁的适龄女子不得单身，必须嫁出去；否则，政府要征收五倍的人头税。这在当时是为了鼓励结婚，促进人口增长，因为刚经过战乱，人口凋敝。后期有无废除，史书无载。即便废除了，

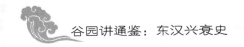

影响也会持续。人们认为，生女孩是很费钱的。时谚讲：

盗不过五女之门。——《颜氏家训·治家》

正是这个意思。

总之，东汉社会杀害女婴成风。对此，《太平经》严厉谴责，认为这会打破天地间阴阳的平衡，是造成世间灾难的重要原因。

使阴气绝，不与天地法相应。——《太平经·分别贫富法》

正确的做法，不但不能杀女婴，还应当尽量多生女婴，使能普遍实现一夫两妻，才是天地阴阳调和的最佳状态。

虽然，这不是现代社会允许的婚恋观，但在当时，确实在一定程度上保护了女婴，彰显了善意。

《太平经》里提到一个问题：

人当贞邪不当贞？——《太平经·一男二女法》

意思是，人要不要讲究贞洁、贞操？男人要不要当柳下惠，女人要不要当贞洁烈妇，一女不事二夫？

这当然都是儒家大力提倡的。而《太平经》坚决反对，认为这都是"贪小虚伪之名"，是"反天道""不顺天意"。

男女者，乃阴阳之本也。——《太平经·一男二女法》

阴阳所以多隔绝者，本由男女不和。——《太平经·一男二女法》

人应当顺应天地阴阳之道，要大胆去爱！

这也是体现着善意。

它的善意还不止于对人，它认为，对天地、万物都应有亲如一家的认识。它说：

天、地、中和，凡三气，内相与共为一家，反共治生，共养万物。天者主生，称父；地者主养，称母；人者主治理之，称子。——《太平经·起土出书诀》

天、地、人，相当于父母与孩子的关系，一起共养万物。可现实中，

"孩子"却在伤害"父母"！

人乃甚无状，共穿凿地，大兴起土功，不用道理，其深者下著黄泉。——《太平经·起土出书诀》

就是说，人们大兴土木，肆意挖土、打井、开山采石，等等。

泉者，地之血；石者，地之骨；良土，地之肉。——《太平经·起土出书诀》

我们人类怎么忍心对大地母亲这样做呢？不要以为，地那么大，打眼井微不足道，这就像一个人的牙生了虫，那虫都小得看不见，可人却疼得要命，大地母亲也疼啊！大地母亲疼却说不出，只能跟天父报怨，最终，天父发怒，把灾难降给人。

这可能是人类历史上最早最形象的环保思想。而这里面的逻辑，很明显，还是人只有秉持善意、奉行善举，才能实现自身更好的生存与发展。

《太平经》所强调的核心"善道"，最终是为了生存与发展。正如《周易》所谓："天地之大德曰生！"《太平经》讲了那么多，讲政治的理想，讲承负，讲跪拜首过符水咒说以疗疾，讲一男二女，反对贞烈，讲关爱大地万物，讲修仙，讲长寿……说到底，无非一个"生"字！

大家要想生存下去，要想生活得更好，使生命更长，更有尊严！那就跟我张角一起来吧，我们一起来尊奉黄老道，奉行《太平经》，开创一个太平新世界！

张角的传教大致如此。

十余年间，众徒数十万，连结郡国，自青、徐、幽、冀、荆、扬、兖、豫八州之人，莫不毕应。——《后汉书·皇甫嵩传》

在那样一个信息传播很低效的时代里，张角的势力只用了十多年就发展到了大半个中国，全国十三个州，有八个州都响应他，徒众数十万。《资治通鉴》这样描述张角的徒众：

或弃卖财产，流移奔赴，填塞道路，未至病死者亦以万数。——《资治通鉴·汉纪五十》

意思是，张角的信徒不是待在家里等着被传教，而是撇家舍业主动投奔、追随张角，在半道上病死的人竟然"亦以万数"。

如果这段史料可靠的话，那大致可以想象，张角的起家在很大程度上是靠给人治病！他就靠着"跪拜首过，符水咒说"这样一种非常低成本的治病手段，赢得无数底层百姓的支持。

《太平经》提到当时社会的一个情况：

医巫神家，但欲得人钱，为言可愈，多征肥美。——《太平经·病归天有费诀》

意思是，当时人们得了病去找医或巫神治，成本太高，因为这些人都太黑了，"多征肥美"，趁机要很多财物。老百姓们看病难、看病贵，看不起病。

而通过《后汉书·灵帝纪》来看，在中平元年（184）黄巾起义前的几年间，影响全国的大瘟疫频发。

［光和二年（179）］春，大疫，使常侍、中谒者巡行致医药。——《后汉书·孝灵帝纪》

［光和五年（182）］二月，大疫。——《后汉书·孝灵帝纪》

大量的底层百姓染病，还看不起病，只好投奔张角，很多人半路死掉。

也有很多人没死，聚集在张角周围。这样，成千上万的流民得吃饭，怎么办？大致就是这种形势推着张角走上了一条暴力革命之路。

而从传世的《太平经》来看，它完全秉持致君行道的思想，维护皇权秩序的思想，而且看不到支持暴力革命的思想。

五十七、黄巾起义与五斗米道

张角决定推翻东汉皇权，于是打出口号：

苍天已死，黄天当立，岁在甲子，天下大吉。——《后汉书·皇甫嵩传》

"黄天当立"好理解，按西汉刘歆修订版的"五德终始论"，汉为火德，火生土，汉朝最终将为一个土德新朝所取代，五行配五色，土配黄，故曰"黄天当立"，之后黄巾军之"黄"也是此义。

可是，"苍天已死"是什么意义？苍色对应木而非火，火对应赤，要说汉朝灭亡应说"赤天已死"才合适。究竟是什么意义，不得而知，在《太平经》里也找不到答案。历史往往就是这样残缺不全。就像张角是何出身？早年经历如何？怎样得到的《太平经》？怎么走上的这条道？史书都没有记载。史书里，他一出场就是"大贤良师"，徒众数十万。他把这些徒众分编为三十六方。

大方万余人，小方六七千，各立渠帅。——《后汉书·皇甫嵩传》

这三十多万人不可能都是底层百姓。所谓，人上一百，形形色色。

或曰，人上一百，出奇生怪；人上一百，五艺俱全；人上一百，必有奇谋。这三十多万人里什么能耐的、什么关系的、什么背景的人都有，甚至包括汉灵帝身边的两个大太监中常侍封谞和徐奉。

光和六年（183）年底，这两个大太监跟张角秘密约定：

约以三月五日内外俱起。——《后汉书·皇甫嵩传》

要在中平元年（184）即甲子年三月初五，里应外合，正式起义。

结果，刚过了年，还在正月里，出事了。

张角弟子济南唐周上书告之。——《后汉书·皇甫嵩传》

张角内部出了叛徒，上书告发。

其实，即便没人告发，东汉朝廷也已有所警觉。此前，就大量流民投奔张角的情况，司徒杨赐和司徒掾刘陶已先后上书，提醒汉灵帝消患于萌芽。

随后，张角秘密约定起义后，他的徒众竟然在各地官府大门刷上"甲子"二字！

以白土书京城寺门及州郡官府，皆作"甲子"字。——《后汉书·皇甫嵩传》

这就太明目张胆了，不知史书写的内容是真是假。

总之，一进甲子年，这个告发一出来，汉灵帝立即下令严查！

案验宫省直卫及百姓有事角道者，诛杀千余人，推考冀州，逐捕角等。——《后汉书·皇甫嵩传》

这一查，仅仅在京师洛阳就查出上千人信奉张角的太平道，其中包括"宫省直卫"，即太监、皇宫侍卫、军政两界的不少人。汉灵帝把这些人全部杀掉，并急令冀州官府抓捕张角。

张角不能等到三月初五了，他连夜通知三十六方的几十万名徒众，立即起事。

晨夜驰敕诸方，一时俱起。皆著黄巾以为标帜，故时人谓之"黄巾

贼"。——《资治通鉴·汉纪五十》

于是，中平元年（184）正月，黄巾起义爆发。张角由和平传道的太平道教主，变成了暴力革命的黄巾军统帅，他自称天公将军，弟弟张宝称地公将军，弟弟张梁称人公将军，哥仨正好凑齐"天""地""人"，正合《太平经》强调的"三一为主"。

旬月之间，天下响应。——《资治通鉴·汉纪五十》

黄巾军迅速形成巨大的声势，势力遍及洛阳以东、以北、以南的冀州、幽州、青州、兖州、徐州、豫州、荆州、扬州等八州。

汉灵帝的应对处置较为稳健得力。他主要做了三个方面的工作。

一是把皇后大哥何进封为大将军，统领京师驻军迅速进入战时状态。设置八关都尉，命令洛阳周边东西南北八个主要关口都驻重兵防守。这样，先稳住了阵脚。

二是接受北地太守皇甫嵩的建议，立即大赦天下党人，避免党人乘势加入张角的阵营。

三是征调天下精兵，以卢植、皇甫嵩、朱俊等为统帅，分头进剿各地黄巾军。

汉军在下半年转守为攻，皇甫嵩作为名将皇甫规的侄子表现尤为卓越。十月，他率军与张梁大战于广宗。

大破之，斩梁，获首三万级，赴河死者五万许人。——《后汉书·皇甫嵩传》

张梁被击毙，黄巾军被斩首三万人，死在河里的还有五万人，东汉以来从未有过这么大规模的战役。

当时的广宗属钜鹿郡，处于钜鹿郡、魏郡、安平国、清河国四个郡国交界的地方，属于"四不管"地带，官府势力薄弱，很可能是张角发展太平道的大本营所在地。历代的农民起义，凡事做得不错的，一般都利用这种地理位置。既然广宗是大本营，这里的黄巾军必定是张角最铁杆的信徒，所谓"赴河死者五万许人"，很可能是宁死不屈，投河而死。总之，相当惨烈。

此前，张角已病死。皇甫嵩将其尸体挖出，砍下头颅，送到京城。

剖棺戮尸，传首京师。——《后汉书·皇甫嵩传》

紧接着，十一月，皇甫嵩率军在下曲阳大战张宝。

又斩之。首获十余万人，筑京观于城南。——《后汉书·皇甫嵩传》

斩杀了张宝及其部下黄巾军十余万人，他们的死尸在城南筑起了一座小山，此谓"京观"。

至此，张角领导的黄巾军嫡系主力被汉军消灭。

不过，非主力的黄巾军仍然活跃，还有一些没打黄巾旗号的农民起义军方兴未艾，其中有一支被东汉朝廷称为"米贼"。

这支"米贼"是什么来头？《资治通鉴》是这样写的：

巴郡张脩以妖术为人疗病，其法略与张角同，令病家出五斗米，号"五斗米师"。秋，七月，脩聚众反，寇郡县。时人谓之"米贼"。——《资治通鉴·汉纪五十》

大意是，张脩创立了"五斗米道"，被称"米贼"。

而《三国志·张鲁传》则是这样写的：

张鲁字公祺，沛国丰人也。祖父陵，客蜀，学道鹄鸣山中，造作道书以惑百姓，从受道者出五斗米，故世号"米贼"。——《三国志·张鲁传》

大意是，张鲁的祖父张陵客居蜀地，在成都西边的鹄鸣山修道，并"造作道书"传道，信众都要贡献出五斗米来。即张陵创立了"五斗米道"，被称"米贼"。

《三国志·张鲁传》还说：

陵死，子衡行其道。衡死，鲁复行之。——《三国志·张鲁传》

张陵死后，他的儿子张衡和孙子张鲁又相继领导五斗米道。

《三国志·刘焉传》又说：

张鲁母始以鬼道，又有少容，常往来焉家。故焉遣鲁为督义司马，住汉中。——《三国志·刘焉传》

就是说，张鲁的母亲也很特别，也有道行，而且长得很好，驻颜有术，她跟当时的益州牧刘焉交往密切。于是，刘焉任命张鲁为督义司马，带兵到了汉中。

《三国志·张鲁传》继续说：

与别部司马张脩将兵击汉中太守苏固，鲁遂袭脩杀之，夺其众。——《三国志·张鲁传》

张鲁与别部司马张脩一起打败汉中太守苏固，占据汉中。之后，张鲁把张脩杀掉，并将其手下整编。

鲁遂据汉中，以鬼道教民，自号"师君"。——《三国志·张鲁传》

总之，按照《三国志》记载，汉中的所谓"米贼"，跟张脩没关系。

可是，裴松之给《三国志》做注，援引三国学者鱼豢《典略》记载：

熹平中，妖贼大起，三辅有骆曜。光和中，东方有张角，汉中有张脩。骆曜教民缅匿法，角为太平道，脩为五斗米道。——《三国志注》引《典略》

鱼豢言之凿凿，认为张脩创立了五斗米道，并颇为详细地记载了张脩传教、治病等情况，称：

脩法略与角同，加施静室，使病者处其中思过。——《三国志注》引《典略》

张脩这一套跟张角相似，给人治病也是要"跪拜首过"，先认罪，诚心悔过，再祈祷神灵宽恕。

请祷之法，书病人姓名，说服罪之意。作三通：其一上之天，著山上；其一埋之地；其一沉之水。谓之三官手书。——《三国志注》引《典略》

跟前述"丹书吞字"不同，张脩写的丹书不是符文，而类似悔过书，也不用病人吞到肚子里，而是一式三份，放到山顶一份，埋在地下一份，沉入水中一份。

他们奉持的经典也不一样，张角奉《太平经》，张脩则直接讲《老子》。

使人为奸令祭酒，祭酒主以《老子》五千文，使都习。——《三国志注》
引《典略》

张脩在手下设置了很多"祭酒"，类似牧师，负责教给信众们《老子》。

还有一个显著的不同，张脩治病是收费的，不收现金，只收五斗米。

使病者家出米五斗以为常，故号曰五斗米师。——《三国志注》
引《典略》

陶渊明有句著名的话：不为五斗米折腰。学者认为，"五斗米"指月薪，这不是小钱。而前述张角治病可能不收费，或收费极低，因为《太平经》专门批判了当时看病贵的问题。

而陈寿《三国志》描述张陵传道：

从受道者出五斗米。——《三国志·张鲁传》

这五斗米类似学费或加入信众团体的会费，而非看病的费用。

鱼豢说：

后角被诛，脩亦亡。及鲁在汉中，因其民信行脩业，遂增饰之。——
《三国志注》引《典略》

没说张脩被张鲁所杀，只说，张鲁后继张脩的传教事业，并对传教手段又有所"增饰"，出了新招。主要的一项，就是"义舍"。

教使作义舍，以米肉置其中，以止行人。——《三国志注》引《典略》

就是发动信众，建起很多免费提供饮食的小房子，里面的米和肉，行人可以白吃。

这跟陈寿《三国志》的记载一致：

诸祭酒皆作义舍，如今之亭传。又置义米肉，县于义舍，行路者量腹取足；若过多，鬼道辄病之。——《三国志·张鲁传》

张鲁领导的五斗米道大致分三个层级。最高层级是他自己。

自号"师君"。——《三国志·张鲁传》

跟张角自号"大贤良师"差不多,称"师君"。

最低层级叫"鬼卒"。

其来学道者,初皆名"鬼卒"。——《三国志·张鲁传》

"鬼卒"不同于"米贼"的污名化,很可能是其内部正式称谓。前述,张鲁"以鬼道教民",其母"始以鬼道,又有少容",这个"鬼道"可能也不是污名化。"鬼"在当时不带贬义,《太平经》常以"神""精""鬼"并提,有"天神""地祇""人鬼"之说。李清照诗,"生当作人杰,死亦为鬼雄",亦无贬义。

鬼卒学道有成,则升至中间层级"祭酒"。

受本道已信,号"祭酒"。——《三国志·张鲁传》

祭酒的一项重要工作是建设并管理"义舍"。

对义舍里免费提供的米和肉,如果有人多吃、多占、浪费,怎么办?没问题。

若过多,鬼道辄病之。——《三国志·张鲁传》

他们有精神控制,人们都深信"鬼道",谁要是多吃、多占、浪费,会惹怒鬼神而生病。所以,都是"量腹取足",吃饱就走,规规矩矩,不用人监督。这种义舍可不是一处两处,而是"如今之亭传",在主要的交通道路旁边,每隔一定距离就有一处,很可能遍及整个汉中地区,而且至少延续了三十年。两千年前,在中国的西部地区竟能实现这样的社会治理!

关于张鲁的社会治理,鱼豢的《典论》还写道:

有小过者,当治道百步,则罪除;又依月令,春夏禁杀;又禁酒。——《三国志注》引《典略》

就是说,张鲁禁春夏杀生、禁酒,施行比较轻的刑罚,谁要是犯了什么罪过,只要不十分严重,一般只要修一段路,给社会做出一定贡献,就能抵罪。

陈寿《三国志》则讲：

犯法者，三原，然后乃行刑。——《三国志·张鲁传》

意思是，谁要是犯了法，都有三次被原谅的机会，可以改过自新。

《三国志》还讲，祭酒在张鲁的社会治理中发挥着重要作用。

不置长吏，皆以祭酒为治，民夷便乐之。——《三国志·张鲁传》

就是说，张鲁在汉中完全废除了原有的官僚体系，完全施行政教合一的形式来管理社会。其主要抓手是靠祭酒传教。

祭酒主以《老子》五千文，使都习。——《三国志注》引《典略》

五斗米道的祭酒们给鬼卒们讲《老子》。

其实，所有的中国古代经典都可以哲学化，也可以政治化，也可以神学化，也可以庸俗化。五斗米道把《老子》神学化、宗教化了。有书为证，即《老子想尔注》。此书一度失传，后被饶宗颐先生从伦敦大英博物馆的敦煌经卷中发现，认定其为东汉末五斗米道内部教授《老子》的教材。它是怎样具体讲解《老子》的呢？

比如，《老子》第十章的：

载营魄抱一，能无离乎。——《老子》

它把"一"解读为：

一者，道也……一散形为气，聚形为太上老君，常治昆仑。——《老子想尔注》

大意是，一就是道，弥散开就是无处不在的气，聚拢在一起就成了太上老君，平常住在昆仑山上。这样，它就把抽象的道拟人化了，道就成了最高的神。

它继续讲：

今布道诫，教人守诫不违，即为守一矣；不行其诫，即为失一也。——《老子想尔注》

大致是说，五斗米道有一套"道诫"，类似佛教的清规戒律，信众们都得遵守。遵守这些道诚就是"守一"，就是得道，就能得到太上老君的保佑；不遵守，就是失道，就会被太上老君摒弃，就要倒霉。

具体有哪些"道诚"？前述春夏禁杀、禁酒等属于形而下。《老子想尔注》还记载了一套形而上的说法，叫作"想尔九戒"，或"想尔九行"。分三个层次：

行无为、行柔弱、行守雌勿先动，此上最先行；行无名、行清静、行诸善，此中最先行；行无欲、行知止足、行推让，此下最先行……备上行者，神仙；六行者，倍寿；三行者，增年不增夭。——《老君二十七戒》

意思是，人能真正做到无为、柔弱、守雌等最上三行，就可以得道成神仙。做不到最上三行，但能做到中下六行，包括无名、清静、行善、无欲、知足、推让，就能延长一倍的寿命。只能做到下面三行，也能延年益寿。反之，如果这九行都不做，则减寿早夭。

那么，五斗米道到底是谁创的？鱼豢的《典论》说是张脩，陈寿的《三国志》说是张陵，到底该信谁？我认为，应当信陈寿。陈寿是蜀地人，其师谯周也是蜀地大学者，生于建安六年（201），张鲁是建安二十一年（216）才死，是同时代同地区人物，不大可能搞错。裴松之的《三国志注》中也认为鱼豢可能把张鲁的父亲错写成了张脩。

谓张脩，应是张衡，非《典略》之失，则传写之误。——《三国志注》

范晔在《后汉书·灵帝纪》中写道：

巴郡妖巫张修反，寇郡县。——《后汉书·孝灵帝纪》

并没说是张脩创立五斗米道。

司马光的《资治通鉴》采信张脩创教的说法，可能跟他本人的儒家立场有关。如果是张脩创了五斗米道，然后张鲁杀张脩夺权，进而发展成后世的道教，这显然是很不光彩的。司马光似有抹黑道教的倾向。

另外，大致同一时期魏伯阳写出了《周易参同契》，专门讲炼丹，也成为后来非常重要的道教经典。炼丹一直是道教修炼的重要内容。

　　总之，汉灵帝时期，三部重要的道教经典《太平经》《老子想尔注》《周易参同契》行世，并出现了张角领导的太平道和张鲁领导的五斗米道等教众活动，中国道教于是起源。

五十八、黄巾故事

张鲁的爷爷张陵到底是怎样一个人？正史并无记载。《后汉书》倒是提到一个叫张陵的人，乍一看，还以为此张陵就是彼张陵。

这个张陵的祖父是一个大儒，叫张霸，精通《严氏春秋》，学而优则仕，举考廉，一路高升，官至会稽太守，在任三年，政通人和，百废俱兴。

盖日中则移，月满则亏。老氏有言：知足不辱。——《后汉书·张霸传》

承蒙诸位支持，这三年顺顺溜溜，可以了，我见好就收吧。

随即，称病辞官。

不过，朝廷爱惜人才，再次征辟，张霸只好再次入仕，做了汉和帝身边的侍中。外戚邓骘派人主动示好，求交往。他有没有喜出望外，赶紧抱住这个大外戚的粗腿呢？没有。

霸逡巡不答，众人笑其不识时务。——《后汉书·张霸传》

他竟然爱搭不理，也不说行，也不说不行。有几个知情人很不理解：这个老书呆子假清高，不识时务！

曾国藩在保定做直隶总督时，老同事黄恕皆从京城寄来一把扇子，上有题诗，尽是恭维之辞，落款：醇亲王。这是同治帝的亲叔叔，找了中间人求交往。曾国藩竟然也是"逡巡不答"，磨蹭了好几天后回信婉拒。为什么呢？这其实是曾国藩的一条为官之道，他曾教导初入官场的九弟曾国荃：

不轻进人，即异日不轻退人之本；不妄亲人，即异日不妄疏人之本。——咸丰十年七月十五日曾国藩家书致沅弟

张霸七十岁寿终，死前留下一条家训：

人生一世，但当畏敬于人，若不善加己，直为受之。——《后汉书·张霸传》

意思是，人常说，活着要敬畏天地、敬畏鬼神，敬畏这个，敬畏那个，其实最该敬畏的是人，人是最可怕的。对人，时刻要加倍小心，能忍尽量忍。

张霸的二儿子张楷就是张陵的父亲，很有学问，也很有个性，一辈子坚持做处士，不应征辟。

隐居弘农山中……性好道术，能作五里雾。——《后汉书·张楷传》

他隐居在山里修炼道术，似能吞云吐雾。

张陵有没有子承父业，继续隐居修道呢？史书没说。按《后汉书》的记载，张陵在汉桓帝时官至尚书，曾参劾大外戚梁冀。

大将军梁冀带剑入省，陵呵叱令出，敕羽林、虎贲夺冀剑。冀跪谢，陵不应，即劾奏冀，请廷尉论罪。有诏以一岁俸赎，而百僚肃然。——《后汉书·张陵传》

这段记载里的大魔头梁冀跟前述给人的印象不大一样，好像还不错。大意是，有一次，梁冀进宫见汉桓帝，腰中佩剑。张陵呵斥：大胆梁冀，你带剑入宫，意欲何为？羽林侍卫、虎贲侍卫何在？把剑夺了！

梁冀有点蒙，赶紧道歉：张尚书，我一时疏忽，把剑带进来了，

请原谅。

张陵不依不饶：不行，必须依法论罪。

最终，罚了梁冀一年的俸禄，才算完事。

《后汉书》对张陵的记载至此戛然而止，他后来会不会辞了官，到蜀地隐居修道，创立五斗米道？这只能是一个千古之谜了。此张陵是神龙见首不见尾，彼张陵是神龙见尾不见首，这倒是挺符合道家的感觉。

接下来，讲三段黄巾起义期间的人物故事。

头一段故事也与梁冀有关，当年大忠臣李固坚决反对他拥立刘志为帝，被他害死。被害前，李固已有所预感，赶紧让三个儿子从洛阳返回老家汉中。李固的女儿李文姬，嫁在老家当地，她一看三兄弟都回来，知道要出大事，立即跟两个哥哥商量：恐怕老家也藏不住你们，咱们得做最坏的打算，万一发生不测，得让小弟李燮活下来。他只有十二三岁，好藏，从今往后，对外就说，他到河里洗澡淹死了，尸体也没捞上来。

兄妹四人便演了一出戏，弄得人尽皆知，当地官府和京城都听说李家老三淹死了。

随后，小李燮幸免于难。李文姬又犯了难，当地那么多熟人，早晚得出事。怎么办？思来想去，想到了父亲的门生王成，她曾听父亲称赞其可以托六尺之孤。文姬找到王成：家父最信任您，还请千万相助。

李氏存灭，其在君矣。——《后汉书·李燮传》

我们老李家的这个根能不能留住，就全靠您了！

王成点头：我一定竭尽全力！

王成带着李燮逃离汉中，隐姓埋名，逃至两千多里外的徐州。他给李燮找了家酒馆打工，自己则扮成算命的聊以糊口，人前假装互不认识，暗地里教李燮读书，照顾其生活。李燮渐有学问，又是名门之后，气质不俗，被酒馆老板招为女婿。

一晃过了十几年，梁冀被汉桓帝诛杀，李固被平反。李燮这才表露身份，与王成回到汉中，跟姐姐相见，抱头痛哭：咱们李家太冤了，被梁氏害得太惨了，我难受……

文姬赶紧制止：千万不要这样讲！

宜杜绝众人，勿妄往来，慎无一言加于梁氏。加梁氏则连主上，祸重至矣。唯引咎而已。——《后汉书·李燮传》

小弟啊，千万不要喊冤，更不要骂梁家，那样就等于把皇上一块儿骂了，你的小命就又悬了。

李燮赶紧闭嘴。

不久，王成去世，李燮感念终身。千载之下，不禁感叹，那个时代是真出这样的人物啊！前述党锢之祸时，无数人为掩护党人置自己的生死于度外；还有很多特立独行的逸民，不事王侯，威武不屈、富贵不淫；还有好多孝子、烈女，他们都是道德至上的人。所以，司马光有个说法：

自三代既亡，风化之美，未有若东汉之盛者。——《资治通鉴·汉纪六十》

东汉是有史以来儒家教化最鼎盛的时期。

司马光这段话写于《资治通鉴》曹操去世那一节，曹操作为乱世之枭雄，至死没有称帝，以汉臣终身，足见东汉社会儒家忠君观念多么深入人心。

李燮后被征辟入仕，为官为人都很受人称道。

及其在位，廉方自守，所交皆舍短取长，好成人之美。——《后汉书·李燮传》

黄巾起义时，他正在做安平相。安平国因紧临张角大本营广宗，最先被攻，安平王刘续是个吃喝玩乐的主，玩忽职守，竟被黄巾军俘虏，朝廷交了大笔赎金，才把他弄了回来。随后，朝廷有意让刘续继续做安平王。李燮上书坚决反对：刘续没有守土尽责，不杀头就不错了，怎么还能让他继续为王呢？这是什么导向？要都这样，哪个将领还玩命守城。我太了解他了，让他为王，他还得弄出别的事儿来。

汉灵帝非但不听，还给李燮安了个罪名，关了起来。

过后不到一年，刘续果然再犯重罪，被汉灵帝杀掉。李燮被重新起用。

京师语曰：父不肯立帝，子不肯立王。——《后汉书·李燮传》

后来，李燮官至河南尹。有一天，他出行，迎面过来一辆车，规格颇高。

李燮问手下：那是谁？

手下：来的那位是郦邵……

李燮的脸一下阴沉了下来：你们知道吗？此前这个郦邵当县令时，有个朋友得罪了梁冀逃到他手下避难，他竟跑去向梁冀报告，致使朋友被杀。后来，他升任太守，任命书还在半道上，正好他母亲死了，他怕给母亲守孝会影响这次升迁，竟先把母亲的尸体埋在马棚里，先把任命书接了，坐稳了太守，才给母亲发丧。你们听说过这些不？

手下：确有耳闻，这个郦太守不地道……

李燮把手一挥：那还等什么？

手下一拥而上，把郦邵一顿胖揍，车也砸了，扔到沟里，打得郦邵趴在地上动弹不得。

李燮还不解气，上去在郦邵后背写了八个大字：

谄贵卖友，贪官埋母！——《后汉书·李燮传》

然后上奏朝廷，免了郦邵的官，永不录用。大快人心！

再讲一个叫向栩的人，《后汉书·独行列传》这样描述他：

少为书生，性卓诡不伦。——《后汉书·向栩传》

他从年轻时就跟正常人两样儿。

恒读《老子》，状如学道。——《后汉书·向栩传》

每天抱着《老子》读，如痴如醉，神神道道。

又似狂生，好被发，著绛绡头。——《后汉书·向栩传》

平时跟个疯子似的，经常披头散发，偶尔扎个红头巾。每天站哪儿坐哪儿，他都有固定的位置。当时的坐类似现在的跪，他坐的那个板床上整整齐齐有两个膝盖窝，后面还有被脚踝骨、脚指头磨出来的印儿。

不好语言而喜长啸。——《后汉书·向栩传》

他很少讲话，喜欢长啸。

啸，吹声也。——《说文解字》

啸就是吹口哨。

有弟子，名为"颜渊""子贡""季路""冉有"之辈。——《后汉书·向栩传》

他的几个弟子估计也都是"神经病"，要不怎会拜他为师，他都大言不惭地给起了外号：你叫颜渊，你叫子贡，他叫季路……

他俨然以孔圣人自居！孔圣人周游列国，他也没闲着：

或骑驴入市，乞匄于人。——《后汉书·向栩传》

没事就骑着驴上街要饭。有时还会把街上要饭的乞丐们都请到家里来一起吃一顿。这意思，他是丐帮帮主吗？不是，这很可能跟早期佛教有关。《太平经》记载：

而今学为道者，皆为四毁之行。——《太平经·天咎四人辱道诫》

就是说，当时所谓学道之人很多都学成了邪门歪道，主要表现为四方面：

其第一曰不孝；第二曰不而性真，生无后世类；第三曰食粪饮其小便；第四曰行为乞者。——《太平经·天咎四人辱道诫》

一是"不孝"，得出家，离弃父母。

二是"不而性真，生无后世类"，不能结婚，不能传宗接代。

三是"食粪饮其小便"，得吃屎、喝尿。前述费长房因为嫌吃屎恶心，没能得道成仙。《后汉书·方术列传》还写道：

甘始、东郭延年、封君达三人者，皆方士也。率能行容成御妇人术，或饮小便，或自倒悬。——《后汉书·甘始传》

甘始等三个当时比较著名的方士，他们的修炼方法中也包括"饮小便"，喝尿。还有"容成御妇人术"，即房中术。"自倒悬"应该就是拿大顶，这可能是一种瑜伽，也与佛教传入有关。吃屎、喝尿的修行方式似在《增一阿含经》等佛经里也有记载。

四是"行为乞者"，要行乞要饭。这与前两条都明显是佛教的修行方式。

由《太平经》的这段记载，可见道教产生的一个缘由：它可能是对当时佛教传播的批判与修正。

向栩种种怪异的表现，是不是让人厌恶而避之唯恐不及呢？并不是，人们非但没厌恶他，还被他强烈吸引。

时人莫能测之。——《后汉书·向栩传》

人们都觉得他高深莫测。当地郡府和朝廷三公三番五次辟举他，他都拒绝。

后特征，到。——《后汉书·向栩传》

后由皇上亲自出面征召，他才同意出山，起家即为二千石，任赵国相。时人以为向栩此前行乞，入仕为官必定非常俭朴，没想到向栩就像换了一个人，"乘鲜车，御良马"，好一副豪奢做派！他的政绩如何呢？

略不视文书，舍中生蒿莱。——《后汉书·向栩传》

他什么也不管，衙门里都长了草。

这样会不会被罢免呢？向栩非但没被罢免，反而高升，被召回朝廷做侍中，成了内朝显贵，参与高层决策。

这时向栩的表现如何？很厉害！

每朝廷大事，侃然正色，百官惮之。——《后汉书·向栩传》

他向来"啸"傲江湖，朝堂之上依然故我，不管什么大太监、外戚、三公，逮谁怼谁，义正词严。

看来他真有点儿本事？别着急，路遥知马力，日久见人心。评判一个人要听其言，观其行，慢慢来。

黄巾起义爆发，朝臣纷纷就平乱方略、派兵选将等献计献策。向栩把胸脯一挺：皇上，别听他们瞎吵吵，平黄巾贼根本用不着派兵！

汉灵帝挺高兴：咦，不用派兵怎么平？

向栩答：

但遣将于河上北向读《孝经》，贼自当消灭。——《后汉书·向栩传》

您只要派出几员将领带上一帮人，到黄河边冲着北边黄巾贼的方向念上几天《孝经》，他们自动就灭了。

汉灵帝鼻子差点儿没被气歪了：你是真疯啊？还是当我傻啊？

大太监张让曾遭向栩怼过，立即补刀：大胆向栩，你分明是张角的奸细，想让咱不派兵，使张角得逞！

汉灵帝一挥手：拉出去，砍了。

向栩虽死，类似这样欺世盗名的妄人却代不乏人，很多人就爱信这种大忽悠。正因为人性的弱点从未改变，相同的历史才不断重复上演。

最后，再讲一个比较狂妄的人，叫阎忠。黄巾起义时，他是信都县的县令。信都县紧临广宗和下曲阳，因此，他很可能全程参与了皇甫嵩在这两地打张梁和张宝的两场大战役。前述，接连这两场大战，一共打死黄巾军主力约二十万人，这么大的规模，自秦汉以来绝无仅有。可以想见，作为主帅的皇甫嵩手里掌握着多么强大的兵力。而此时的东汉王朝早已腐败透顶，战争又让它元气大伤。

嵩既破黄巾，威震天下，而朝政日乱，海内虚困。——《后汉书·皇甫嵩传》

这头是手握重兵威震天下的军事统帅，那头是日益衰落的朝廷。阎忠乘机劝进：

难得而易失者，时也；时至不旋踵者，几也。故圣人顺时以动，智者因几以发。——《后汉书·皇甫嵩传》

时机是稍纵即逝的。自古以来的伟大人物都善于把握时机，当机立断。皇甫将军，现在这个时机就在眼前，要是不抓住，实在太可惜了。

皇甫嵩一拨拉脑袋：什么时机？你什么意思？

阎忠一笑：您不明白吗？这是天赐良机！

天道无亲，百姓与能。——《后汉书·皇甫嵩传》

所谓"五德终始""受命于天"，那些鬼话都是骗愚民愚妇的。天命在谁？天命谁也不在。老百姓们向来是谁有能耐、谁厉害就听谁的，就拥护谁。

今将军受钺于暮春，收功于末冬。——《后汉书·皇甫嵩传》

您率领大军，从暮春打到末冬，不到一年工夫就扫平天下了。您知道什么叫功高震主吗？知道什么叫"不赏之功"吗？

身建不赏之功，体兼高人之德，而北面庸主，何以求安乎？——《后汉书·皇甫嵩传》

您不但有"不赏之功"，还有"高人之德"，您的德行太好了。

每军行顿止，须营幔修立，然后就舍帐。军士皆食，己乃尝饭。——《后汉书·皇甫嵩传》

您太体恤士卒了，将士们都恨不得为您而死。以您这样的德行和实力，还想屈身于庸主之下，做个太平官得以善终，您觉得还可能吗？安稳得了吗？

皇甫嵩把脸一沉：

夙夜在公，心不忘忠，何故不安？——《后汉书·皇甫嵩传》

我对皇上、朝廷忠心耿耿，为国事勤勤恳恳，没有一点私心，有何不安？

阎忠摇摇头：错！韩信是怎么死的？他当年要是听了蒯通的话，反了刘邦，绝对可以三分天下有其一，没准儿就能做皇帝，绝不会死那么窝囊。再说，韩信不反，他保的刘邦是一代雄主，您现在保的是谁？还有比这个皇帝更浑蛋的吗？还有那一群太监，他们容得了您吗？

既朽不雕，衰世难佐。——《后汉书·皇甫嵩传》

您就是保着它，它也快亡了。何不放手一搏，快把它推翻了吧！

皇甫嵩心里"咯噔"一下：住口！

非常之谋，不施于有常之势。创图大功，岂庸才所致。——《后汉书·皇甫嵩传》

你好狂妄！帝王宏图岂是你等庸才所能想象。虽然黄巾贼寇声势浩大，但天下还没有乱，你这样的非常之谋怎能得逞？你退下吧！即便我皇甫嵩最终不能见容于朝廷，做不了安稳官，大不了一死，我也要做忠臣孝子，身后享不朽之名。

不过放废，犹有令名，死且不朽。——《后汉书·皇甫嵩传》

见皇甫嵩态度这么坚决，阎忠赶紧逃了。

五十九、董卓崛起

中平元年（184），大将皇甫嵩平定了黄巾军主力，"身建不赏之功"，东汉朝廷照常重赏，封他为槐里侯，食邑八千户，升左车骑将军。为什么没有兔死狗烹呢？因为兔子还没死，黄巾军残余与各地乘势而起的起义军仍很厉害，尤其在帝国西部边塞，羌人又起来了。

其冬，北地先零羌及枹罕、河关群盗反叛，遂共立湟中义从胡北宫伯玉、李文侯为将军，杀护羌校尉泠徵。——《后汉书·董卓列传》

当年冬天，一些原本归服的羌人、胡人反叛，竟把护羌校尉和金城太守攻杀。金城当地豪强韩遂、边章也都加入反贼，成为首领。整个凉州风雨飘摇，近乎沦陷，甚至长安都危险了。他们还"托诛宦官为名"，声称要杀宦官，清君侧，这意思还要往洛阳打！

怎么办呢？汉灵帝召集百官商议。

司徒崔烈建议放弃凉州：之所以有黄巾之乱，实为凉州连年战乱拖累所致。当年，珠崖郡长期战乱，元帝不就放弃了吗？不弃凉州天下难安。

汉灵帝：诸位爱卿意下如何？如何才能恢复天下安定？

大臣们都不敢轻易接话。有个叫傅燮的小官早气炸了，上前一步：

斩司徒，天下乃安。——《后汉书·傅燮传》

把崔烈斩了，天下就安定了！怎么能放弃凉州呢？珠崖郡能跟凉州比吗？

凉州天下要冲，国家藩卫。——《后汉书·傅燮传》

凉州的战略地位太重要了，一旦放弃，就会成为羌胡秣马厉兵的根据地，咱大汉朝还好得了吗？崔烈你是何居心？

汉灵帝点头。

于是，中平二年（185）春天，皇甫嵩又被派去长安，指挥平定凉州之乱。凉州地形复杂，民族复杂，长年战乱使羌胡反贼锻炼出很强的战斗力。因此，皇甫嵩打得并不顺利。此前他曾参劾过大太监赵忠，拒绝过大太监张让的索贿，这两个大太监乘机进谗言。

奏嵩连战无功，所费者多。——《后汉书·皇甫嵩传》

当年秋天，皇甫嵩被召回，罢免左车骑将军，食邑由八千户减为二千户。

朝廷复以司空张温为车骑将军，假节，执金吾袁滂为副。——《后汉书·董卓列传》

张温在汉桓帝时任尚书，汉灵帝时官至司空。朝廷给他加军职车骑将军，并"假节"，再赴西部指挥平乱，还派时任执金吾的袁滂给他做副手。

此前，朝廷派皇甫嵩做西部军统帅，也配了一个副手，此人此时仍在凉州前线带兵，他就是东汉王朝的掘墓人董卓。

董卓字仲颖，陇西临洮人也。——《后汉书·董卓列传》

他是凉州陇西郡临洮县人。

卓父君雅，由微官为颍川纶氏尉。——《三国志注》引《英雄记》

他的父亲叫董君雅，大概是底层出身，在内地颍川郡做到纶氏县县尉，相当于管治安的副县长。

董卓兄弟三人，他字仲颖，"仲"表示老二。大哥字孟高，早卒；弟弟董旻字叔颖。《后汉书》称董卓：

性粗猛有谋。少尝游羌中，尽与豪帅相结。——《后汉书·董卓列传》

他天性粗犷豪放，且颇有谋略，年纪轻轻便闯荡社会，跟陇西地区的很多羌人部落都挺熟，跟一些部落首领都有交情。年纪稍长一些，得娶妻生子过日子了，他回家种地，"归耕于野"。之前混荡着也没攒下什么钱。

一天，几个羌人首领相约来看望董卓。

董卓的妻子犯了愁：来这么多人，怎么招待人家呢？

董卓把手一挥：家里有多少钱，都给我！买酒足够了。至于菜，把咱那头种地的牛宰了，炖了！

妻子差点儿哭了：咱日子还过不过呢？再有，官府不是不让杀耕牛吗？

董卓把眼一瞪：让你干什么你就干，废什么话？

老婆不敢不应。

之后，这几个首领跟董卓大碗儿喝酒、大块儿吃肉，非常痛快尽兴。席间得知董卓这是倾尽了家财来款待大家，都非常感动：这人太仗义了！太实交了！

回去之后，他们便凑起一千多头牛羊，给董卓送来。

一下子，董卓在当地出了名。

由是以健侠知名。——《后汉书·董卓列传》

不久，便被凉州刺史辟召。

为州兵马掾，常徼守塞下。——《后汉书·董卓列传》

由此，董卓成为职业的军事将领。所谓："女怕嫁错郎，男怕入错行。"一个男人找对适合自己的职业，便成功了一大半。董卓是天生的将才。

卓膂力过人，双带两鞬，左右驰射，为羌胡所畏。——《后汉书·董卓列传》

他的身体非常强壮，膂力过人，胯下战马如飞，腰上一边一个大箭兜，能左右开弓，射得又远又准，手下士卒战斗力也很强，令羌胡畏服。张奂打并州东羌时，董卓参战立功，被朝廷赏赐九千匹缣。

悉分与吏兵，无所留。——《后汉书·董卓列传》

他自己一匹也没留，都给手下分了。颇有古之名将之风！

随后，他还做过一小段时间的西域戊己校尉。黄巾起义前，他已官至并州刺史、河东太守。

卓数讨羌胡，前后百余战。——《三国志注》引《英雄记》

当时，他已是西部边塞身经百战的帝国名将，名气不在皇甫嵩之下。因此，黄巾起义爆发，朝廷从各地抽调名将，既抽了时任北地太守的皇甫嵩，也抽了他。

前述，在平定黄巾军的过程中，汉军主要有三员大将，皇甫嵩、朱俊和卢植。为首的起初并不是皇甫嵩，而是卢植。

卢植负责打黄巾军主力，指挥得当，接连大胜。

斩获万余人，角等走保广宗。——《后汉书·卢植传》

已经把张角逼退到广宗。

植筑围凿堑，造作云梯，垂当拔之。——《后汉书·卢植传》

卢植率军将广宗城团团包围，一边围城挖壕沟、挖地道，一边修造攻城的云梯，克城在望。这时候，出事了。

当时，汉灵帝派太监左丰前来劳军。手下幕僚提醒卢植向其行贿：您得把他打发欢喜了，他回去才能在皇上面前说好话。

卢植是大儒出身，特别要脸面，一拨拉脑袋：我给他一个太监送礼？丢不起那个人。

然后，左丰当着面也没怎么着，有说有笑的，公事公办，在卢植这儿待了两天便回宫复命。

汉灵帝问：你看广宗的包围战进行得怎样？

左丰答：依奴才看，广宗的黄巾贼没什么蹦跶劲头了，好打。可卢将军的战略奴才搞不懂。

汉灵帝问：他什么战略？

左丰答：

固垒息军，以待天诛。——《后汉书·卢植传》

他围而不打，好像在等着城内的黄巾贼自己灭亡。您说，这靠谱吗？

汉灵帝大怒：什么？他这是挟兵自重！他想跟我谈条件吗？来人，去把他抓回来。

于是，卢植被临阵拿下，关进木笼囚车，押回洛阳。

然后，汉灵帝换谁继续统率这支主力汉军打广宗呢？

换董卓。

董卓急于求成，而这时广宗城内外的黄巾军主力战斗力还很强，连开数战，接连失利。汉灵帝大怒，也把他免了，然后把在东郡作战的皇甫嵩调来，这才打下了广宗和下曲阳。

随后，皇甫嵩上奏朝廷：

盛称植行师方略，嵩皆资用规谋，济成其功。——《后汉书·卢植传》

就是说，皇甫嵩完全采用了卢植的战略战术，才成此大功。

中平二年（185）春天，凉州羌胡在北宫伯玉、边章、韩遂等的率领下，进犯三辅地区。

诏以卓为中郎将，副左车骑将军皇甫嵩征之。——《后汉书·董卓列传》

董卓作为皇甫嵩的副手，重新回到西部战场带兵。当年秋天，皇甫嵩被张温替下，回了洛阳，董卓继续在张温手下率军作战，并被封为破虏将军。

当年十一月，在长安西的美阳县，在数战不利的情况下，董卓抓住了一个时机。

乃与右扶风鲍鸿等并兵俱攻，大破之，斩首数千级。——《后汉书·董卓列传》

他联手鲍鸿打了一场大胜败，扭转了战局，边章、韩遂等羌胡反军败退。

张温立即派手下将领兵分六路全力追击，没想到人家败而不乱，利用陇西山区地形优势，杀了个回马枪。

众军败退，唯卓全师而还。——《后汉书·董卓列传》

这几路汉军都被杀得大败，唯独董卓这一路几乎没怎么损失。当时，董卓的处境也很危险，他率领的三万大军被围困，进退不得，粮食也告急。怎么办？必须出奇计才行。

乃于所度水中伪立堰，以为捕鱼，而潜从堰下过军。比贼追之，决水已深，不得度。——《后汉书·董卓列传》

大意是，董卓要撤退的这条道非常危险，只要往这条道上一撤，敌人一追，就非常被动，损失惨重。正好在道的旁边有一条河，董卓在河上打了一道堰，把河水截住，造成一个要捕鱼充饥的假象。因此，敌人没在意。结果，这天夜里，敌人发现董卓的军队已经上了那条道撤退，便立即来追。这时，旁边的河堰突然决开，河水暴下，追不了了，董卓率军成功脱险。

这条史料未必可靠。曾国藩曾讲：

《史记》叙韩信破魏豹以木罂渡军，其破龙且以囊沙壅水，窃尝疑之。——《曾国藩全集·笔记十二篇》

董卓这个立堰捕鱼计，跟韩信打龙且以囊沙壅水计如出一辙，实际很难实行。

总之，董卓在这次战役中的表现很出色，被封侯。

封斄乡侯，邑千户。——《后汉书·董卓列传》

这时大致是中平三年（186）春天。这年年底，张温征还洛阳，董卓继续带兵驻扎在扶风，防备羌胡。

中平四年（187），羌胡反军发生内讧，韩遂杀掉边章和北宫伯玉等首领，当地一些汉朝官员包括河西太守、前酒泉太守、凉州刺史手下将领马腾等也都反叛，加入其阵营，并推举一个叫王国的豪杰为新的大首领。

中平五年（188）十一月，王国率韩遂、马腾等羌胡汉反军再次寇掠三辅，包围了扶风郡陈仓县。形势又很危急，东汉朝廷再次起用皇甫嵩。《后汉书·皇甫嵩传》记：

复拜嵩为左将军，督前将军董卓，各率二万人拒之。——《后汉书·皇甫嵩传》

《后汉书·董卓列传》记：

乃拜卓前将军，与左将军皇甫嵩击破之。——《后汉书·董卓列传》

对比两段记载可知，这一次虽然皇甫嵩的地位比董卓稍高一点，他可能持节，董卓得听他的，但实际级别跟董卓一样，他被封左将军，董卓也被封前将军。除了上面大将军何进和票骑将军董重之外，他俩已是大汉帝国最高军阶，并实际掌握军队。尤其董卓，除了黄巾起义时他被抽调到中原战场短暂几个月之外，他的整个职业生涯都扎根西部，一直带兵实战，战功卓著。可以想见，他在整个帝国西部军队中的地位之高、影响力之大。而整个大汉帝国军队的精锐都在西部，几乎都在董卓的掌握之下！

眼看着又要天下大乱，这时候，谁掌握了军权谁就是爷。怎样才能牢牢掌握军权呢？董卓在琢磨。而当务之急是跟皇甫嵩一起解决陈仓之围。

皇甫嵩问：董将军，你说说，咱怎么弄？

董卓胸脯一挺：

智者不后时，勇者不留决。速救则城全，不救则城灭。全灭之势，在于此也。——《后汉书·皇甫嵩传》

这还用说，抓紧救援呗。陈仓城已经被围了那么久，再不抓紧，就得被反贼攻陷。咱速速进军吧！

皇甫嵩微微一笑：不着急，不着急。

百战百胜，不如不战而屈人之兵。——《后汉书·皇甫嵩传》

反贼士气正盛，咱们现在上去即便能取胜解围，伤亡肯定也小不了。以我对陈仓城池、军民和守将的了解，他们肯定守得住。咱们只要按兵不动给以声援，给城内军民信心，同时给反贼压力，耗上一段时间，定可不战而胜。

董卓点头，心里则不以为然：你就吹吧，我倒要看看，等陈仓城陷，你怎么跟朝廷交代。

然后，就这么耗了几十天，已是中平六年（189）二月，陈仓城依旧坚如磐石。

贼众疲敝，果自解去。——《后汉书·皇甫嵩传》

王国军队士气低落，又担心皇甫嵩、董卓从背后杀上来，腹背受敌，于是悄悄解围撤退。

皇甫嵩立即找董卓：咱们要全力追击！

董卓一拨拉脑袋：别，这可得慎重。

兵法，穷寇勿追，归众勿迫……困兽犹斗，蜂虿有毒，况大众乎。——《后汉书·皇甫嵩传》

追击这种逃命的敌人是很危险的，逼得他没有活路了，他只能掉头拼命。这玩意儿，横的怕愣的，愣的怕不要命的，要是这好几万反贼都不要命了，咱得吃大亏。

皇甫嵩微微一笑：不对，"穷寇勿追"的道理我当然懂，不过，现在的反贼不能算"穷寇"，他们纯是士气衰落的疲惫之军。你若犹豫，就在后面压阵吧。我上！

于是，皇甫嵩独自率领所部追击王国，大胜。

连战大破之，斩首万余级，国走而死。——《后汉书·皇甫嵩传》

王国死，韩遂率领的这支反军由此转衰，不足为大患了。

卓大惭恨，由是忌嵩。——《后汉书·皇甫嵩传》

董卓恼羞成怒，由此恨上了皇甫嵩。

就在这时，汉灵帝的玺书来了。

征卓为少府，敕以营吏士属左将军皇甫嵩。——《三国志注·董卓传·灵帝纪》

要把董卓召回京师，做少府，位列九卿，管皇室的财务，既是肥差，又是显贵。

而董卓一点也没高兴：要夺我的兵权，把我的军权都交给皇甫嵩。想什么呢？可是，抗旨不遵也不行啊，怎么办呢？有了……

他回奏汉灵帝：您让微臣当少府，我太感谢了。我一接到玺书，便立即动身，要往京师赶，没承想这里的老百姓和将士们，生生拉住我的车，不让走，哭成了一片。微臣一想，也是。

凉州扰乱，鲸鲵未灭，此臣奋发效命之秋。——《三国志注·董卓传·灵帝纪》

凉州还乱着，我还得跟军民并肩战斗，这是最适合我的为国效命的方式。当少府，那是文官，不是我的擅长。

汉灵帝看董卓讲得在情在理，便收回了成命。

几个月后，汉灵帝病重，他再次下玺书给董卓。

拜卓为并州牧，令以兵属皇甫嵩。——《后汉书·董卓列传》

这次的调令，汉灵帝做了个折中，调董卓去做并州牧，作为封疆大吏不用到京师受人管束，而且仍掌握一定兵权，仍有边塞作战任务。

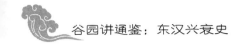
董卓一琢磨：这是非要我把苦心经营的军权交出去呗，交给皇甫嵩。我要到了并州，有兵权有什么用，那些兵对我的忠诚短时间也培养不出来。怎么办呢？有了……

他再次回奏汉灵帝：谢主隆恩，您让我当并州牧太好了。并州是防备羌胡和鲜卑的重镇，兵要是少了，臣怕镇守不住，前任并州刺史张懿不就被屠各胡攻杀了吗？还有黄巾余贼盘踞太原、河东等地。臣请求，把我所部军兵全部带上，一起赴任并州。还请恩准。

董卓想这样拖一拖，静观时变。这一拖，真就拖着了。汉灵帝驾崩，洛阳大乱。

六十、盖勋的故事

    中平六年（189）春天和夏天，汉灵帝先是调董卓回朝廷当少府，又是调董卓北上去做并州牧，一方面是想收回董卓的兵权，另一方面也可能是想重用董卓这员身经百战的虎将，以备不时之需。因为在这前一年，汉灵帝受了两次惊吓。

    一次是夏秋之交时，他想回河间国祖宅去看一看。临起驾，太史突然跑来说：

北方有阴谋，不宜北行。——《资治通鉴·汉纪五十一》

汉灵帝吓一跳：为啥？

太史答：

北方夜半有赤气，东西竟天。——《资治通鉴·汉纪五十一》

这种奇怪的天象预兆，在您北上去河间国的道上，有人正秣马厉兵，想要谋害您！千万别去。

    汉灵帝便琢磨：北上的道上有人要谋害我？那就是冀州的人呗。还秣马厉兵？那个冀州刺史王芬头几天不是上书，说黑山贼功劫郡县，他想在当地征兵组织兵马吗？怎么那么巧呢？来人，下诏，别让他们征兵了，军队都散了吧。召王芬回朝述职！

结果，王芬畏罪自杀。

此前，王芬会见过两个客人，一个是被太监们害死的老太尉陈蕃的儿子陈逸，另一个是曾给汉桓帝进献《太平清领书》的老术士襄楷，襄楷也差点儿被太监害死。王芬也是同情名士党人恨太监，三人便聊到了一块儿。

楷曰：天文不利宦者，黄门、常侍真族灭矣。——《三国志注》引《九州春秋》

襄楷说：从天象看，这帮祸国殃民的太监将有灭顶之灾。

王芬很兴奋：真要是天意如此，我愿做消灭太监的马前卒。

于是，他就开始联络各地豪杰，要趁着汉灵帝北行动手，想废掉汉灵帝，改立明君，进而消灭祸国殃民的太监集团。没想到，他这么一弄，也反应到了天象上，自己先搭了进去。

此事过后不久，秋冬之际，汉灵帝又吓了一跳。

望气者以为京师当有大兵，两宫流血。——《资治通鉴·汉纪五十一》

估计这个望气者没有襄楷道行深，只看出京师将有兵乱，南北宫会有流血之灾，而没有看出是针对太监的。

汉灵帝更吓坏了：怎么办呢？怎么破它呢？大将军有什么办法吗？

大将军何进点头：臣还真有办法，臣的参谋说：

《太公六韬》有天子将兵事，可以威厌四方。——《后汉书·何进传》

就是说，咱可以搞一次大阅兵，以军威雄武之气，来压住兵乱邪气。

汉灵帝很兴奋：好！

于是，就在洛阳城西搞了一次大阅兵。

大发四方兵……列步兵、骑数万人，结营为陈。——《后汉书·何进传》

从各地调集了数万兵马，排好阵形，接受检阅。

汉灵帝站在一个大高台子上。

上建十二重五采华盖，高十丈。——《后汉书·何进传》

他居高临下俯视一番。

躬擐甲，介马，称"无上将军"，行陈三匝而还。——《后汉书·何进传》

只见他一身戎装，顶盔掼甲，乘坐战车，驰下高台，亲自到各营阵前检阅，转了三圈。受检将士们都高呼"无上将军万岁"！

汉灵帝挺过瘾。快结束时，问身边的讨虏校尉盖勋：

吾讲武如是，何如？——《资治通鉴·汉纪五十一》

你感觉咱这次大阅兵怎么样？

盖勋此前在凉州为官带兵，刚刚调回朝廷，他特别正直，一拨拉脑袋：

臣闻，先王耀德不观兵。今寇在远而设近陈，不足昭果毅，祇黩武耳。——《后汉书·盖勋传》

古书上说，圣明的国君以德行感召天下，而不靠这种大阅兵来耀武扬威。再说了，敌人都远在几千里之外，根本起不到威慑作用，完全是瞎折腾、浪费。

汉灵帝竟然点头称是：

善。恨见君晚，群臣初无是言也。——《后汉书·盖勋传》

说得好！朕要是早点儿把你调到朝廷就好了。朝中大臣此前没一个反对的，这帮孙子都明哲保身，光会奉承我，不说真话。你不错，相见恨晚，回去咱们好好唠唠。

盖勋没想到汉灵帝这么明白。随后，私下跟袁绍讲：

上甚聪明，但拥蔽于左右耳。——《后汉书·盖勋传》

咱皇上不糊涂啊，他只是让身边这群太监给带偏了。现在我是讨虏校尉，你是佐军校尉，"同典禁兵"，都手握一支京师禁军，咱们要是合力诛灭太监，选拔忠良，一起振兴汉室，岂不快哉！

袁绍很兴奋：正合我意，咱们干！

结果，还没等开干，盖勋就被时任司隶校尉的张温举荐，去关内做京兆尹了。

汉灵帝本来舍不得盖勋走，而太监们害怕盖勋，便巧言解劝：您这是对盖勋的重用，以后他的履历才更丰富，仕途才更有发展。皇上仁爱圣明，万岁万岁。

这样，汉灵帝也不好说别的了。

盖勋上任京兆尹后，立即查办了当时的长安县县令，"案得其臧上千万"。一个县令何以敢贪污上千万？因为他上面有人，他爹是中常侍大太监。盖勋不管这个，搜集罪证，参劾之。汉灵帝有没有偏袒太监呢？没有。

有诏穷案。——《后汉书·盖勋传》

下诏，一查到底！

随后这年，各地郡国举孝廉。前述，河南尹六个孝廉名额都被权贵要去，盖勋也遇到了这个情况。当时，宫里尚药监的太监高望跟准太子刘辩关系很好，刘辩又找了当时最得汉灵帝宠信的大太监蹇硕出面来找盖勋，希望能把高望的儿子高进举为孝廉。

盖勋拒绝！身边人劝他：您可慎重，太子下一步就是皇帝；这两个大太监也算是顶级的权贵，您这一蹶三，以后可要悬了。

盖勋叹口气：唉，只不过举个考廉，就得通了天，这是什么世道。我主持这一方政务，选贤荐能是我的职业所在，是我精忠报国的重要方式。

选贤所以报国也。非贤不举，死亦何悔！ ——《后汉书·盖勋传》

如果我因为不提拔庸才而遭权贵报复，那就由它去吧，大不了一死嘛。

一般人读史讲史，像这种事情可能直接忽略掉，因为相对于宏大的历史事件，它显得太琐碎。而我是"二般"的。我认为，这恰是历史最触动人心的地方。盖勋早期的几个故事，也类似这种感觉。他也是孝廉出身，官至凉州汉阳郡长史，与时任凉州刺史梁鹄私交不错。

前述，汉灵帝搞鸿都门学，召集了很多书法家，梁鹄就是其中一个。当时最厉害的书法家是师宜官，他怕别人学他的手艺，每次写完字都不留底稿，要么把札上的字削掉，要么直接烧掉。

每书，辄削焚其札。——《三国志注》引《四体书势序》

梁鹄便提前备好一大堆简札，请师宜官来喝酒，把他灌醉。师宜官迷迷糊糊没了戒备心，把那一堆简札写了个遍，梁鹄眼瞅着学了个透，成了跟师宜官齐名的大书法家，大得汉灵帝的欣赏，被提拔做了选部尚书，又任凉州刺史。到后来三国时期，他又混到了曹操手下。曹操非常喜欢他的字，挂在大帐里，没事就盯着品鉴完味：妙，比师宜官写得妙！

尝悬着帐中，及以钉壁玩之，谓胜宜官。——《三国志注》引《四体书势序》

不过，书画小道，字写得好，人未必好。古往今来的书法家，似乎好人不如坏人多。梁鹄也不算什么好人，作为刺史他负责监察一州官员，他的从事苏正和追查武威太守，他却吓坏了。因为这个武威太守朝里有人，有权贵靠山。这个权贵给梁鹄施压：你的人敢动武威太守，我就对你不客气！

梁鹄赶紧让苏正和放弃追查，而苏正和不听。

梁鹄把心一横：干脆我找个罪名，杀掉苏正和，这样，权贵老爷不就更开心了吗？可这样做是不是有点儿过分呢？

梁鹄知道盖勋与苏正和有仇怨，便找盖勋商量，想得到一些鼓励。盖勋一听，心头也是一紧，眉头紧锁，回答：

谋事杀良，非忠也；乘人之危，非仁也。——《后汉书·盖勋传》

苏正和追查武威太守这件事，做得好！这是为民除害。这个节骨眼儿上，我要是乘人之危，落井下石，那是不忠、不仁。卑职认为，您不能杀他。

夫绁食鹰鸢，欲其鸷。鸷而亨之，将何用哉？——《后汉书·盖勋传》

这就好比您养鹰，肯定希望它越凶猛越好，逮兔子才好使，怎么能因为鹰太凶猛而把它弄死呢？苏正和是给您增加权威分量的一个筹码，有这个筹码，您的回旋余地只能更大，怎么能杀呢？

梁鹄点头。

随后，苏正和听说盖勋救了自己，立即登门谢罪。盖勋闭门不见，在门里面扔出句话来：

吾为梁使君谋，不为苏正和也！——《后汉书·盖勋传》

我劝梁刺史不杀苏正和，那是公事公论，对事不对人，跟你没关系！咱俩的仇没完！

后来，梁鹄调走，新任凉州刺史左昌贪污军费，盖勋曾当面批评之。左昌怀恨在心，正值北宫伯玉、韩遂等羌胡叛乱兴起，便把盖勋调到了战事最吃紧、最危险的一座城。

乃使勋别屯阿阳以拒贼锋。——《后汉书·盖勋传》

派盖勋守阿阳城，对抗敌人军锋。

左昌等着盖勋战死，或者战败，再给他安个死罪之名，想把他弄死。没想到，盖勋数战数胜，敌军主力干脆放弃阿阳，转而进攻他所在的冀城。

左昌吓坏了，赶紧派人去向盖勋求救。

盖勋还没说什么，跟他一起的两个将领都烦了：咱别救他！此前，金城郡守被反贼攻杀，他见死不救，把咱们派到阿阳也是想让咱们当炮灰。而且他是个大贪官，死了活该！

盖勋一瞪眼：必须救！大局为重，现在不是意气用事的时候。

两个将领一拨拉脑袋：要救您自己救，我们不去。

盖勋大怒，手按佩剑：再磨叽，军法伺候！

两个将领一缩脖子：唉，哪儿还有您这样大公无私不记私仇的人啊？走吧。

盖勋率军帮左昌成功解围。

随后，左昌被朝廷召回，新任凉州刺史宋枭跟盖勋有一次对话。

枭患多寇叛，谓勋曰：凉州寡于学术，故屡致反暴。今欲多写孝经，令家家习之，庶或使人知义。——《后汉书·盖勋传》

宋枭跟盖勋说：为什么凉州总也不能安生呢？本来已经归服的羌胡三番五次地造反，为啥？我认为，根本原因在于，凉州地处边鄙，教化工作没跟上。所以，现在我要抓教化，要让家家户户学习《孝经》，每天抄写、背诵。时间长了，人们深明了孝悌之道，便可本立而道生。

有子曰：其为人也孝弟，而好犯上者，鲜矣；不好犯上，而好作乱者，未之有也。——《论语·学而》

这样一来，凉州不就安定了吗？

盖勋摇头：

昔太公封齐，崔杼杀君；伯禽侯鲁，庆父篡位。此二国岂乏学者？——《后汉书·盖勋传》

古时候的齐国和鲁国最讲究教化，齐国是姜太公的封国，绝对教化到位，不照样有崔杼杀害国君的事吗？鲁国是周公之子伯禽的封国，教化更到位，不是照样有庆父弑君的事吗？当然，我不是说教化不重要，只是说，教化这个事不是短时间能奏效的，当务之急得练兵备战，平定反贼。您现在推这个不合时宜，恐怕朝廷也不干。

宋枭不听，真就开始大搞读经运动。很快就被朝廷叫停，免官。不过，他的思路没问题，抓住了一个民族融合、国家治理的关键，只是没有调对好轻重缓急，显得愚。

之后，在一次跟羌胡的战斗中，盖勋战败，身边的将士一个个倒下，他自己身负三处重伤，浑身是血，渐渐也坚持不住了，身边一个人也没有了。羌胡反军围了上来。这时，一个羌人突然上前一步，转身挥刀，对着同伴们大喊：停！别往前走了！我看出来了，他就是汉阳盖长史，你们都听过他正直忠义的事迹吧，我曾亲身受过他的恩惠，求求弟兄们，抬抬手。

盖长史贤人，汝曹杀之者为负天。——《后汉书·盖勋传》

这样的贤人，咱要是把他杀了，上天不容！

盖勋早已杀红了眼，满腔仇恨，不领这个情：反贼，你胡说什么呢？快来杀我，我跟你们势不两立！

羌戎服其义勇，不敢加害，送还汉阳。——《后汉书·盖勋传》

最终，盖勋被平安送回了汉阳。

盖勋回到汉阳不久后升任太守。

时人饥，相渔食，勋调谷廪之，先出家粮以率众，存活着千余人。——《后汉书·盖勋传》

因为战乱、饥荒，人吃人，盖勋带头把家里的粮食捐出来救济饥民，存活上千人。

后来，盖勋被调回朝廷，又调任京兆尹，执法不避权贵，深得汉灵帝的赏识。那次因举孝廉而得罪准太子、大太监，却没人能拿他怎样。

再后来，董卓废立皇帝，朝野上下文武百官没人敢说半个不字。盖勋写信给董卓：上古的伊尹和前朝的霍光都是多了不起的一代名臣，他们废立帝王，都被后世批评。

足下小丑，何以终此。——《后汉书·盖勋传》

你董卓只不过是一个跳梁小丑、政治暴发户，就敢做这样的事，实在太自不量力。荀子所谓：

"贺者在门，吊者在庐"，可不慎哉！——《后汉书·盖勋传》

这世间的事，往往是贺喜的人刚到了门口，吊丧的人已经在半道上了。福祸为邻，转化之速，常常出人意料。我就等着看你怎么收场吧。

董卓差点儿没气死，也没怎么着，只是把盖勋召回了朝廷。

有一次，参与平定黄巾之乱的名将朱俊跟董卓争辩一个军事方面的问题。董卓发火说：

百战百胜，决之于心，卿勿妄说，且污我刀。——《后汉书·盖勋传》

我百战百胜，不比你懂吗？你老实听我的就行了，再瞎说，可别让你的血污了我的钢刀！

朱俊气得脸煞白，不敢再言语。盖勋在旁边看不下去了，说：

昔武丁之明，犹求箴谏，况如卿者，而欲杜人之口乎？——《后汉书·盖勋传》

商王武丁那么了不起的一代明君，都跟手下人讲：

启乃心，沃朕心……后从谏则圣。——《尚书·说命》

用你的心思、智慧来灌溉我的心田，多多批评我，多给我提意见吧。这样会让我越来越圣明。

董相国，这个道理你不懂吗？怎么能不让人说话呢？

董卓被噎得没词了：哎呀，我只是开个玩笑嘛。

盖勋毫不留情面：有您这么开玩笑的吗？又是血，又是刀的。

董卓彻底没词了：对不起，我错了。

盖勋就这么厉害，只可惜不久后病逝。此前，他在京兆尹曾想联合皇甫嵩讨伐董卓，可惜皇甫嵩没这心思。

西汉有盖宽饶，东汉有盖勋，他们在今天可能没几个人知道，但中国历史是因他们而添了一分光彩的！

盖勋曾跟袁绍商量诛杀太监，可惜随即被调出京师。而袁绍一直没放下此事。

袁绍出身于豪门世族，从高祖父袁安开始，"四世五公"，袁家四代

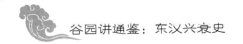

人中有五个人位至三公。袁绍作为官五代，社会形象非常正面。

爱士养名。——《后汉书·袁绍传》

他结交了很多名士，手下也聚集了很多人，胸怀大志，要做大事，要灭太监。

要干成这么大的事，必须等时机，各方面条件成熟了才能动手。

然后，等着，等着，时机就来了。

六十一、何进的决策

中平六年（189）四月十一，时年三十三岁、在位二十一年的汉灵帝驾崩。

此前，他的大儿子刘辩已经十四岁，且是皇后所生，本应顺理成章地被立为太子，他却迟迟拿不定主意。他感觉刘辩太轻佻，不稳重。

辩轻佻无威仪。——《资治通鉴·汉纪五十一》

他更看重二儿子刘协。

刘协比刘辩小五岁，母亲是王美人。《后汉书》称王美人：

丰姿色，聪敏有才明，能书会计，以良家子应法相选入掖庭。——《后汉书·灵思何皇后纪》

人长得漂亮，还很聪明，出身也不错，面相也好，被选入宫后甚得宠幸。怀孕后，她非但没高兴，反而吓坏了，也没敢跟汉灵帝说，偷偷找人弄了一包打胎药吃了。结果，不管用。

胎安不动，又数梦负日而行。——《后汉书·灵思何皇后纪》

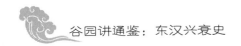

胎儿没事，而且一连好几天梦见抱着太阳走路。亲信的人说，这是吉兆，这个龙种将来准得当天子。

于是，王美人把心一横，十月怀胎，一朝分娩，生下了刘协，汉灵帝十分高兴。

不过，王美人害怕的事很快就发生了，何皇后对她下了毒手。

遂鸩杀美人。——《后汉书·灵思何皇后纪》

何皇后是汉灵帝的第二任皇后。

前任宋皇后是汉灵帝即位后第三年［建宁四年（171）］所立，她姑姑是渤海王刘悝的王妃。前述，大太监王甫构陷刘悝制造了大冤案，一直担心宋皇后记恨。

乃与太中大夫程阿共构言皇后挟左道祝诅。——《后汉书·灵帝宋皇后纪》

光和元年（178），王甫等瞅着宋皇后正遭汉灵帝冷遇，乘机诬陷，又制造了一个"巫蛊"冤案。宋皇后被废黜，忧愤而死，父兄也惨遭诛杀。

光和三年（180），何皇后上位。史书称她：

家本屠者，以选入掖庭。——《后汉书·灵思何皇后纪》

她家是屠户。依法，被选入宫的须是"良家子"。何谓良家？史书讲：

非医、巫、商贾、百工也。——《史记索隐》

良家不包括商和工，也不包括医和巫，主要指士和农的上层家庭。屠户在工商之列，肯定不行。不过，法是死的，人是活的，孟子所谓"徒法不足以自行"，有多少法就有多少法律的空子让人钻。何家人给负责选宫女的太监行贿，顺利搞定。何皇后进宫后，生了皇长子刘辩，升为贵人，晋位皇后。

甚有宠幸，性强忌，后宫莫不震慑。——《后汉书·灵思何皇后纪》

因为大得汉灵帝的宠爱，所以她很霸道，大醋坛子，心狠手辣，后宫只要有怀孕的都没好结果。

害死王美人后，汉灵帝得知，大怒，想把她也废掉。

帝大怒，欲废后，诸宦官固请得止。——《后汉书·灵思何皇后纪》

幸亏一大帮太监给她求情，费了老大劲，最后不了了之。

帝愍协早失母，又思美人，作《追德赋》《令仪颂》。——《后汉书·灵思何皇后纪》

汉灵帝对王美人心怀愧疚，曾做了两篇情真意切的赋和颂寄托哀思，对刘协也更多爱怜，想立其为太子。未及落实，他做了一个噩梦，梦见自己被汉桓帝指着鼻子大骂：宋皇后有何罪过，你就废她，还杀她父兄！我弟弟渤海王刘悝怎么着你了，你就把他逼死，还杀光他全家！你太过分了！

今宋氏及悝自诉于天，上帝震怒，罪在难救！——《后汉书·灵帝宋皇后纪》

我告诉你，宋皇后和刘悝已经向天帝控诉了你的暴行，天帝震怒，你已罪责难逃！

汉灵帝吓醒，久久不能平复，他问旁边值班的侍卫羽林左监许永：

此何祥？其可攘乎？——《后汉书·灵帝宋皇后纪》

这个梦是不是凶兆？怎么攘解？怎么破？

许永颇有学问，回答：确实是个凶兆。

昔晋侯失刑，亦梦大厉被发属地。天道明察，鬼神难诬。——《后汉书·灵帝宋皇后纪》

当年，晋景公就是因为冤杀了大臣，梦见被一个大鬼追，没过多久就死了。所谓："天道鬼神，报应不爽！"依微臣看，应给宋皇后和渤海王平反，恢复名誉，重办葬礼，抚恤尊崇其家人……这样也许可以攘解。

汉灵帝不以为然。结果，没过多久就驾崩了。死得比较仓促，生前未及时安排后事。

疾笃，属协于蹇硕。——《资治通鉴·汉纪五十一》

弥留之际，嘱咐身边的亲信太监蹇硕：你可要照顾好刘协……

这给蹇硕留下一道难题。很明显，汉灵帝的意思是让他拥立刘协继位。可是，他有这么高的权力吗？

蹇硕的情况，史书写得很简略。此前汉灵帝搞大阅兵，趁着从各地征调兵马，在西园新建了八个亲兵营。

是时，置西园八校尉，以小黄门蹇硕为上军校尉。——《后汉书·何进传》

当时每个营由一个校尉统领。

帝以蹇硕壮健而有武略，特亲任之，以为元帅，督司隶校尉以下，虽大将军亦领属焉。——《后汉书·何进传》

蹇硕本来只是小黄门，还不是中常侍，因为跟汉灵帝非常亲近，且很有军人气质，高大威猛，又颇有军事头脑，所以被任命为一个亲兵营的校尉，并统领其他七个校尉。进而，他的军权甚至在大将军何进之上。这样，他的权威还是很高的。

可是，现在汉灵帝死了，后台没了，他的权力还剩多少，他自己也不知道。怎样才能把刘协立为皇帝呢？他决定先把大皇子刘辩的后台何进弄死。于是，他稍做安排，就派人去请何进进宫发丧。

何进是何皇后同父异母的哥哥，在应对黄巾起义时被封为大将军。

率左右羽林五营士屯都亭，修理器械，以镇京师。——《后汉书·何进传》

大致上，整个洛阳城的军队全由他统领。

何进一听皇上死了，二话没说，上了车就往宫里赶。到了宫门口，下车正要进，正好里面出来一个人。此人虽是蹇硕手下，但老早就跟何进有交情。他一使眼色，手往脖子上一比画，何进脑袋"嗡"地一下，急忙转身，蹿到车上，逃回了大将军府，命重兵护卫。然后，他派人进宫说：大将军病了，来不了，皇上的丧事，你们看着安排吧。

蹇硕不知道宫门口发生的事，也不知道该怎么办了，一想：算了，既然害不了何进，即便我立了二皇子，也得让他推翻，干脆别找这个麻烦了。

于是，两天后，四月十三日，十四岁的皇长子刘辩顺利即位。何皇后晋位太后，临朝称制。

蹇硕本以为这样就没事了，可没过几天，他听说是有人给何进报了信，何进才没进宫，又紧张起来了：怎么办呢？何进肯定得弄死我。

他还听说，何进正大力招揽解除禁锢的党人进入大将军幕府。据说，袁绍还建议何进，不但要弄死他蹇硕，还要趁机把太监集团一举铲除。

蹇硕立即向赵忠、张让等"十常侍"大太监求助：现在何进正联合天下党人，要把咱们全杀了，咱们得先下手为强。

十常侍个个老奸巨猾，把蹇硕支走后，他们商量：老几位，咱可别光听小蹇子忽悠，老何家能有今天，咱们中的多数人都出过力，他干吗杀咱？小蹇子这两年小人得志，不把咱们这些老帮子放在眼里，早该让他吃点儿教训了！

于是，他们直接把这个情况告诉了何进。

何进立即请何太后下旨，将蹇硕杀掉，整个西园八校尉的兵马也都并到了他的手下。

何进还有一大对手，那就是老外戚董家，也就是董太后和她的侄子董重。刘协跟刘辩的皇位竞争，背后其实也是董家跟何家的竞争。因为王美人被何皇后毒死后，小刘协一直由董太后养育，人称"董侯"。

前述，董太后疯狂敛财，不是个善茬儿，眼瞅着儿子汉灵帝死了，何皇后变成了何太后，还临朝称制，她满腹怨气：嚯，我还没死呢，你一个小娘们儿就想要威风？是不是以为你大哥做了大将军，你就了不起了？

吾敕票骑断何进头，如反手耳！ ——《资治通鉴·汉纪五十一》

我侄子票骑将军董重要想拧下何进的脑袋，那就是抬抬手分分钟的事儿！

董重作为老外戚的代表，确实树大根深，跟十常侍的关系非常好，跟何进的实力不相上下。所以，董太后的这些牢骚话传到何进兄妹耳中后，何进立即出手，联合三公，参劾董太后和董重，派兵将票骑府包围。结果，董重自杀，董太后也忧惧而死。

虽然何进赢下了这场外戚对决，但也有问题。当时社会把孝道看得比什么都重要，董太后毕竟是汉灵帝的母亲，是小皇帝的亲奶奶。这下就成了儿子尸骨未寒，儿媳妇联合娘家兄弟逼死婆婆了。朝野上下对何进都指指点点。

何进自己也有点儿心虚，因此，在接下来的这场对决中他有点儿底气不足，迟迟不敢出手。跟谁对决？跟十常侍为首的太监集团。

单从史书上，我看不出何进跟太监集团有什么深仇大恨，而且何家能崛起，太监是出了力的。之所以他要去跟太监集团对决，固然有袁绍和一些党人幕僚鼓动的原因。另外，这也可能是一种政治宿命，或者说是一种必然的政治逻辑。政治，是各阶级之间的斗争；或者说，政治就是各利益集团之间的斗争。比如东汉的政治，无非就是皇帝、外戚、太监、士族等利益集团之间的斗争。

当然了，表面上看，何进更多地是出于正义感，为了天下苍生，为了社稷安危。就像袁绍跟他讲的：

将军宜一为天下除患，名垂后世。虽周之申伯，何足道哉！——《后汉书·何进传》

这是一个实现人生价值，赢得不朽声名的机会。所以，何进要做。

政治总是既有面儿的逻辑，又有里儿的逻辑。总之，何进打算对太监集团动手。

他很紧张，袁绍也提醒他：

不宜轻入宫省。——《后汉书·何进传》

不要轻易进宫，不要进入太监们的掌控范围，以防不测。

所以，六月十七日，汉灵帝下葬到文陵的葬礼，这么大的事，何进也请了病假，没有参加。

袁绍等人则加紧撺掇：凡事怕拖，夜长梦多。此前窦武要灭太监，一不留神，机密泄露，被太监反杀。当断不断，反受其乱！

何进点头：好吧，我跟太后说说去。这事没有太后支持是不行的。

然后，何进找到何太后，没敢说把太监们全部杀掉，只是说全部裁撤。

请尽罢中常侍以下，以三署郎补其处。——《资治通鉴·汉纪五十一》

以后宫里的活儿都交给光禄勋统领的郎官们干就行了。

何太后的脸红了：有这事儿吗？自我大汉开国以来，有说宫里不用太监的吗？

先帝新弃天下，我奈何楚楚与士人共事乎？——《后汉书·何进传》

先帝刚死，让我这么年轻一个皇太后每天跟一帮大男人在宫里共事吗？这事不行！

何进没办法，又跟袁绍商量：要不，只把作恶多端的大太监杀了，别的都还留着得了？

袁绍说：别，留下好的，时间长了照样还得变坏。必须除恶务尽，斩草除根。既然撤不掉，文的不行，干脆动武的吧，全部杀光！

何进眉头紧锁：这个……好吧，这两天我再去说服说服太后……

他这一犹豫，事情就有点儿外泄了。何太后的母亲舞阳君和兄弟何苗也都知道了。舞阳君是何太后和何苗的亲妈，是何进的后妈。老话说："隔层肚皮隔层山。"舞阳君与何苗平时都得了太监很多好处，都劝何太后压住何进。

何进束手无策。

袁绍又给出主意：要不，咱给太后用点儿小计谋，给她施施压？

何进问：怎么施压？

袁绍解释：可以演一出"清君侧，诛晁错"的戏。咱暗中召集各地猛将、豪强，让他们联名上书太后，要求诛杀太监，并进京护卫。这样，各地军队向京城一集结，太后一害怕，不就听咱的了吗？

何进这个大傻子一拍大腿：好主意，就这么办！

袁绍出去安排。这时，一直站在一边的主簿陈琳说话了：大将军，恕卑职直言，这哪是什么好主意，这是个大馊主意！

今将军总皇威，握兵要，龙骧虎步，高下在心，此犹鼓洪炉燎毛发耳。但当速发雷霆，行权立断，则天人顺之。——《资治通鉴·汉纪五十一》

您现在执掌着整个天下的军政大权，特别是京城的兵力都是您亲自抓着的，要杀太监那就杀呗，给他们安个罪名，派上一个营进宫，那不手起刀落、手到擒来吗？就跟拿个大洪炉烧一根头发丝儿一样容易。是，这事儿如果没有太后批准，不合法律。可是，这合情理，得民心！正所谓：

违经合道。——《后汉书·何进传》

天下人都支持您，您怕什么？而您要是听了袁绍的馊主意，让各地猛将、豪强带兵到京师，这事儿就复杂了，就乱了，就得失控。

大兵聚会，强者为雄。所谓倒持干戈，授人以柄。功必不成，只为乱阶。——《后汉书·何进传》

那样您就被动了，再后悔，可就来不及了。总之，您这个决策千万要慎重！

何进不以为然：我不就是要慎重，才这么决策的吗？你说得轻巧，洪炉燎毛发，哪有那么容易的事？你快去安排吧，通知关中董卓，太山郡鲍信，东郡太守桥瑁，还有并州的丁原，让他们都带上兵，做出向京城进军的架势来。

陈琳没办法：好吧，我马上就去安排。

六十二、皇朝的结局

中平六年（189）七八月间，何进暗中调集董卓等四路兵马向洛阳集结。史书记载其中一路并州刺史丁原所部情景：

原放兵数千人，为贼于河内，称"黑山伯"。——《后汉书注》

意思是，丁原派出几千兵马，伪装成了农民起义军，号称"黑山伯"，杀过了河内郡。

烧孟津，火照城中。——《后汉书·何进传》

眼瞅着把战火烧到了洛阳城北的黄河渡口孟津，城里都能看到火光了。

何太后竟然不为所动。何进进谏：马上就要兵临城下了，您怎么还不着急呢？他们是为清君侧灭太监而来，您只要下诏把太监们都罢撤清退，他们就会撤兵。

何太后一瞪眼：当年七王之乱时，汉景帝把晁错杀了，管用吗？不管用。大哥你作为大将军，还是抓紧去调集兵马，平定兵乱吧。

何苗也劝：大哥，您折腾这个图什么吗？您忘了咱们老何家是怎么起来的了吗？

始共从南阳来，俱以贫贱，依省内以致贵富。——《后汉书·何进传》

当初咱家那么贫贱，要不是依靠太监帮助，能有今天吗？

弄得何进又有点儿打退堂鼓，派人通知四路兵马暂停进军，原地待命。

袁绍急了：大将军，这都什么时候了，开弓没有回头箭！

事久变生，复为窦氏矣！——《资治通鉴·汉纪五十一》

您这么拖拖拉拉，还要重演窦武的悲剧吗？

何进皱皱眉：总不能真让董卓他们进京城吧？陈琳说得有道理，真要让他们进了城，很可能就得失控。这样吧，即日起你就做司隶校尉，"假节，专命击断"，可以先斩后奏。这两天，太后要是还不罢撤太监，你就直接带兵进宫，诛杀之！

袁绍：好吧！那董卓他们呢？要不，让他们再给太后上书施压。

何进点头：你安排吧。

于是，袁绍立即联系董卓。

前述，董卓两次推辞汉灵帝的调令，拖着不动，静观时变。然后，何进秘密召他带兵进京。

卓得召，即时就道。——《后汉书·董卓列传》

这次，他毫不迟疑，立即带兵上路，并上书小皇帝和何太后：

中常侍张让等窃幸承宠，浊乱海内。臣闻扬汤止沸，莫若去薪；溃痈虽痛，胜于内食。昔赵鞅兴晋阳之甲，以逐君侧之恶人。今臣辄鸣钟鼓如洛阳，请收让等，以清奸秽。——《后汉书·董卓列传》

大意是，太监集团是咱大汉朝的毒瘤，剜掉这个毒瘤肯定会很疼，但总比被它害死强。臣现在上京城，就是去剜掉它！

这篇上书的字里行间带着一股满满的自信。由此可以想见，对当时洛阳的整体情况，包括朝廷的情况、太监的情况、何家的情况、兵力部署的情况、人心向背的情况等，董卓肯定都做了深入的研究，做过很多工作。他跟何进的关系肯定也是比较到位的。不然，同样是手握重兵的西部名将，何进为何调董卓，而不调皇甫嵩？总之，董卓作为一代枭雄，必定看到了机会，才会果断出手。

然而，当他带兵到达渑池，离着洛阳还有二百多里地时，他却突然接到何进的指令，让其停止前进，原地待命。

董卓一想：不行，何进没干过大事，他要打了退堂鼓，这事就得坏。我不能停，我也给他一点压力吧。

于是，他继续挺进，进入河南尹界，距离洛阳只剩二三十里。这时，何进又派来使者，责令其务必停止前进，并撤出河南尹界。

董卓使了个眼色，手下人立马把刀架到了使者的脖子上：说！出什么事了？大将军怎么了？你是不是奸细？

这个使者不含糊，一通说。董卓听后点头，把兵马退后几十里，在河南尹界边的夕阳亭驻扎，相机而动。

这时，袁绍派的使者又来了：董将军，我家袁大人奉了大将军口谕，让您上书请求进军到洛阳城北平乐观驻屯。

董卓照办。

何太后接到这篇上书，终于屈服了。她把几个亲信的太监叫到跟前：没办法了，董卓已杀到城下，哀家保不了你们了！

悉罢中常侍、小黄门，使还里舍。唯留进素所私人以守省中。——《后汉书·何进传》

除了为数很少的何进亲信的太监留在宫中服务之外，十常侍等大小太监全都被罢免、清退，扫地出门。

正所谓："落地的凤凰不如鸡。"被逐出宫的太监们个个如丧家之犬，惶恐无措。为首的几个大太监来找何进：大将军，您得给我们指条道，找个出路啊。

何进还充好人，说：

天下匈匈，正患诸君耳。今董卓垂至，诸君何不早各就国。——《后汉书·何进传》

现在整个天下都针对你们，就像开了锅。眼瞅着董卓就要杀进城，把你们当毒瘤剜掉，他可是杀人不眨眼的，我也保不了你们。快逃吧！你们不都封侯了吗？快逃到你们的封地老实待着吧。

太监们一通磕头：谢谢大将军，以后还请您老多罩着我们。我们马上就走。

太监们走后，袁绍又来找何进：人不都说要痛打落水狗吗？现在正是把这帮阉贼杀光光的好机会，快动手吧！

何进摇头：咱的目的已经达到，以后皇宫里再不会有太监了。得饶人处且饶人，杀那么多人，会有损阴德的。

袁绍前后找了何进三次，何进就是不松口。

而太监们则逐渐知道了内情：闹了半天，董卓他们都是何进演的戏，完全是他在整我们。他还想着把我们都杀了？这个白眼狼！是可忍孰不可忍！咱们跟他拼了！

怎么拼呢？

老太监张让有主意，他"扑通"一声给儿媳妇跪下，磕头。

儿媳妇吓惊了：您这是干吗？

张让说：我得求您去宫里跟太后再好好说道说道，老奴想跟太后再见上一面，跟她道个别。

儿媳妇乐了：我当是什么事呢。您老快起来，我去跟我姐说一声，让她召见您不就完了吗？

原来，张让的这个儿媳妇是何太后的亲妹妹。这个亲妹妹找到何太后，一通哭。何太后立即点头。于是，张让等十常侍大太监又进了宫，在何太后跟前又是一通哭。这群大太监都是贴上毛比猴都精的，一通哭诉，便让何太后变了卦：好了，你们就留下吧，有哀家在，看谁敢动你们！

当天，十常侍复职，其他的大小太监，有上千人之众，陆陆续续也都回宫复工。

何进急眼了：怎么这样呢？看来，还是袁绍说得对，不把太监都杀光，是真不行。我得找太后去！

中平六年（189）八月二十五日，何进急匆匆进宫找何太后。他一进宫门，立即有人通报张让。

张让警觉：从先帝驾崩，何进就没进过宫，他这是要干什么？来人，你去盯着，听听他跟太后都说了些什么。

这一听，此前听说的传闻全都得到了印证。张让气炸了：好个何进！我弄死你！

张让当即率一帮亲信，来到了宫门口，要劫杀何进。

结果，他们晚到了一步，何进刚刚出了宫门，已经走了。

怎么办呢？好办！张让派人追上何进，说太后召他回来，还有话要说。

何进也没多想，扭头回来。一进宫门，一把刀就架在了他的脖子上。

张让大骂：何进啊何进，你太不是人了！我们十常侍怎么了？我们太监怎么了？

天下愦愦，亦非独我曹罪也！——《后汉书·何进传》

从公上说，这天下之乱，大家都有责任，凭什么都赖到我们的头上！从私上讲，先帝好几次跟你妹子吵架，想把你妹子的皇后废了，是我们这帮老太监各自从家里拿出上千万的东西来哄着皇上，才把事抹过去。

涕泣救解，各出家财千万为礼，和悦上意。——《后汉书·何进传》

我们图什么？不就是图个安全吗？希望以后能得你兄妹的庇护。你倒好，白眼狼！杀！

太监渠穆跳起来，一刀把何进的人头砍了下来。

至此，在东汉皇朝最后一次太监跟外戚的对决中，太监再次取得胜利。

此前已有过三次类似的对决：

第一次是永元四年（92），大太监郑众帮着小汉和帝灭了大外戚窦宪。

第二次是延光四年（125），孙程等十九个太监拥立小汉顺帝，灭了阎氏外戚。

第三次是建宁元年（168），大太监曹节、王甫挟小汉灵帝，灭了外戚窦武。

这一次，是大太监张让杀了外戚何进。

不过，这一次太监的胜利是暂时的。很快，袁绍、袁术兄弟及何进亲信将领便得到了何进被杀的消息，他们立即带兵冲到了宫门外。猛攻！

术因烧南宫九龙门及东西宫。——《后汉书·何进传》

可怜洛阳，二百年都城，从袁术这把火烧开了头。

此时，在南宫的张让等太监和他们亲信的侍卫军没有多少人，根本守不住，一看火起来了，赶紧架上少帝刘辩、小陈留王刘协和何太后逃往北宫。

接着，北宫也守不住了。按《资治通鉴》的记载，八月二十七日，袁绍带兵攻入了北宫。

绍遂闭北宫门，勒兵捕宦者，无少长皆杀之。或有无须而误死者，至自发露然后得免。死者二千余人。——《后汉书·何进传》

袁绍把北宫大门一关，不分老幼，只要是没长胡子的，统统杀掉。有那种天生没胡子的，怎么办呢？赶紧脱裤子。脱得慢的也都被杀了。一下子，杀了两千多人。然而，这里面并没有张让。

当天，张让等太监看北宫守不住，便簇拥着少帝和小陈留王出北门，逃进了北芒山。他们穿过北芒山，继续向北，到达黄河渡口小平津。他们正想渡河，后面追上来两匹快马。

跑在前头的是尚书卢植。前述，卢植本是平定黄巾军的三大名将之一，被太监陷害治罪，随后做了尚书。当天，他正在南宫值班，看到太监们架着少帝、陈留王、何太后往北宫跑，他抄起一杆大戈，大喝一声：大胆！你们要劫持圣驾吗？

吓得太监一哆嗦，手一松，何太后挣脱了出来。

随后，袁绍攻入北宫，不见张让等踪影。卢植料定必奔小平津，于是，骑马来追。在他身后的是猛将闵贡，受河南尹王允指派，追随他。

闵贡催马上前，斩杀数人。

张让等人未及骑马驾车，都是步行跑来的，早已精疲力竭，毫无还手之力。怎么办呢？这帮太监把眼一闭，使出最后一点力气纵身一跃，全都跳进黄河自杀了。百年来，左右东汉皇权的太监集团，至此终于覆灭。

卢植扶少帝上了自己的马，扶小陈留王跟闵贡同乘一匹马，嘱咐闵贡护送回宫，他自己在后面步行。

他们又进入了北芒山。陆续又有公卿大臣赶来"救驾"。一帮人在夜色之中走在寂静的北芒山路上。忽听远处马蹄轰鸣，由远及近，很快，一支全副武装的骑兵军队冲到了跟前。也看不清多少人，都是高头大马，盔甲鲜明，刀剑长矛都闪着寒光，马上的军人全都杀气腾腾，瞅一眼都瘆得慌，跟平时洛阳城中的军队一看就两个样。

少帝刘辩一下子吓哭了。长这么大，哪儿想得到还有这样的遭际，那么多杀戮在身边发生，早就吓坏了。

那么，这支军队是哪儿来的呢？是董卓带来的。《资治通鉴》记载：

董卓至显阳苑，远见火起，知有变，引兵急进；未明，到城西，闻

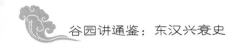

帝在北，因与公卿往奉迎于北芒阪下。——《资治通鉴·汉纪五十一》

这段记载未必准确。对少帝和陈留王出逃北芒山，裴松之援引《汉纪》《献帝春秋》《典略》《献帝记》《英雄记》等数种早期史料，皆语焉不详，其间董卓的行军时间线也不清楚。可以清楚的是，中平六年（189）八月二十八日凌晨，闵贡和一班陆续赶来的公卿大臣簇拥着少帝和陈留王回洛阳，在北芒山中遇上了董卓的军队。这个场景，据说此前的一段童谣已经预言：

侯非侯，王非王，千乘万骑上北芒。——《后汉书注》

这实在是东汉皇朝极有象征意义的一个场景。

按裴松之引《英雄记》的记载，当时，这帮公卿大臣以太尉崔烈为首，眼看董卓带着骑兵到了跟前，他大声呵斥：大胆，圣驾在此，还不下马退避！

卓骂烈曰：昼夜三百里来，何云避，我不能断卿头邪？——《三国志注》引《英雄记》

董卓张口就把崔烈怼了回去：你滚一边去！我率军昼夜兼行三百里急驰救驾。你让我退避，你算什么玩意儿，信不信老子砍了你的脑袋？

古人云：近来学得乌龟法，得缩头时且缩头。崔烈立即当了缩头乌龟。

别的公卿也都闭了气：董将军辛苦了，赶紧过来参见皇上吧。

卓与帝语，语不可了；乃更与陈留王语，问祸乱由起，王答，自初至终，无所遗失。——《资治通鉴·汉纪五十一》

董卓上前问少帝刘辩：皇上，这都是什么情况？

刘辩哽咽抽泣，什么也说不出来。

董卓又问陈留王刘协，年仅九岁的刘协一板一眼地把这两三日来的事说了一遍，简明扼要，一清二楚。

董卓暗挑大拇指，脑中闪过一个念头：好，这个小王比小皇上强多了，听说他是董太后养大的，也算是我们老董家的人……妥了，就那么干！

当天，董卓保着少帝和陈留王回宫。

此时，洛阳城中群龙无首。以前太监厉害，现在太监都死了；以前外戚大将军厉害，现在大将军何进也死了。车骑将军何苗也被何进的部将们杀死了。因为部将们认为何苗平日与何进不和，何进之死实为他串通太监所害。而为首的部将除了何进的亲信吴匡，还有董卓的弟弟董旻。

匡遂引兵与董卓弟奉车都尉旻攻杀苗。——《后汉书·何进传》

由此可见董卓的力量在洛阳的渗透情况。因此，接下来，他很顺利地就把何进、何苗的兵力全部并入麾下。

进及弟苗先所领部曲皆归于卓。——《后汉书·董卓列传》

按裴松之引《九州春秋》的记载，董卓带到洛阳的军队本来只有区区三千人，远不足以镇住局面。怎么办呢？他把大营扎好之后，留下几百人，其他人在半夜悄悄转回到来路上，天亮后继续大张旗鼓行进到营内，以此造成后续部队不断开进来的假象。这样演了几天戏，洛阳振服。

当时洛阳城中，还有被何进召来的鲍信和丁原，各自手下有一定兵力，都不服董卓。鲍信找袁绍商量，趁着董卓立足未稳立即攻之。袁绍不敢。鲍信只好带兵撤走。丁原没走了，董卓收买了他的下属吕布，将他刺杀，收编了他的兵。袁绍、袁术也不服董卓，但手下兵力都很有限，也都逃出了洛阳。

就这样，董卓不费吹灰之力，只用了一两天时间就完全控制了洛阳的所有兵力，也控制了东汉朝廷。

八月三十日，董卓召集文武百官，宣布要废少帝，改立陈留王：

皇帝暗弱，不可以奉宗庙，为天下主。今欲依伊尹、霍光故事，更

立陈留王，何如？ ——《后汉书·董卓列传》

我想学学伊尹和霍光，废立皇帝，你们看怎么样？

公卿以下莫敢对。 ——《后汉书·董卓列传》

没有一个人敢言语。

只有卢植反对：当年伊尹和霍光废的那个皇帝昏庸无道，现在咱们的皇帝有何罪过？

董卓大怒：你放肆！来人，把他拉出去！

幸亏重被起用的蔡邕求情，卢植才没被杀。

转过天来，中平六年（189）九月初一，董卓再次大会群臣，胁迫何太后下诏：

皇帝在丧，无人子之心，威仪不类人君，今废为弘农王，立陈留王协为帝。 ——《资治通鉴·汉纪五十一》

给少帝刘辩随便安了个罪名，废为弘农王，把刘协立为皇帝，即东汉末代皇帝汉献帝。

两天后，董卓又把何太后毒杀，把何太后的母亲舞阳君也杀了。

转过年来，初平元年（190）正月，袁绍等十一路关东联军讨伐董卓。

三月初五，董卓胁迫汉献帝带上洛阳数百万人口一起迁都长安。

尽徙洛阳人数百万口于长安，步骑驱蹙，更相蹈藉，饥饿寇掠，积尸盈路。 ——《后汉书·董卓列传》

将近两千年前的一个数百万人口的超级都市，那是人类的荣耀啊，全部人口被强迫迁走，一路上被挤死的、踩踏死的、饿死的、强盗杀死的人无数。

留下的空城怎么办呢？

卓自屯留毕圭苑中，悉烧宫庙、官府、居家，二百里内无复孑遗。 ——《后汉书·董卓列传》

董卓亲自断后，把东汉一百六十五年的京都洛阳付之一炬。

至此，东汉皇朝名存实亡！

汉献帝在权臣淫威之下又勉强顶了三十年皇冠，直至建安二十五年（220）十月禅位于魏。这三十年，一般被视为三国历史。